JN025351

安倍改憲論の
ねらいと
問題点

山内敏弘(著)

日本評論社

はしがき

　本書は、安倍改憲論のねらいと問題点を、自民党が2018年３月に「条文イメージ（たたき台素案）」として発表した４項目の改憲案、すなわち①自衛隊の憲法明記、②緊急事態条項の導入、③合区解消・地方公共団体、④教育充実に関する改憲案に即して明らかにすることを主たる目的としている。それとともに、憲法の精神や立憲主義を守るためといった理由で９条改憲を主張する「護憲的改憲論」また「立憲的改憲論」についても疑問点を示して、改めて憲法９条の今日的意義を再確認することを目的としている。そして、憲法９条を今日の国際社会で活かしていくためには東北アジアの非核化が重要であることを踏まえて、「東北アジア非核地帯条約」の締結の必要性をも提言している。本書の内容を各章毎に要約的に記せば、つぎのようになる。

　まず、第１章では、安倍改憲論の本丸であり、また自民党の４項目の改憲案の第１に挙げられている自衛隊加憲論のねらいと問題点について検討する。安倍首相などは、自衛隊を憲法に明記するだけで、現状に変更はないと言っているが、それは見せかけの言説であり、自衛隊加憲によって、自衛隊はフルスペックの集団的自衛権の行使が可能となるとともに、自衛隊に対する統帥権を首相がもつことになることを明らかにする。それとともに、自衛隊加憲によって自衛隊が憲法上の「公共性」を付与されることになり、それに伴って市民の人権や生活が重大な影響を受けるであろうことを戦前の軍事法制などとも対比しつつ明らかにする。具体的には、①徴兵制の合憲化、②軍事的徴用制の合憲化、③自衛隊のための土地収用の合憲化、④軍事秘密法制の強化、⑤軍事規律の強化と軍法会議の設置、⑥自衛隊関連訴訟への甚大な影響、⑦軍事費の増大と生存権保障の形骸化、⑧軍産学複合体の形成の危険性、⑨地方自治の形骸化について述べる。この個所は、本書が自衛隊加憲論の重大な問題点として論じてい

るところであり、良かれ悪しかれ、本書の特色の一つとなっていると思われる。

　第2章では、自民党の4項目の改憲案の2番目に挙げられている緊急事態条項の導入論（「緊急事態対応」）について、そのねらいと問題点を検討する。2018年の改憲案では、2012年の自民党改憲案と較べると、マイルドになったかのように見えるが、その本質は変わらず、「震災」対応に便乗しつつ、戦争体制の一環としての緊急事態法制の構築にその主たるねらいがあることを明らかにする。そして、このような緊急事態条項の導入によって、政府が緊急政令という形で立法権の行使を可能とし、国民の人権を大幅に制限できる危険性が生まれることを指摘する。また、自民党は、緊急事態条項は諸外国の憲法でも一般的に見られると主張するが、諸外国の緊急事態条項をそのまま日本に持ち込むことはできないことを、ドイツとアメリカの法制に即して検証する。合わせて、学説上提起されている不文の国家緊急権についても、明治憲法の反省を踏まえて制定された日本国憲法の下では認めがたいことを確認する。

　第3章では、「合区解消・地方公共団体」について検討する。ここでは、そもそも「合区解消」のためにはわざわざ憲法を改正する必要はなく、現行法の改正で十分可能であり、そのことは2018年の公選法改定によっても示されていることを指摘する。それとともに、「合区解消」のための改憲論は、参議院議員も「全国民の代表」であるとする憲法43条1項や日本国憲法が規定する両院制のあり方、さらには平等選挙を保障した憲法14条1項や15条1項に抵触する可能性が大であることを指摘する。そして、にもかかわらず、そのような合区解消を改憲によって実現しようとするねらいは党利党略の色彩が濃いものであることを明らかにする。また、関連して、地方公共団体に関する改憲案は、都道府県の存在を憲法に明記するものではなく、道州制の導入をも視野に入れたものであることを指摘する。

　第4章では、「教育充実」に関する改憲案について検討する。まずこの改憲案は、当初言われていたような高等教育の無償化のための改憲案ではないことを確認するとともに、高等教育の無償化のためであれ、教育の充実のためであれ、現行憲法の下で十分実現できることであって、憲法改正は不要であることを指摘する。それとともに改憲案の本当のねらいは、「教育充実」を名目として、2006年の教育基本法の改定以来進められてきた教育への国家介入を正当化

し、かつ強化する点にあることを明らかにする。

　第5章では、憲法の精神を活かすためとか、立憲主義を擁護するためといった理由の下に憲法9条の改憲を唱える、いわゆる「護憲的改憲論」または「立憲的改憲論」をとりあげて、その内容と問題点を検討する。具体的には、大沼保昭、井上達夫、加藤典洋、今井一、阪田雅裕、そして山尾志桜里の改憲論を検討する。これらの論者は、おしなべて憲法9条と現実の乖離は立憲主義を損なうものであり、その乖離を解消するためには9条の改憲が必要であると主張する。しかし、このような議論は、立憲主義違反の現実に憲法を合わせることを企図するものであって、そのこと自体が立憲主義に反するものであるのみならず、日本国憲法の非軍事平和主義をないがしろにする改憲論であることを明らかにする。そして、違憲な現実と9条との乖離は、これら論者の議論とは逆に、違憲な現実を9条の理念に近づけるように努力することによって解消されるべきものであることを指摘する。

　最後に第6章では、憲法9条が戦後70年余の間に果たしてきた積極的な役割を再確認するとともに、第9条を今日の国際社会で活かしていくためには東北アジアの非核化を実現していくことが重要であることを指摘する。まず、第9条がこれまで果たしてきた、また今後とも果たしうる積極的な役割としては、以下の諸点があることを指摘する。①戦後日本の平和に貢献してきた9条、②「不戦の誓い」と戦後補償の指針としての前文・9条、③国際平和に寄与する9条、④自由と民主主義を下支えする9条、⑤「大砲よりバター」を下支えする9条、⑥環境保護の指針としての9条、⑦平和的生存権の役割。そして、現在の国際社会では、核保有国などが依拠する「核抑止論」がもはや有効性を持たず、むしろ、2017年に国連で採択された核兵器禁止条約が国際平和を維持する上ですぐれて今日的な意義をもつことを確認する。そのことを踏まえて、東北アジア地域においては「東北アジア非核地帯条約」の締結を実現することで、日本の平和を確保するとともに、憲法9条を国際社会の中で活かしていくべきことを提言する。

　本書は、以上のような構成と内容をもつものであるが、本書のタイトルをあえて「安倍改憲論のねらいと問題点」としたのは、現在の改憲論が安倍首相の強いリーダーシップの下で進められていると考えるからである。安倍首相は首

相に就任して以来、その最大の課題の一つが改憲であることを明らかにしてきたし、自民党の「条文イメージ（たたき台素案）」の第1に掲げられている自衛隊の憲法明記案も、安倍首相が2017年5月3日に打ち出した自衛隊加憲論を踏まえたものである。自民党は、2012年の改憲草案では9条2項の削除論を提案していたが、それは、安倍首相の意向を踏まえて変更させられたのである。そして、安倍首相は、2019年12月9日に臨時国会が終わった際に行った記者会見で要旨つぎのように述べた。「憲法改正は自民党立党以来の党是であり、また選挙で約束したことを実行していくことが私たちの責任であろう。憲法改正は決してたやすい道ではないが、必ずや私の手で成し遂げていきたい」。2020年1月6日の年頭記者会見でも、安倍首相は、「憲法改正を私の手でなし遂げていくという考えに揺らぎはない」と述べたのである。

　しかし、改めて指摘するまでもなく、日本国憲法（96条）の下で、憲法の改正は、首相が行うものではなく、国会の発議に基づいて主権者国民による国民投票で行うものである。しかも、憲法上も、また憲法改正手続法上も、憲法改正の原案の発案権は、首相にはなく、国会議員に帰属している。このような憲法および憲法改正手続法を踏まえるならば、「自分の手で改憲を成し遂げていきたい」という安倍首相の発言は、政治的な願望としてはともかくとして、憲法的には意味をなさないものと言ってよいのである。にもかかわらず、あえてそのような発言を安倍首相が行っているところに、現在の改憲論議の特異な姿が示されているように思われる。

　しかも、安倍首相は、これまで、自分は「立法府の長」であるといった発言を一度ならず、三度も、四度も行っている（2007年5月11日参議院日本国憲法に関する調査特別委員会、2016年4月18日衆議院環太平洋パートナーシップ協定等に関する特別委員会、2016年5月16日衆議院予算委員会、2018年11月2日衆議院予算委員会）。いうまでもなく、権力分立制を採用している日本国憲法の下で、首相は行政府の長ではあっても、立法府の長ではありえない。にもかかわらず、このような初歩的な事実に関して誤った発言を繰り返してきたのは、安倍首相は、内心では自分は立法府の長でもあるという思いをもっているからなのかもしれない。「自分の手で改憲を成し遂げていきたい」という発言も、このような思いと相通じているようにみえる。そして、そのような思いは、4項目の改憲案の中で、

自衛隊の憲法明記以外のところ（とりわけ緊急事態条項導入論）にも投影しているようにもみえるのである。

　このような安倍首相が主導する改憲論が一体どのようなものであるかを、私たちは、しっかりと見極めなければならないと思われる。戦後70年以上にわたって平和憲法の下で私たちが不十分ながらも享受してきた平和や人権を今後とも護り、活かすことができるかどうかが、今まさに問われているのである。私自身の考えは、本書で述べたつもりであるが、それが適切なものかどうかは、読者の賢明な判断に委ねることにしたい。本書が、多くの市民、研究者、さらには法律関連の実務に携わる人達に読まれて、改憲問題について考える上で少しでも役立つことが出来れば、幸いである。

　最後になったが、本書の刊行に際しては、法律編集部長の中野芳明さんに格別のご配慮を頂いた。ご多忙な時期であるにもかかわらず、本書の性格を考慮されて、企画・編集などをこの上なくスピーディーに進めて頂き、また、本の内容も読み易いようにいろいろと工夫をして頂いた。心から御礼を申し上げたい。

　2020年1月

山内　敏弘

vi

安倍改憲論のねらいと問題点
目次

はしがき　i

第1章　安倍9条加憲論のねらいと問題点————————1

　一　はじめに　1
　二　自衛隊加憲論の背景　4
　　1　「日本会議」の伊藤哲夫の9条加憲論　4
　　2　公明党のスタンス　5
　　3　その他の9条加憲論　7
　三　9条2項を空文化する自衛隊加憲論　9
　　1　「自衛力」論から「自衛戦力」合憲論への転換　10
　　　(1)「戦力」と「自衛力」　(2)「自衛戦力」合憲論への転換
　　2　「交戦権」否認規定の空文化　13
　四　集団的自衛権の全面的承認へ　14
　　1　安保法制（戦争法制）の憲法的追認　14
　　2　フルスペックの集団的自衛権の承認へ　18
　　　(1)「血の同盟」となる日米安保体制　(2)集団的自衛権の実態
　　3　集団的自衛権行使に備える自衛隊　21
　五　首相の統帥権と民主的統制の欠如　24
　　1　首相の統帥権の創設　24
　　2　民主的統制の欠如　26
　六　自衛隊加憲が市民の生活・人権に及ぼす影響　29
　　1　徴兵制の合憲化　29
　　　(1)明治憲法下の徴兵制　(2)徴兵制の合憲化　(3)徴兵制導入の可能性
　　2　軍事的徴用制の合憲化　37
　　3　自衛隊のための土地収用の合憲化　41
　　4　軍事秘密法制の強化　43
　　　(1)明治憲法下の軍事秘密法制　(2)日本国憲法と軍事秘密法制の強化
　　5　軍事規律の強化と軍法会議の設置　47
　　　(1)自衛官の軍事規律の強化　(2)明治憲法下の軍法会議　(3)軍法会議設置の可能性
　　6　自衛隊関連訴訟への甚大な影響　53

　　7　軍事費の増大と生存権保障の形骸化　56
　　8　軍産学複合体の形成の危険性　59
　　9　地方自治の形骸化　62
　七　小結　66

第2章　緊急事態条項導入論のねらいと問題点──────69

　一　はじめに　69
　二　「震災便乗型」の導入論　71
　三　国会議員の任期延長を理由とする導入論　74
　　1　衆議院議員の場合　75
　　2　参議院議員の場合　77
　四　緊急政令の問題点　78
　五　諸外国における緊急事態条項　81
　　1　ドイツの場合　81
　　　(1)ワイマール憲法の緊急事態条項　(2)ボン基本法の緊急事態条項
　　2　アメリカの場合　88
　　　(1)憲法の緊急事態条項とその史的展開　(2)9・11テロ事件と緊急事態法制
　　3　ドイツとアメリカの事例が示唆すること　95
　六　日本国憲法と国家緊急権　96
　　1　明治憲法における緊急事態条項　96
　　2　日本国憲法における国家緊急権　100
　七　小結　105

第3章　「合区解消・地方公共団体」の改憲論について──────107

　一　はじめに　107
　二　改憲案の背景　108
　三　「合区」解消のために改憲は必要なのか　110
　四　改憲案の問題点　112
　　1　「全国民代表」に抵触する「都道府県代表」　112
　　2　党利党略による「都道府県代表」　114
　　3　両院制との関係　115
　　4　地方公共団体に関する改憲案　117
　　5　「合区」解消と投票価値の平等　119
　五　「合区」問題解消のための公選法改悪　122
　六　小結　125

第4章 「教育充実」に関する改憲論について――――127

一 はじめに 127

二 改憲案の背景 128

三 教育無償化のために改憲は必要なのか 130

四 改憲案の問題点 134
　　1 教育の無償化条項の欠如 134
　　2 憲法89条改憲の不要性 135
　　3 教育の国家統制強化の危険性 136

五 改憲先取り的な教育法制の改編 140
　　1 教育基本法の改定 140
　　2 地方教育行政法の改定 142
　　3 国立大学法人法の制定と学校教育法の改定 143

六 小結 145

第5章 「護憲的改憲論」または「立憲的改憲論」についての疑問

――――147

一 はじめに 147

二 大沼保昭の「護憲的改憲論」 148
　　1 大沼説の要旨 148
　　2 大沼説についての疑問 149

三 井上達夫の「9条削除論」 151
　　1 井上説の要旨 151
　　2 井上説に対する疑問 154

四 加藤典洋の「9条強化案」 158
　　1 加藤説の骨子 158
　　2 加藤説の問題点 160

五 今井一の9条改憲論 162
　　1 今井説の骨子 162
　　2 今井説に対する疑問 164

六 阪田雅裕の9条改憲論 167
　　1 阪田説の要旨 167
　　2 阪田説についての疑問 168

七 山尾志桜里の「立憲的改憲」論 170
　　1 山尾説の要旨 170
　　2 山尾説に対する疑問 171

八 小結 174

第6章　憲法9条の意義と東北アジア非核化の課題―――――179

一　はじめに　179
二　憲法9条の積極的意義　180
　　1　戦後日本の平和に貢献してきた9条　180
　　2　「不戦の誓い」と戦後補償の指針としての前文・9条　183
　　3　国際平和に寄与する9条　185
　　4　自由と民主主義を下支えする9条　188
　　5　「大砲よりバター」を下支えする9条　191
　　6　環境保護の指針としての9条　192
　　7　平和的生存権の役割　195

三　核不拡散条約体制と核兵器禁止条約　197
　　1　核不拡散条約（NPT）体制の問題点　197
　　2　核抑止論の問題点　198
　　3　核兵器禁止条約の意義　201

四　東北アジアの非核化の課題　204
　　1　米朝首脳会談と日本の対応　204
　　2　世界の非核地帯条約　207
　　3　東北アジア非核地帯条約の締結に向けて　209

五　小結　213

あとがき　215

第1章　安倍9条加憲論のねらいと問題点

一　はじめに

　安倍首相は、2017年5月3日に読売新聞のインタビューと「日本会議」など
が主導する改憲集会へのビデオメッセージで、9条の1項と2項はそのままに
した上で自衛隊を憲法明記すべきだとする9条改憲論を述べた。読売新聞紙上
で述べたのは、要旨以下のようなものである[1]。

> 　自衛隊が全力で任務を果たす姿に対し、国民の信頼は今や9割を超えている。
> 一方、多くの憲法学者は違憲だと言っている。教科書には、自衛隊の活動ぶり
> が書かれるなか、違憲との指摘も必ずといっていいほど書かれている。命をか
> けて頑張っている自衛隊員の子どもたちが、その教科書で学んでいる現状があ
> る。
> 　北朝鮮をめぐる情勢が緊迫し、安全保障環境が一層厳しくなっているなか、
> 『違憲かもしれないけれど、何かあれば命を張ってくれ』というのは、あまりに
> も無責任だ。行政府の長としてではなく、国会議員として申し上げれば、立法
> 府でこうした問題について真剣に議論していくことが、国会議員の責任だろう
> と思う。
> 　9条については、平和主義の理念はこれからも堅持していく。そこで、例え

---

[1]　ビデオ・メッセージの全文は、朝日新聞2017年5月4日朝刊に掲載されている。

ば、1項、2項をそのまま残し、その上で自衛隊の記述を書き加える。そうい
う考え方もある中で、現実的に私たちの責任を果たしていく道を考えるべきだ。
それは国民的な議論に値するだろう。私の世代が何をなし得るかと考えれば、
自衛隊を合憲化することが使命ではないかと思う。
　2020年を新しい憲法が施行される年にしたい。新しい日本を作っていくこの
年に、新たな憲法の施行を目指すのはふさわしい。（読売新聞2017年5月3日）

　安倍首相のこのような発言は、自民党が2012年に発表した9条改憲論とは明
らかに異なるものであった。2012年に自民党が発表した「日本国憲法改正草
案」[2]では、9条の1項は字句の修正をするにとどめたが、2項の戦力不保持、
交戦権の否認規定は削除して、代わりに「前項の規定は、自衛権の発動を妨げ
るものではない」という規定を書くとともに、新たに「9条の2」を設けて、
「国防軍」の設置を明記したものであったからである。

　したがって、安倍首相のこのような一見唐突ともいえ自衛隊明記論に対して
は、自民党の内部からも異論が出されたことは当然であった。自民党の改憲推
進本部が2017年12月に発表した「憲法改正に関する論点取りまとめ」では、つ
ぎのように両論併記になっていたのは、ある意味では当然であった[3]。

　自衛隊がわが国の独立、国の平和と安全、国民の生命と財産を守る上で必要
不可欠な存在であるとの見解に異論はなかった。その上で、改正の方向性とし
て以下の2通りが述べられた。
　①「9条1項、2項を維持した上で、自衛隊を憲法に明記するにとどめるべ
き」との意見
　②「9条2項を削除し、自衛隊の目的・性格をより明確化する改正を行うべ
き」との意見（以下、略）

　その後、自民党の内部においては、いくつかの意見も出されたが、2018年3
月26日に、「憲法改正に関する議論の状況について」として改憲推進本部が発
表して、「条文イメージ（たたき台素案）」（以下、「2018年改憲案」と略称）として

2　自民党憲法改正推進本部『日本国憲法改正草案（Q&A）（増補版）』（2013年）45頁。
3　東京新聞2017年12月21日。

まとめたのが、つぎのような条文案である[4]。

---

　9 条の 2　前条の規定は、我が国の平和と独立を守り、国及び国民の安全を保
　つために必要な自衛の措置をとることを妨げず、そのための実力組織として、
　法律の定めるところにより、内閣の首長たる内閣総理大臣を最高の指揮監督
　者とする自衛隊を保持する。
② 　自衛隊の行動は、法律の定めるところにより、国会の承認その他の統制に
　服する。

　この条文案には、「第 9 条全体を維持した上で、その次に追加」という付記
が書かれているので、安倍首相の自衛隊加憲論が採用されたということを意味
している。それにしても、このような自衛隊加憲論が一体どうしてでてきたの
か。その背景はどのようなものであるのか。また、このような自衛隊加憲論の
ねらいは一体なになのか。さらに、自衛隊を憲法に書き込むことで、国民生活
にいかなる影響を及ぼすことになるか。
　安倍首相は、このような自衛隊加憲によっても自衛隊の任務や権限には一切
変更がないということを繰り返し述べており[5]、保岡興治・自民党改憲推進本
部長（当時）も、「政府解釈を 1 ミリも動かさないで自衛隊を位置付ける方向
で進めていく」（毎日新聞2017年 6 月13日）と言っている。さらに、自民党改憲
推進本部がこの2018年改憲案に関して解説した『Q＆A』も、「条文イメージは、
……自衛権行使の範囲を含め、 9 条の下で構築されてきたこれまでの憲法解釈
についても全く変えることなく、国民に信頼されている等身大の自衛隊をその
まま憲法に位置付けようとするものです。」[6]と述べているが、果たして本当に
そうなのか。以下には、このような自衛隊加憲論の背景とねらいおよび問題点
について検討することにしたい。

4　自民党改憲推進本部「憲法改正に関する議論の状況について」2018年 3 月26日。
5　例えば、2018年 1 月30日衆議院予算委員会、2018年 4 月 9 日参議院決算委員会、2019年
　 1 月30日衆議院本会議での安倍首相の答弁参照。
6　自民党改憲推進本部『日本国憲法改正の考え方～「条文イメージ（たたき台素案）」
　Q＆A～』（2019年） 2 頁。

二　自衛隊加憲論の背景

　安倍首相の自衛隊加憲論がどのような背景の下で出されてきたのか、その全貌は必ずしも詳らかではないが、ただ、いくつかの点はすでに明らかにされているところである[7]。それらを踏まえれば、つぎのような点が指摘され得るであろう。

1　「日本会議」の伊藤哲夫の9条加憲論

　第1に、安倍首相の自衛隊加憲論は唐突に出されてきたわけではなく、すでにその下地はあったということである。一番近いところでは、2016年秋に保守的な団体で改憲運動を促進してきた「日本会議」の常任理事である伊藤哲夫が、月刊誌の「明日への選択」に寄稿した「『三分の二』獲得後の改憲戦略」という論文である[8]。

　伊藤は、この論文で要旨つぎのようなことを指摘している。すなわち、2016年の参議院選挙で3分の2の壁は突破されたが、これで一気に改憲の発議というほど改憲への状況は甘くはない。今日の国民世論の状況は、「戦後レジームからの脱却」といった文脈での改憲を支持していない。にもかかわらず、強引にこの路線を貫こうとすれば、改憲陣営の分裂を招くことは必定で、一般国民を逆に護憲陣営に丸ごと追いやることになりかねない。とすれば、ここは一歩退き、現行憲法の規定は当面認めた上で、その補完に出るのが賢明なのではないか。この憲法の平和、人権、民主主義そのものは当面問題はないとし、その上でそれをより一層確実なものにするためにも、憲法の足らざるところは補うという冷静な発想が必要ではないか。そうした観点から筆者がまずこの「加憲」という文脈で考えるのは、例えば前文に「国家の存立を全力をもって確保し」といった言葉を補うこと、憲法第9条に3項を加え、「但し前項の規定は

7　渡辺治『戦後史のなかの安倍改憲』（新日本出版社、2018年）177頁以下、浦田一郎『自衛隊加憲論の展開と構造』（日本評論社、2019年）17頁以下参照。

8　伊藤哲夫「『三分の二』獲得後の改憲戦略」明日への選択2016年9月号18頁。

確立された国際法に基づく自衛のための実力の保持を否定するものではない」
といった規定を入れること、さらには独立章を新たに設け、緊急事態における
政府の行動を根拠づけるいわゆる「緊急事態条項」を加えること等々だといっ
てよい。第一段階としてこのような柔軟な戦略を打ち出せば、公明党との協議
は簡単ではないにしても進みやすくなるであろうし、場合によっては護憲派か
ら現実派を誘い出すきっかけとなる可能性もある。

　以上のような伊藤哲夫の9条加憲論のポイントをまとめれば、つぎのように
なると思われる。①9条改憲論が従来主張してきたような9条2項削除論では、
現状において国民一般の支持を得ることが難しいので、9条の1項と2項を維
持した上で、3項に自衛のための実力の保持を明記する加憲論を主張すること
が適切である。②そのような加憲論であれば、公明党や護憲派の一部をも取り
込むことができる可能性がある。③ただし、このような9条加憲論は「当面」
の、あるいは「第一段階として」の戦略である。まずはかかる道で「普通の国
家」になることをめざし、その上でいつの日か、真の「日本」にもなっていく
ということ。

2　公明党のスタンス

　それでは、伊藤哲夫によって9条加憲論への協議を期待された公明党のスタ
ンスはどのようなものであろうか。この点、注目すべきは、公明党の内部では、
すでに2000年代において、9条加憲論が検討されていたということである。具
体的には、2002年の第4回党大会で公明党は、憲法改正問題について「加憲
論」の立場をとることを明らかにしたが、それを踏まえて2004年の第5回党大
会では、「9条の1項の戦争放棄、2項の戦力不保持の規定は堅持するという
姿勢に立ったうえで、自衛隊の存在の明記や、我が国の国際貢献の在り方につ
いて、『加憲』の論議の対象として、より論議を深め、慎重に検討していく」
とされたのである。同年に公明党憲法調査会が行った「論点整理」においても、
9条に関してはつぎのように加憲論が検討の対象とされていたのである[9]。

9　渡辺治編著『憲法改正問題資料(下)』(旬報社、2015年) 41頁。

> 　専守防衛、個別的自衛権の行使主体としての自衛隊の存在を認める記述を置くべきではないか、との意見がある。第1項の戦争放棄、第2項の戦力不保持は、上記の目的をも否定したものではないとの観点からである。ただ、すでに実態として合憲の自衛隊は定着しており、違憲とみる向きは少数派であるゆえ、あえて書き込む必要はないとの考えもある。

　公明党が、このように9条に関して加憲論の検討の対象としたのは、一体どうしてなのか。渡辺治は、その理由を、一方では、自民党との連立政権の維持の必要性から、9条改憲問題に関しても従来の政策から一歩踏み込んだものにすることを迫られたということ、他方で、公明党の支持基盤である創価学会との関係で憲法政策に関してはとくに慎重にならざるを得なかったということを指摘している[10]。概ね妥当な捉え方といってよいように思われる。まさに、自民党と創価学会の双方の顔を立てるために「苦肉の策」として編み出されたのが、9条の1項と2項を維持したままで、自衛隊を憲法に明記するという加憲論であったわけである。

　公明党は、その後、2015年に集団的自衛権の限定的な行使を容認するいわゆる安保法制（戦争法制）が国会に上程された際にも、自民党とともにこれに賛成する立場をとり、公明党の支持層の一部からも批判をされたりした。それもあってか、公明党は、2017年の衆議院総選挙においては、選挙公約において、9条改憲問題に関しては、つぎのように書いたのである。

> 　憲法9条1項2項は、憲法の平和主義を体現するもので、今後とも堅持します。
> 　2年前に成立した平和安全法制は、9条の下で許容される「自衛の措置」の限界を明確にしました。この法制の整備によって、現下の厳しい安全保障環境であっても、平時から有事に至るまでの隙間のない安全確保が可能になったと考えています。
> 　一方で、9条1項2項を維持しつつ、自衛隊の存在を憲法上明記し、一部にある自衛隊違憲の疑念を払拭したいという提案がなされています。その意図は

10 　渡辺・前掲注(7)200頁。

理解できないわけではありませんが、多くの国民は現在の自衛隊の活動を支持
しており、憲法違反の存在とは考えていません。今、大事なことは、わが国の
平和と安全を確保するため、先の平和安全法制の適切な運用と実績を積み重ね、
さらに国民の理解を得ていくことだと考えます。

　ここには、9条の加憲論に関して慎重な姿勢を見てとることができるが、こ
のような姿勢をもたらしたのは、安倍政権の強引ともいえる安保法制の制定で
あったことは、上記の文章からも明らかであろう。それだけに、伊藤哲夫など
からすれば、公明党を巻き込む必要性を感じて、上記のような提案をしたとい
うことだと思われる。

3　その他の9条加憲論

　9条の1項と2項はそのままにした上で自衛隊を憲法に明記するという発想
は、日本会議や公明党だけに見られたものではない。国民の多数が、9条を支
持し、同時に自衛隊の存在をも認めているという状態からすれば、ある意味で
は、自衛隊加憲論は出るべくして出てきた改憲論であったということもできる
であろう。そのいくつかをあげれば、つぎのようなものがある。

　例えば、自衛隊加憲論をもっとも早い時点で提起したのは、自主憲法期成議
員同盟が竹花光範に委嘱して、1981年10月21日に作成した「第一次憲法改正草
案（試案）」であるとされている。同草案は、9条に関して、自衛隊違憲の余
地をなくして「自衛隊を明らかに合憲的な存在とするよう改めることが必要で
ある。ただし、現憲法の『平和主義』の原理そのものには、手をふれないこと
が望ましい」として、つぎのように提言していた[11]。

案一　解釈規定を第三項に置く
　第九条第三項「前二項は、日本国の独立と安全を防衛し、国民の基本的人権
を守護することを目的とし、必要な実力（または武力）を保持し、これを行使
することを妨げるものではない。

---

[11]　渡辺・前掲注(9)『憲法改正問題資料(上)』326頁。

　この提言は、9条の第2項を削除する案も「案2」として示しているが、第2項の削除が、「『平和主義』の原理を後退させるような印象を一般に与え、その結果、9条改正反対の声が高まることも予想される」として、「案1」がのぞましいとしている。

　また、小沢一郎は、1993年の著書『日本改造計画』において、日本も「普通の国」になれと主張するとともに、そのためには、憲法9条に修正を加えることも選択肢になるとして、9条加憲論を提案していた。小沢は、憲法9条の1項と2項はそのままにした上で、第3項としてつぎのような条文を付け加えることを提案したのである[12]。

第3項　ただし、前2項の規定は、平和創出のために活動する自衛隊を保有すること、また、要請をうけて国連の指揮下で活動するための国際連合待機軍を保有すること、さらに国連の指揮下においてこの国際連合待機軍が活動することを妨げない。

　小沢は、その後、1999年には、「日本国憲法改正試案」を発表して[13]、9条に関して、1項と2項は、そのままにした上で、3項に「前2項の規定は、第三国の武力攻撃に対する日本国の自衛権の行使とそのための戦力の保持を妨げるものではない。」とする規定を付け加えることなどを提案したが、その後、2000年代に入って、民主党への合流を実現してからは、明文改憲論には慎重な対応をとることになる。民主党政権から離脱して、再び自由党を結成した時点でも、安倍改憲には、批判的な態度をとっている。野党共闘を重視する観点からであると思われる。

　さらに、枝野幸男も、民主党時代には、9条の1項と2項はそのままにした上で、9条の2および9条の3として自衛権の行使を限定的に認める条項を付け加えることを提案していたが[14]、しかし、2015年の安保法制の強行可決には反対して、2017年には立憲民主党を立ち上げるとともに、安倍政権の下での9

12　小沢一郎『日本改造計画』（講談社、1993年）124頁。
13　小沢一郎「日本国憲法改正試案」文藝春秋1999年9月号94頁。
14　枝野幸男「憲法9条　私ならこう変える」文藝春秋2013年10月号126頁。

条改憲には反対の姿勢を鮮明にしていることは、周知の通りである。

　以上に簡単にみたように、日本会議の伊藤哲夫は、できたら公明党や護憲派の一部をも巻き込んで 9 条加憲を実現したいと考えたが、しかし、安倍政権による反立憲主義的な安保法制の強行的な制定は、公明党に慎重な姿勢を取らせるようになったばかりではなく、野党勢力をも安倍政権の下での 9 条改憲に対してはさらに批判的な方向へと向かわせる結果となったといってよいように思われる。

　ただ、それにもかかわらず、安倍首相は、自らが提案するような自衛隊加憲論であれば、いずれかの時点で公明党なども歩み寄ってくるのではないかという期待をもって、また、9 条と自衛隊を共に容認している国民の多数の支持も取り付けられるのではないかという期待を込めて、上記のような提案を行ったものと思われる。

三　9 条 2 項を空文化する自衛隊加憲論

　安倍首相は、憲法に自衛隊が明記されても、「自衛隊の任務、権限に変更は生じない」ということを繰り返し述べているが、しかし、この言葉をそのまま受けとることはできないと思われる。アメリカの法哲学者のスコット・シャピーロは、「憲法 9 条を改正することは、ただ言葉を変えることにとどまりません。予期できないような影響を国内や国外に及ぼす可能性があります」（朝日新聞2019年 1 月10日）と述べているし、また映画「コスタリカの奇跡」の共同監督のマシュー・エディーは、「政治指導者が、憲法をごく一部でも書き換えようとする際には、その先にもっと抜本的な変化を起こそうとしていると考えるべき」（東京新聞2018年 5 月 6 日）と述べている。さらに、樋口陽一は、より明確につぎのように述べている。「軍備拡大への歯止めがなくなり、あらゆる戦争を遂行できることになりかねません。そういう認識をきちんと共有しないまま提起されている今回の改憲論は、『政治的な主張』と呼べるレベルのものではありません。フエイク（虚偽）です。」（朝日新聞2019年 5 月 3 日）。私も、これらの指摘が基本的に妥当なもの考える。憲法に自衛隊が銘記されたならば、9 条 2 項は実質的に空文化し、あるいその解釈は根本的に変更されることになる

と思われる。以下には、そのことを具体的に明らかにすることにしたい。

1　「自衛力」論から「自衛戦力」合憲論への転換

　政府は、従来から、自衛隊は9条2項が禁止する「戦力」には当たらず、必要最小限度の実力（「自衛力」）であるとしてきた。このような「自衛力」論は、自衛隊の違憲論を回避するために考え出された議論であるが、自衛隊の存在を憲法に書き加えれば、このような「自衛力」論を採り続ける意味は実質的になくなり、「自衛戦力」合憲論へと転換されることになると思われる。

(1)　「戦力」と「自衛力」

　そもそも、憲法9条2項は、「陸海空軍その他の戦力は、これを保持しない。」と規定している。1954年に創設された自衛隊がここでいう「戦力」に該当するか否かは、「戦力」をどのように定義づけるかに関わっているが、従来の学説の多数は、「戦力」を実力組織の目的（主観的要件）と実体（客観的要件）に即して「警察力」と区別して定義づけてきた[15]。すなわち、その目的が、国内治安の維持に向けられるのが「警察力」であるのに対して、「戦力」は外敵との間で戦闘行動を行うことを目的としており、また、「警察力」の実体は、国内治安の維持に必要な限度の実力であるのに対して、「戦力」は警察力を超えて対外的な戦闘行動に用いられる程度の人的・物的組織体を意味するとしてきた。

　もっとも、「戦力」をこのように定義づけたとしても、そのような「戦力」の保持はいかなる意味でも認められないかどうかについては、従来から見解の相違があった。ごく少数説ながら、自衛のためであれば、「戦力」を保持することができるとする「自衛戦力」合憲論も唱えられてきたからである。この見解は、その根拠を9条2項冒頭に書かれている「前項の目的を達するため」という言葉に着目し（いわゆる芦田修正）、この言葉が、保持を禁止された「戦力」を限定しており、「前項の目的」は侵略戦争の放棄を意味している以上は、自衛のための「戦力」の保持は、2項によっても禁止されていないと解したのである。政府も一時期この見解をとったことがあるが、その後は、この見解を維

15　この点については、拙著『平和憲法の理論』（日本評論社、1992年）67頁以下参照。

持することはなかった。この見解は、「前項の目的」の解釈が恣意的であるのみならず、「戦力」をあらかじめ自衛のための戦力と侵略のための戦力とに区別することは困難だからである。

　その結果、政府が採用してきた見解は、いわゆる「自衛力」論である[16]。それは、国家は固有の自衛権を有し、そのような自衛権を行使するための必要最小限度の実力である「自衛力」を保持することができ、そのような「自衛力」は「戦力」に該当しない範囲内で憲法9条の下でも認められるとするものである。そして、それが「戦力」に該当するか否かは、時々の国際情勢によっても変わりうるが、「性能上専ら他国の国土に対して壊滅的な破壊を加える程度のもの」は、「自衛力」の範囲を超える「戦力」に当たるとして許されないが、「自衛力」の範囲内のものは、憲法上許されるとするものであった。このような政府見解は、国家固有の自衛権という憲法外的な概念を持ち込んで「自衛力」を根拠づける点に問題があるが、それ以外にも、「自衛力」と「戦力」との区別がつけにくいという難点があった。このような難点を踏まえて、「自衛力」の根拠を憲法13条（生命、自由および幸福追求に対する国民の権利）に求める見解も提示されたが[17]、この見解は、国家固有の自衛権論よりはより実定憲法に即した解釈であるということができるが、しかし、この見解の場合にも、「自衛力」と「戦力」の区別は不明確であるといった批判は免れがたいように思われる。

　ただ、それにもかかわらず、政府は、「自衛力」と「戦力」の区別を問われて、上述したように、「性能上もっぱら他国の国土に対して壊滅的な破壊を加えるような兵器」、例えば、ICBM、長距離戦略爆撃機、攻撃型空母などは保持することはできないとしてきた。そこに、わずかではあるが、「自衛戦力」論との区別を設けてきたのであった。

16　政府の「自衛力」論については、阪田雅裕編著『政府の憲法解釈』（有斐閣、2013年）26頁以下。

17　田上穰治「主権の概念と防衛の問題」宮沢俊義先生還暦記念『日本国憲法体系第二巻』（有斐閣、1965年）98頁参照。

(2)　「自衛戦力」合憲論への転換

　しかし、憲法に自衛隊が明記された場合には、このような政府の「自衛力」論がそのまま維持されうるかどうかは、極めて疑わしいように思われる。なぜならば、前述したように、政府の「自衛力」論は、自衛隊の違憲論を回避するために用いられてきたいわば苦肉の策としての論理であって、自衛隊が憲法に明記された場合には、もはやその役割を基本的に終えるからである。自衛隊が憲法に明記された場合には、あえて、そのようなあいまいな、警察力でも戦力でもない「自衛力」といった解釈論をとる意味はなくなるからである。さらに、「自衛力」論をとり続けて、自衛のためであれ、「戦力」は保持できないとする解釈をとり続ける限りは、9条2項と自衛隊を明記する9条の2の規定との矛盾はなくならず、自衛隊にもさまざまな制約が付され続けることになりかねないからである。そのような矛盾や制約を解消するためには、9条2項の解釈を変更して、自衛のためならば、「戦力」の保持は可能であり、9条の2に明記される自衛隊は、そのような「自衛戦力」であるとすることは、解釈論としてもより整合的になるとされると思われる。

　もちろん、前述した保岡発言などにみられるように、自衛隊を憲法に明記しても、従来の憲法解釈は1ミリたりとも変更しないといった言い方がなされている以上は、自衛隊の明記によって政府の9条2項解釈が直ちに変更されるかどうかは必ずしも定かではない。しかし、例えば、後述するように、「多用途運用護衛艦」という名の航空母艦「いずも」などをも装備するような自衛隊の実態の変化をも踏まえれば、「自衛力」論をとり続けることには大きな限界が出てくると思われる。かくして、「自衛力」論は結果的には「自衛戦力」合憲論へと変更されて、9条2項の「戦力」規定は形骸化されることになると思われる。

　ちなみに、憲法9条2項の「陸海空軍その他の戦力」は、英文では、land, sea,and air forces,as well as other war potential となっている。他方で、自衛隊は、Self-Defense Forces である。ということは、9条の2の自衛隊明記によって、9条2項では、forces の保持が禁止され、9条の2では、forces の保持が容認されるということになるが、この矛盾は一見したところ説明がつかないことになるであろう。その矛盾を解釈論的に解消するとすれば、「後法は前法を

廃する（lex posterior derogat priori）」という法原則[18]によらざるを得ないということになってくると思われる。もちろん、この法原則は、同一ランクの法規範の間で適用されるものであるので、憲法9条2項が、通常の憲法規範の中でもより高次の法規範であるという前提に立てば、この法原則は適用されないが、学説の多数は、9条の1項は、憲法改正権の限界を超える高次の憲法規範と捉えているが、9条2項についてはそのように捉えていないので[19]、上記の法原則が適用されることになると思われる。かくして、9条の2の自衛隊明記規定に矛盾する限りで9条2項の戦力不保持規定は効力を持たないということにされかねないのである。この意味でも、9条2項の「戦力」不保持規定は、空文化されかねないのである。

2　「交戦権」否認規定の空文化

　9条2項の後段は、「国の交戦権は、これを認めない。」と規定しているが、ここにいう「交戦権」の意味については、従来から、三つほどの見解が唱えられてきた。すなわち、①文字通り、戦争をする権利と解する見解、②交戦国に国際法上認められる権利の総称と解する見解、③両者を併せ含める権利と解する見解である[20]。これらのなかでは、②の見解が多数説であり、政府も、基本的には、つぎのように②の見解をとってきた。「（交戦権とは）交戦国が国際法上有する種々の権利の総称であって、相手国兵力の殺傷及び破壊、相手国の領土の占領、そこにおける占領地行政、中立国船舶の臨検、敵性船舶の拿捕等を行うことを含む」[21]。

　ただし、政府見解と学説の多数説との違いは、政府見解では、つぎのような限定を付してきたことである。「武力行使の三要件を満たす武力の行使は、わが国を防衛するための必要最小限度の実力の行使であるから、交戦権の行使とは別のものである」。「別のものである」という言い方は、必ずしも明確ではな

18　団藤重光『法学入門』（筑摩書房、1973年）78頁。
19　この問題については、辻村みよ子『比較のなかの改憲論』（岩波書店、2014年）63頁、拙著『改憲問題と立憲平和主義』（敬文堂、2012年）51頁参照。
20　拙著・前掲注(15)71頁。
21　浦田一郎編『政府の憲法九条解釈（第2版）』（信山社、2017年）413頁。

いが、言わんとするところは、自衛権の行使の一環としての武力行使は交戦権否認規定とは関係がなく、違憲ではないということであろう。

　従来のこのような政府解釈の限定は、学説の多数からすれば、認めがたいものであったが、それでも、この限定から外れる事例、例えば、PKO における武力行使やフルスペックの集団的自衛権の行使の場合は、交戦権否認規定が適用されて、相手国兵力の殺傷や破壊はできないものとされてきた。そして、そのような場合には、交戦権否認規定に違反して相手国兵力の殺傷や破壊行為を行った兵士は、処罰される可能性があった。

　問題は、自衛隊が９条の２として明記された場合に、このような交戦権否認規定の解釈が変更される可能性があるかどうかである。９条の２の規定の仕方にもよるが、後述するように、この規定がフルスペックの集団的自衛権の行使を容認するように読めるものとなれば、それにともなって、交戦権否認規定の解釈も変更されることになると思われる。すなわち、集団的自衛権の行使も、交戦権否認規定とは別のものであるというようにである。かくして、交戦権否認規定も、その実質的な意味を失うことになると思われる。

四　集団的自衛権の全面的承認へ

1　安保法制（戦争法制）の憲法的追認

　安倍首相が自衛隊の憲法明記によっても自衛隊の任務や権限には変更がないというとき、安倍首相が前提としているのは、2015年の安保法制（戦争法制）によって新たに自衛隊の任務のなかに含められた限定的な集団的自衛権の行使などの憲法的承認である。安倍首相には、そもそもこの安保法制が現行憲法に違反するものであるという認識が欠如しているが、しかし、憲法違反の安保法制を是正することなく、改憲によって正当化しようとすることは、立憲主義の観点からいっても、本末転倒というべきであろう。そこで、以下には簡単に安保法制の概略と問題点を指摘することにしたい[22]。

---

[22]　安全保障法制については、さしあたり、拙著『「安全保障」法制と改憲を問う』（法律文化社、2015年）１頁以下、清水雅彦『９条改憲』（高文研、2019年）32頁以下参照。

　まず、2015年に強行的に制定された安保法制は、「平和安全法制整備法」と「国際平和支援法」の二本立てになっている。後者は新法であるが、前者は、自衛隊法、PKO協力法、周辺事態法、武力攻撃事態法など10本の法律の改定を定めた、いわゆる一括法である。

　①これらの法制の中で、最大の眼目は、自衛隊法などの改定によって、いわゆる「存立危機事態」における集団的自衛権の行使を可能としている点である。「存立危機事態」とは、「我が国と密接な関係にある他国に対する武力行使が発生し、これにより、我が国の存立が脅かされ、国民の生命、自由及び幸福追求の権利が根底から覆される明白な危険がある事態」をいい、このような事態において、武力攻撃事態法（2条4号）および自衛隊法（76条1項2号）は、自衛隊による武力の行使を可能とする規定をおいているのである。

　②従来の周辺事態法は「重要影響事態法」と名前を改められて、「重要影響事態」において、米国軍隊などに対する後方支援活動を行うことを可能とした。ここにおいて、「重要影響事態」とは、「そのまま放置すれば我が国に対する直接の武力攻撃に至るおそれのある事態等我が国の平和及び安全に重要な影響を与える事態」のことをいうとされる（1条）。従来の周辺事態法では、後方支援活動を行う地域を「我が国周辺の地域」としていたが、この地域的な限定を外すとともに、米国以外の国の軍隊に対しても、後方支援活動を行うことが可能となった。また、従来は、「後方支援活動」は「現に戦闘行為が行われておらず、かつ、そこで実施される活動の期間を通じて戦闘行為が行われることがないと認められる我が国周辺の公海及びその上空の範囲」で行われるとされていたが、新法では、「現に戦闘行為が行われている現場では実施しないものとする」（2条3項）とされて、そのような「現場」ではない「戦闘地域」での後方支援活動も可能となった。

　③PKO協力法の改定によって、新たにいわゆる「駆けつけ警護」や「治安維持活動」が可能となった（3条5号）。それに伴って、武器の使用も正当防衛や緊急避難では説明困難な場合においてもできることになった（26条）。なお、この改定によって、新たに「国際連携平和安全活動」も付け加えられ（3条2号）、国連が統括するわけでは必ずしもない国際組織に参加して停戦監視や治安維持活動などを行うことも可能となった。

④「国際平和支援法」によって、「国際平和共同対処事態」（＝国際社会の平和及び安全を脅かす事態であって、その脅威を除去するために国際社会が国連憲章の目的に従い共同して対処する活動を行い、かつ、我が国が国際社会の一員としてこれに主体的かつ積極的に寄与する必要があるもの）（1条）において、自衛隊が「国際平和支援」という名の下に世界の各地に出動して「協力支援活動」を行うことが可能となった。従来は、「テロ特措法」や「イラク特措法」といった形でそれぞれの事態ごとに「特別措置法」を制定していたのを、「恒久法」とした。

⑤いわゆるグレーゾーン事態において、自衛隊は、米艦等の防護のために武器使用を行うことが可能となった（自衛隊法95条の2）。従来は、自衛隊法95条で、自衛隊の武器等を防護するために必要と認める相当の理由がある場合に自衛官は武器の使用を行うことができたが、「米国軍隊その他の外国の軍隊」の武器等（艦船、航空機をも含む）を防護するためにも武器を使用することが可能となった。

以上のような安保法制に関して、政府は、その制定理由として、近年における我が国を取り巻く安全保障環境の厳しい変化をあげており、とりわけ中国が海洋進出を活発化させており、また北朝鮮の核開発が我が国に対する重大な脅威となっている状況の下では、日米同盟の強化は必須であり、そのためには、日本もまた米国の武力紛争に集団的自衛権の行使を限定的にでも行う形で協力することが必要であるといった点をあげた。

そして、それが日本国憲法の下でも合憲である根拠として、1972年の政府見解の「基本的論理」や1959年の砂川事件最高裁判決（刑集13巻13号3225頁）をあげていた。ちなみに、1972年10月14日の政府見解は、要旨次のようなものであった。「（憲法は）わが国が自国の平和と安全を維持し、その存立を全うするために必要な自衛の措置をとることを禁じているとは到底解されない。……平和主義をその基本原則とする憲法が、右に言う自衛のための措置を無制限に認めているとは解されないのであって、それは、あくまでも外国の武力攻撃によって国民の生命、自由及び幸福追求の権利が根底からくつがえされるという急迫、不正の事態に対処し、国民のこれらの権利を守るためにやむを得ない措置としてはじめて容認されるものであるから、その措置は必要最小限度の範囲にとどまるべきものである」[23]。また、砂川事件最高裁判決は、「わが国が、自国の平

和と安全を維持し、その存立を全うするために必要な自衛のための措置をとりうることは国家固有の権能の行使として当然というべき」と述べていた。

しかし、これらの根拠付けは、全く正当なものとはいえないことは、多くの専門家が指摘していたところである。1972年の政府見解は、上記の箇所に続けて、「そうだとすれば、わが憲法の下で武力行使を行うことが許されるのは、わが国に対する急迫、不正の侵害に対処する場合に限られるのであって、したがって、他国に加えられた武力攻撃を阻止することをその内容とするいわゆる集団的自衛権の行使は、憲法上許されないといわざるを得ない」と述べていたからである。この政府見解の結論部分を無視して、導入部分のみをつまみ食いして「基本的論理」を維持したとすることは、こじつけ以外の何物でもないのである。

また、砂川事件最高裁判決は、あくまでも日本が外部からの武力攻撃を受けた場合の「自衛の措置」について述べたものであり、そのような「自衛の措置」の一環として米国軍隊の日本での駐留が認められるかどうかを問題としていたのであって、日本が外国のための武力行使を行う集団的自衛権の行使について述べたものではまったくない。政府のような判例の読み方は、「最高裁判例の解釈についての初歩的な誤りを犯すもの」[24]と批判される通りである。

これらの点を踏まえれば、安全保障法制は、日本国憲法に根拠を持たず、政府が、長年の間集団的自衛権の行使は許されず、専守防衛に徹するとしてきた政府見解を正当な理由なく変更するものとして到底許され得ないものであることは、明らかであろう。したがって、政府がまず行うべきは、このような違憲の悪法を廃止して正常な状態に戻すことであって、このような悪法を9条改憲によって追認することでは決してないのである。にもかかわらず、安倍首相の自衛隊加憲論がもくろんでいることは、このような憲法9条にも立憲主義にも反する悪法に合憲のお墨付きを与えようとしているのである。到底認められないというべきであろう。

---

23 阪田・前掲注(16)55頁、浦田・前掲注(21)143頁。
24 藤田宙靖「覚え書き——集団的自衛権の行使容認を巡る違憲論議について」自治研究92巻2号19頁。

2 フルスペックの集団的自衛権の承認へ

(1) 「血の同盟」となる日米安保体制

　安倍首相の自衛隊明記論がもくろんでいることは、単に違憲な安保法制の憲法的追認だけではないと思われる。さらに、フルスペックの集団的自衛権の行使の容認をも狙っていると思われるのである。そのことは、前述した2018年改憲案を見れば、明らかであろう。同改憲案は、9条の2の第1項として、「前条の規定は、我が国の平和と独立を守り、国及び国民の安全を保つために必要な自衛の措置をとることを妨げず、……内閣の首長たる内閣総理大臣を最高の指揮監督者とする自衛隊を保持する。」と規定していて、「必要な自衛の措置」とだけ書かれていて、「必要最小限度の自衛の措置」といった限定さえ書かれていないのである。その趣旨は、この「必要な自衛の措置」の中には、個別的自衛権の行使のみならず、フルスペックの集団的自衛権の行使も含まれるということであると思われる。

　この点で想起されるのは、2012年の自民党の改憲案において、9項の1項は現行規定をほぼそのまま踏襲しつつも、現行の2項の戦力不保持と交戦権の否認規定を削除して、その代わりに新たな2項として「前項の規定は、自衛権の発動を妨げるものではない。」とする規定を置いたことである。この規定の意味について、改憲推進本部が当時まとめた『Q&A』は、つぎのように説明している。「これは、従来の政府解釈によっても認められている、主権国家の自然権（当然持っている権利）としての「自衛権」を明示したものです。この「自衛権」には、国連憲章が認めている個別的自衛権や集団的自衛権が含まれていることは、言うまでもありません。」（10頁）。

　このような説明をも踏まえれば、2018年改憲案において「必要な自衛の措置」とのみ書かれている狙いが、フルスペックの集団的自衛権の行使の容認にあることは明らかといってよいであろう。しかし、そのようなフルスペックの集団的自衛権の行使容認は、安倍首相の言葉とは逆に自衛隊の任務権限に質的な変更をもたらして、従来の専守防衛政策を破棄して、日本を対外的な戦争へと導く危険性をもたらすことになることはほぼ確実であろう。

　現に、トランプ米大統領は、最近、日米安保条約は不公平な条約だとして、要旨つぎのようなことを述べた。「もし日本が攻撃されたら、米国は全力で戦

う。もし米国が攻撃されても、日本はそうする必要はない。それは不公平だ。私は、彼（＝安倍首相）に、我々は変える必要があると言った。万が一米国が攻撃されたならば、日本も米国を助けなければならない。彼は、それを分かっている。彼は、そのことについて異存もないだろう。」（朝日新聞2019年6月30日）。

この点で留意されべきは、安倍首相自身がかつてつぎのように述べていたことである。「いうまでもなく、軍事同盟というのは、"血の同盟"です。日本がもし外敵から攻撃を受ければ、アメリカの若者が血を流します。しかし、今の憲法解釈のもとでは、日本の自衛隊は、少なくともアメリカが攻撃されたときに血を流すことはないわけです。実際にそういう事態になる可能性は極めて小さいのですが。しかし、完全なイコールパートナーと言えるでしょうか。……日米安保条約をより持続可能なものとして、双務性を高めるということは、具体的には集団的自衛権の行使だと思いますね。」[25]。

日米首脳のこのような発言を見ても、9条改憲はまさに日米安保を「血の同盟」にして、フルスペックの集団的自衛権の行使を可能とするためのものであることは明らかであると思われる。

(2)　集団的自衛権の実態

そもそも、集団的自衛権の行使は、自国が武力攻撃をされていないにもかかわらず、他国間の武力紛争に介入して戦争に参加することを意味している。自国が武力攻撃を受けた場合にのみやむを得ず武力行使を行う専守防衛の考え方とは質的に異なった考え方といってよいのである。このような集団的自衛権をそもそも個別的自衛権と同列に捉えること自体が問題というべきなのである。

たしかに、国連憲章51条は、「この憲章のいかなる規定も、国際連合加盟国に対して武力攻撃が発生した場合には、安全保障理事会が国際の平和及び安全の維持に必要な措置をとるまでの間、個別的又は集団的自衛の固有の権利を害するものではない。」と規定している。ここに規定されている「集団的自衛権」の性格については、国際法上もいくつかの見解が出されてきたことは周知の通

25　安倍晋三・岡崎久彦『この国を守る決意』（美桑社、2004年）63頁。

りである[26]。ごく要約的にいえば、①個別的自衛権の共同行使と解する見解、②自国と密接な関係にある他国に関わる自国の死活的利益を防衛する権利と解する見解、そして、③端的に他国の防衛を支援する権利と解する見解に分けることができるが、②の見解が、学説上は比較的多数を占めてきたということができよう。

しかし、②説の場合、「他国に関わる自国の死活的利益」とは一体何なのかは必ずしも明らかではないし、また「自国と密接な関係にある他国」というのも、必ずしも明確ではない。また、③説は、他国を防衛する権利を広く認めた場合には、国連憲章が基本的に集団安全保障体制を採用し、集団的自衛権を例外的にのみ認めていることとの整合性が問題となってくる。さらに、①説の場合には、あえて集団的自衛権という観念を認める実益そのものが問われてくることになる。

このように、集団的自衛権の性格についてはいずれの見解にも問題があるが、明白なことは、集団的自衛権の行使の実態は、自国の死活的な利益を守るためというよりは、むしろそれを口実にして小国への軍事介入を正当化する論理として利用されてきたということである。そのことは、アメリカや旧ソ連などの集団的自衛権の行使の実例をみても明らかであろう。例えば、アメリカは、1965年に南北ベトナムの内紛に際して南ベトナムに加担して北ベトナムに武力攻撃を行ったが、アメリカはこの武力攻撃を集団的自衛権の行使として正当化した。しかし、アメリカのこのような武力介入は、実態としては南ベトナムの傀儡政権の要請を口実にして北ベトナムに武力侵攻を行ったものであって、集団的自衛権の行使ということで正当化できるものではなかった。また、1968年に旧ソ連が、チェコスロバキアに武力侵攻した際も、集団的自衛権の行使を口実にしたが、それは、「プラハの春」を迎えようとするチェコスロバキアを戦車で弾圧してソ連の陣営に押しとどめようとするものであった。1979年のソ連のアフガニスタン侵攻も、同様であった。2000年代に入ると、2001年9月11日にアメリカで同時多発テロが起きたが、アメリカは、その犯人グループはアルカイダであるとして、アルカイダをかくまっているとされるアフガニスタンの

---

26 さしあたり、拙著・前掲注⑫228頁以下参照。

タリバン政権に対して、アルカイダの引き渡しを求めたが、それが受け入れられないとなると、そのことを理由としてアフガニスタンに自衛権を根拠として武力攻撃を開始した。そして、そのようなアメリカの武力攻撃に協力する形でイギリスなどのNATO諸国も、集団的自衛権の行使を根拠にしてアフガニスタンへの武力攻撃を行ったのである。このようなアフガニスタンへの武力攻撃は、そもそもアメリカの武力攻撃そのものが、自衛権の発動としての正当性を欠くものであったし、そうとすれば、NATO諸国の集団的自衛権の行使も、国連憲章上の根拠を欠いた不法な武力行使とみなさざるを得ないものであった。国際法学者のクリステリーヌ・グレイは、「第二次大戦後における集団的自衛権に関するすべての国家実行は、異論の多い（controversial）ものであった」[27]と述べているが、妥当な見解であるといってよいと思われる。

　集団的自衛権の行使が、このような役割を果たしてきたことを踏まえれば、日本が、自衛隊の憲法明記によってフルスペックの集団的自衛権の行使を容認した場合に、どういうことになるかは、自ずから明らかと思われる。日本もアメリカなどの要請に基づいて海外での戦争に積極的に参加することになるのである。そのようなことは、政府が従来とってきた「専守防衛」に反するのみならず、「政府の行為によって再び戦争の惨禍が起ることのないやうにすることを決意し（た）」（前文）日本国憲法の制定の趣旨そのものを踏みにじるものであって到底認めがたいと思われるのである。

3　集団的自衛権行使に備える自衛隊

　しかも、留意すべきは、憲法に明記がもくろまれている自衛隊とは一体どのような実態を備えているのかということである。国民の多数が、自衛隊の存在を容認していることは、各種の世論調査で確かであるが、しかし、国民が認めている自衛隊と現実の自衛隊あるいは変容しつつある自衛隊との間には少なからざる乖離があるといってよいように思われる。多くの国民は、災害救助に積極的に働いている自衛隊を評価していると思われるが、ただ、それは、自衛隊の一側面、というよりは、自衛隊の副次的な任務であって、「主たる任務」で

27　C.Gray,International Law and the Use of Force （Oxford University Press,2000）　p.142.

はないのである。自衛隊の「主たる任務」はあくまでも「我が国の平和と独立を守り、国の安全を保つため、我が国を防衛すること」にあるのである（自衛隊法3条1項）。しかも、無視しえないのは、安保法制の以前の自衛隊法3条1項では、「国の安全を保つため、直接侵略及び間接侵略に対し我が国を防衛すること」と書かれていたのが、安保法制によって、「直接侵略及び間接侵略に対し」という文言が削除されたということである。安保法制によって限定的であれ、集団的自衛権の行使が容認されたことと整合性をもつためには、この文言が邪魔になったからである。

　そのことは、自衛隊の装備や予算などにも示されている。まず、自衛隊の定員数は247,154人（現員226,789人）であり、艦艇は135隻48万8,000トン、航空機は956機とされている。そして、防衛予算は、2018年度で5兆1,911億円である[28]。このような自衛隊を諸外国と比較した場合には、すでに世界で優にベストテンに入る軍事組織となっているのである。例えば、スエーデンのストックホルム国際平和研究所がまとめた世界の軍事予算（2017年）の比較によれば、日本は、米国、中国、サウジアラビア、ロシア、インド、フランス、英国についで第8位の軍事予算を支出しているとされている[29]。軍事力についても、アメリカの軍事力評価機関である「グローバル・フアイヤーパワー」[30]によれば、やはり世界で第8位と位置づけられている。これだけでも、自衛隊が、もはや「戦力に至らざる自衛力」ということはできないことは、少なくともそのような説明が国際的には通用しないことは明らかであろう。

　しかも、それだけではない。自衛隊は、さらなる軍事力の増強を行い、集団的自衛権の行使が可能な装備を備えようとしているのである。そのことを示すのが、2018年12月18日に閣議決定された「平成31年度以降に係る防衛計画の大綱」と「中期防衛力整備計画」[31]であり、その中に盛り込まれた護衛権「いずも」の航空母艦への改修などである。「防衛計画の大綱」は、「防衛の基本方針」として「日本国憲法の下、専守防衛に徹し、他国に脅威を与えるような軍

---

[28]　防衛省『防衛白書平成30年版』（2018年）461頁以下参照。

[29]　SIPRI Yearbook,2018,p.158.

[30]　Global Firepower のHP参照。

事大国にならないとの基本方針に従い、文民統制を確保し、非核三原則を守ってきた。今後とも平和国家としての歩みを決して変えることはない」としつつも、他方で、「多次元統合防衛力」を構築するとして、「宇宙・サイバー・電磁波」の領域での「防衛力」の強大化をうたっているのである。

　「宇宙」の領域における防衛能力の強化とは、それだけでもすでに従来の専守防衛の理念を逸脱するものであるが、専守防衛からの逸脱はそれだけではない。例えば、「防衛計画の大綱」は、脅威圏の外からの攻撃を可能とする「スタンド・オフ防衛能力」を確保することが必要だとして、そのためのミサイル（JSM、JASSM、LRASM）の装備を目指している。JASSM や LRASM の射程は、900km に及ぶとされている。さらに、象徴的なのが、航空母艦「いずも」の整備である。政府は、これを「多用途運用護衛艦」と呼び、その理由を、政府は、「空母は、戦闘機や早期警戒機といった相手国を壊滅的な破壊に至らしめるほどの攻撃力をもった部隊を常に乗せた艦船」をいうが、「いずも」は、そのような戦闘機を常時登載しているわけではないから「空母」には当たらないというのである。かつて警察予備隊で「戦車」を「特車」と呼んでいたことを想起させるような屁理屈といってよい。イギリスの国際戦略研究所（IISS）の2017年度の「ミリタリー・バランス」[32]では、従来型の「いずも」についても、「空母」（Aircraft Carrier）と表記しているのに、それを改良して、F35B などが離着陸できるようにするとすれば、もはや「空母」以外の説明のしようがないのである。このような「空母」は、東シナ海のみならず、インド洋にも戦闘機を搭載して航行することができ、他国に対する武力攻撃が可能となる攻撃型の

31　「防衛計画の大綱」（2018年）については、大内要三「『新防衛計画大綱』改定の現実とは」『新防衛計画大綱と憲法第9条』（九条の会ブックレット、2019年）7頁、半田滋『安保法制下で進む！先制攻撃できる自衛隊』（あけび書房、2019年）39頁、前田哲男「自衛隊の実態」飯島滋明ほか『自衛隊の変貌と平和憲法』（現代人文社、2019年）66頁、稲正樹「新防衛計画大綱、中期防から見えてくるもの」憲法ネット103編『安倍改憲・壊憲総批判――憲法研究者は訴える』（八月書館、2019年）237頁など参照。なお、柳沢協二は、「中国が空母を持つから日本も、という力の論理でいけば、次は核保有への誘惑に駆られる。そんな世界に日本が踏み出せば、国家の破綻につながります」（朝日新聞2019年2月8日）と述べているが、適切な指摘と思われる。

32　IISS,Military Balance 2017,p.300.

24

兵器の最たるものというべきであろう。世界に空母を持っている国はごく少数といわれているなかで、自衛隊は、これによって海外での集団的自衛権行使が可能な装備を備えることになるのである。

　しかも、見過ごすことができないのは、このような自衛隊が組織面においても米軍との一体化を進めているということである。2015年に策定された「日米防衛協力のための指針」（日米ガイドライン）では、平時から緊急時に至るあらゆる段階での自衛隊と米軍の活動の調整を図るために「同盟調整メカニズム」を活用することが定められたが、これに基づき同年には常設の「日米共同運用調整所」の設置も決められた。米国との集団的自衛権の行使が具体的な作戦や指揮の面でも可能なメカニズムが構築されているのである。現実に集団的自衛権の行使が問題となった場合には、自衛隊は米軍の指揮下に入るといった密約の存在すら指摘されているのである[33]。

　安倍首相が憲法に明記したいと考えている自衛隊とは、以上のような実態を備える自衛隊であることに留意することが必要であると思われる。

五　首相の統帥権と民主的統制の欠如

1　首相の統帥権の創設

　自民党の2018年改憲案の9条の2は、「内閣の首長たる内閣総理大臣を最高の指揮監督者とする自衛隊を保持する。」と規定しているが、この規定は、内閣総理大臣にいわば統帥権を付与する意味合いをもったものと解しうると思われる。現行の自衛隊法7条は、「内閣総理大臣は、内閣を代表して自衛隊の最高の指揮監督権を有する」と規定しているが、この規定と上記の2018年改憲案との違いは、後者には、前者にある「内閣を代表して」という文言がなくなっていることである。この違いは、一見したところ大したことではないかのように思えるが、しかし、実は、かなり重大な違いであるといえるのである。その

[33]　古くは、古関彰一「日米会談で甦る30年前の密約（上・下）」朝日ジャーナル1981年5月22日号22頁、同5月29日号88頁。最近では、末浪靖司『「日米指揮権密約」の研究』（創元社、2017年）参照。

ことは、自衛隊法7条の規定の趣旨を読みとけば、理解できると思われる。

すなわち、自衛隊法7条が、わざわざ「内閣を代表して」という文言を書いたのは、憲法72条が、「内閣総理大臣は、内閣を代表して、……行政各部を指揮監督する。」と規定していることを踏まえているのである。そして、この規定を受けて、自衛隊の最高指揮監督権も、憲法72条の内閣総理大臣の指揮監督権の一環として内閣を代表して行使する旨を確認する趣旨が込められているのである[34]。そして、内閣を代表して指揮監督権を行使するとは、内閣法6条によれば、「内閣総理大臣は、閣議にかけて決定した方針に基いて、行政各部を指揮監督する。」とされていることから、内閣総理大臣は、閣議にかけたうえで、自衛隊に対する指揮監督権を行使するということになるのである。

ところが、2018年改憲案では、「内閣を代表して」という文言がなくなっているので、内閣総理大臣が自衛隊を指揮監督するについては、閣議にかける必要はなくなるのである。この点は、すでに2012年の自民党の改憲案でも想定されていたことである。すなわち、同改憲案は、72条3項に「内閣総理大臣は、最高指揮官として、国防軍を統括する」とする規定を置いていたが、この規定の趣旨について、『Q&A』は、以下のように述べていた。「内閣総理大臣は最高指揮官ですから、国防軍を動かす最終的な決定権は、防衛大臣ではなく、内閣総理大臣にあります。また、法律に特別の規定がない場合には、閣議にかけないで国防軍を指揮することができます。」(23頁)。

2018年改憲案は、このような2012年改憲案の趣旨を受け継いで「内閣を代表して」という文言を削除し、内閣総理大臣に自衛隊の最高の指揮監督権を、つまり明治憲法時代の言葉を用いれば、統帥権を付与したのである。

改めて指摘するまでもなく、明治憲法11条では「天皇ハ陸海軍ヲ統帥ス」と規定していて、この天皇の統帥権の行使については、同55条が規定する国務大臣の補弼を必要としないと解されてきた。ただ、この統帥の意味をどのように

---

34 もっとも、この点については、自衛隊法7条は、統帥権を創設した規定であるとする説も唱えられてきたが、政府見解や多数説は、確認規規定であると理解してきたし、それが、立法趣旨にも合致すると思われる。この問題については、荒邦啓介『明治憲法における「国務」と「統帥」』(成文堂、2017年) 409頁以下および浦田一郎・前掲注(7)101頁以下参照。

解するかについては、見解の相違があり、例えば美濃部達吉は、「指揮権、内部的編成権、教育権、規律権の４種類の作用に限らるべき」としたが[35]、軍部は、これをより広く解釈しようとした。その点が問題となったのが、1930年のロンドン軍縮条約の締結に際しておきた「統帥権干犯」問題であった。浜口内閣が調印した海軍軍縮条約に関して海軍のみならず、政友会の鳩山一郎なども「統帥権干犯」と批判したのである。そして、この事件を契機として、軍部が政治の前面に出てきて、およそ軍に関することに内閣は口出しすべきではないといった風潮が醸成されていったのである。大正デモクラシーの中で確立した政党政治が崩壊し、軍部ファシズムが台頭する過程で、「統帥権の独立」は重要な役割を果たしたのである。

　このように、明治憲法下で天皇の統帥権が内閣の補弼を必要としないとされていたことと符牒を合わせるかのように、自民党の2018年改憲案では、内閣総理大臣の最高指揮監督権は、閣議にかける必要がないものとされているのである。まさに、内閣総理大臣の統帥権の創設といってもよいと思われる[36]。

2　民主的統制の欠如

　2018年改憲案の９条の２の第２項では、「自衛隊の行動は、法律の定めるところにより、国会の承認その他の統制に服する。」と規定しているが、これでは、自衛隊の行動に関する民主的統制は欠如していると言わざるを得ない。2018年改憲案では、戦争宣言の権限あるいは武力行使を開始することについての決定権がいかなる国家機関に帰属するかについての規定が存在していないのである。これは、自民党の2012年の改憲案の場合もそうであったが、自民党の

---

[35]　美濃部達吉『逐条憲法精義』（有斐閣、1927年）259頁。明治憲法下の統帥権については、大江志乃夫『統帥権』（日本評論社、1983年）、中野登美雄『統帥権の独立』（原書房、1973年）も参照。

[36]　古川純は、「総理大臣の自衛隊に対する『最高の指揮監督』権は総理大臣に行政権とは別個の、自衛隊部隊運用に関する『統帥権』（軍令権、command powers）を付与することを意味します」と述べている（古川・山内「９条改正を問い直す」現代の理論2018年夏号116頁）。また、石川健治「民主主義・立憲主義・平和主義」法律時報2019年２月号96頁も、「『内閣の首長たる内閣総理大臣を最高の指揮監督者とする』とは、あの統帥権条項の復活に他ならない」とする。

改憲草案起草者には、自衛隊に対する民主的統制の発想が根本的に欠如しているように思われる。驚くべきことといわなければならない。

　そもそも、戦争宣言あるいは武力行使の開始決定をいかなる国家機関が行うかは、軍事に関する民主的統制を考える場合にもっとも基本的に重要な事項である。にもかかわらず、その点についての認識が2018年改憲案にはないのである。あるいは2018年改憲案の起草者は、「内閣総理大臣を自衛隊の最高指揮監督者とする」という規定がその点についても規定しているというのかもしれないが、しかし、両者は、別のものであることは、明治憲法が、11条で天皇の統帥権を規定するとともに、13条で「天皇ハ戦ヲ宣シ」と区別して規定していたことからも明らかであろう。

　また、アメリカに例をとれば、合衆国憲法1条8節11項は、「合衆国議会は、次の権限を有する。⑧戦争を宣言すること。」と規定していて、2条2節1項の「大統領は、軍の最高司令官（Commander-in-Chief）である」とする規定とは明確に区別しているのである。また、ドイツでは、軍隊に対する命令権・司令権の規定（ボン基本法65a条および115b条）とは別に[37]、115a条で、武力行使の決定権が連邦議会にあることが、つぎのように規定されている。「①連邦領土が武力によって攻撃され、又はかかる攻撃の直接の脅威が存することの確定は、連邦議会が連邦参議院の同意を得て行う。この確定は、連邦政府の申立てにより行われ、投票数の3分の2の多数で、かつ少なくとも連邦議会議員の過半数を必要とする。②状況からして不可避的に即時に行動することが必要とされ、かつ克服してない障害があって連邦議会が適時に集会することが妨げられ、又は、連邦議会が議決することが不可能なときは、合同委員会がその委員の投票数の3分の2の多数で、少なくとも過半数をもってこの確定を行う。③（略）。④連邦領域が武力によって攻撃され、管轄の連邦機関が第1項第1文の確定を即時に行うことができないときは、この確定は行われたものとみなされ、かつその攻撃が開始された時点で公布されたものと見なされる。（以下、略）」。この

---

[37]　ちなみに、ボン基本法は、65a条で「連邦国防大臣は、軍隊に対する命令権及び司令権を有する。」と規定し、115b条で「防衛上の緊急事態の公布とともに、軍隊に対する命令権及び司令権は連邦総理大臣に移行する。」と規定している。

ようにドイツにあっては、武力行使の開始の決定は、原則的に連邦議会と連邦
参議院によってなされるべきことが明記されている。国民主権の下では、国民
の代表からなる議会が戦争（武力行使）を行うか否かを決定する権限を持つべ
きとする考え方に基づくのである。それが、戦争あるいは武力行使の決定につ
いての最低限度の民主的統制というべきなのである。

　たしかに、2018年改憲案は、上述したように、自衛隊の行動については「国
会の承認その他の統制に服する」と規定しているが、国会の承認が、事前の承
認であるか否かは、憲法上は不明確で、法律に委ねられているのである。これ
では、戦争や武力行使に関する民主的統制は欠如していると言わざるをえない
のである。

　ちなみに、自衛隊法76条では、内閣総理大臣が、武力攻撃事態等に際して、
自衛隊に防衛出動命令を発する場合には、武力攻撃事態法9条に定めるところ
により「国会の承認を得なければならない」と規定している。そして、武力攻
撃事態法9条によれば、政府は、武力攻撃事態等が発生した場合には、「対処
基本方針」を定めて、その中で「武力攻撃事態であること」などの認定を定め
るとともに、国会の承認を求める旨も定めることとされている。ただし、「特
に緊急の必要があり事前に国会の承認を得るいとまがない場合」には、国会の
承認を得ないで、防衛出動を命ずることができるとされている。このように自
衛隊法および武力攻撃事態法の規定の上では、いちおう、防衛出動命令を出す
か否かについては、原則としては国会の事前の承認を得ることになっているが、
2018年改憲案は、そのことさえも、明記することを避けているのである。

　このことは、上述した内閣総理大臣の統帥権規定と合わせて考えたら、一体
どういうことになるのであろうか。内閣総理大臣は、緊急の必要があるという
ことで国会の承認を得ることなく防衛出動命令を下令し、また内閣の閣議にか
けることもないままに自衛隊の指揮命令権を行使することができるということ
になるのである。2018年改憲案は、このように内閣総理大臣に独裁的な権限を
付与した驚くべき民主的統制の欠如した規定を定めているのである。この点に
も、2018年改憲案の一つの本質が示されているといってよいと思われる。

六　自衛隊加憲が市民の生活・人権に及ぼす影響

　自衛隊を憲法に明記することは、上述したように、9条2項を空文化して、フルスペックの集団的自衛権の行使を、民主的統制を欠如した形で可能とするだけではない。それは、市民の生活や人権にも重大な悪影響をもたらすであろうことは必至と思われる。そして、日本の社会のさまざまなところで「軍事優先の論理」が大手を振ってまかり通ることになると思われる。かくして、明治憲法下で支配してきた「軍事優先の論理」を排除して戦後日本でまがりなりにも築かれてきた「平和主義の理念」は根底から突き崩されることになると思われる。以下には、そのことを具体的に明らかにすることにしたい。

1　徴兵制の合憲化

　まず第1に、自衛隊の憲法明記によって、徴兵制が合憲とされる可能性が大きいと思われる。これまでは、徴兵制は憲法13条や18条の趣旨に合致しないので違憲とされてきたが、そのような解釈は変更される可能性が大きいと思われる。

(1)　明治憲法下の徴兵制

　明治憲法は、20条で「日本臣民ハ法律ノ定ムル所ニ従ヒ兵役ノ義務ヲ有ス」と規定していた。兵役の義務は、納税の義務と並んでまさに憲法上の義務とされていたのである。この憲法の規定とともに、1873年に公布されていた徴兵令は1889年に大改正されて新徴兵令とされて、「日本帝国臣民ニシテ満17歳ヨリ満40歳迄ノ男子ハ総テ兵役ニ服スルノ義務アルモノトス」（1条）とされた。兵役制度は、常備兵役、後備兵役及び国民兵役の三種とし、常備兵役は現役と予備役に分けられ、満20歳から現役3年（海軍は4年）、予備役4年（海軍3年）とされた。また、後備兵役は常備兵役終了後5年、その他は国民兵役であった。その後、1927年には、徴兵令は全面的に改定されて新たに兵役法が制定された。兵役法は、「帝国臣民タル男子ハ本法ノ定メル所ニ依リ兵役ニ服ス」（1条）として日本国籍を有する男子に原則として兵役義務を課し、「戸籍法ノ適用ヲ受クル者」で満20歳の徴兵適齢者に徴兵検査を受ける義務を課した（23条）[38]。

　このような徴兵制は、その後アジア太平洋戦争への突入に伴い幾度かの改定がなされたが、その詳細は省略して、特徴的な点だけを要点的にあげれば、以下のようになる。それは、なによりもまず「天皇の軍隊」のための徴兵であった。「軍人勅諭」（1882年）は軍人達を大元帥たる天皇の「股肱」とし、「軍人は忠節を尽すを本分とすへし」、「義は山嶽よりも重く、死は鴻毛よりも軽しと覚悟せよ」とうたっていた。そのような軍隊内においては、上官の命令は絶対的なものであって、「下級のものは上官の命を承ること、実は直に朕が命を承る義なりと心得よ」とされていた。兵士には、不法な上官の命令を拒否する権利はなく、およそ人権無視の状態に置かれた。1941年に東条英機陸軍大臣が発した「戦陣訓」では、「生きて虜囚の辱めを受けず」とされて捕虜となることを事実上禁止したりもした。そして、そのような体制の下で帝国軍隊はアジア諸国への侵略戦争を遂行したのであり、徴兵制度は、そのための兵員確保の制度であった。

　侵略戦争の本格化に伴い、陸海軍ともに、動員兵力は増加の一途をたどった。1938年には早くも130万人を超え、1941年には240万人、敗戦時の1945年には、716万人に達していた。この数は大江志乃夫によれば、敗戦時に満17歳以上45歳以下の男子の総数が約1,740万人であったことからすれば、その4割以上が軍に動員されていたことになったという[39]。

　1941年に始まるアジア太平洋戦争の戦没者数は、日中戦争を含めて軍人・軍属が約230万人にのぼったという。ちなみに、空襲などによる日本国民の戦災死没者を含めると戦没者数は合計で約310万人で、米軍の戦死者数は約9万2千人から10万人、アジア諸国の死者の数は、総計で1,900万人以上になるという[40]。

　徴兵制は、明治憲法下にあって、このように国の内外に多大の犠牲をもたらした「帝国軍隊」の要員を強制的に確保する制度であった。そして、それは、

---

[38]　明治憲法下の徴兵制については、大江志乃夫『徴兵制』（岩波書店、1981年）、加藤陽子『徴兵制と近代日本』（吉川弘文館、1996年）、菊池邦作『徴兵忌避の研究』（立風書房、1978年）参照。

[39]　大江・前掲[38]143頁。

[40]　吉田裕『日本軍兵士』（中公新書、2017年）23頁以下。

兵士自身が軍隊内で非人間的な処遇を受けるとともに、自らも戦場で非人間的な存在となる制度であった。

(2)　徴兵制の合憲化

　このような徴兵制度が、日本国憲法の下で廃止されたのは、当然であった。1954年に自衛隊が創設され、1970年代に有事立法の議論がなされてくることに伴って、徴兵制の復活の声が出てきた時点でも、政府は、徴兵制は憲法違反であるという見解をとってきた。ちなみに、この問題についての政府の従来の解釈は以下のようなものである。

　「一般に、徴兵制とは、国民をして兵役に服する義務を強制的に負わせる国民皆兵制度であって、軍隊を常設し、これに要する兵員を毎年徴集し、一定期間訓練して、新陳交代させ、戦時編制の要員として備えるものをいうと理解している。

　このような徴兵制度は、我が憲法の秩序の下では、社会の構成員が社会生活を営むについて、公共の福祉に照らし当然に負担すべきものとして社会的に認められるようなものでないのに、兵役といわれる役務の提供を義務として課されるという点にその本質があり、平時であると有事であるとを問わず、憲法第13条、第18条などの規定の趣旨からみて、許容されるものではないと考える。」(1980年8月15日政府答弁書)[41]。

　このような政府見解は、その後も今日に至るまで基本的に維持されてきているが、しかし、徴兵制を違憲とする結論は当然としても、その根拠付けには、問題がないわけではない。なぜならば、このような政府見解には、徴兵制違憲論の根拠に憲法9条があげられていないからである。この点について、政府は、つぎのように述べている。「政府は、憲法第9条は自衛のための必要最小限度の実力組織を保持することを禁止していないが、その要員を充足するための手段については規定していないと解しており、いわゆる徴兵制度を違憲とする論拠の一つとして同条を引用することは考えていない。」(1981年3月13日政府答弁書)[42]。

　浦田・前掲注(21)467頁。

32

　たしかに、学説上も、徴兵制が違憲であることの根拠を憲法9条に求めるのか、それとも憲法18条に求めるのかについては見解の相違があるので、このような政府見解もむげに否定すべきものではないかもしれない。しかし、私には、「日本国憲法では、戦争を放棄し、軍隊を否認している第9条の規定からいって、兵役の義務は認められる余地がない」[43]とする宮沢俊義の解釈が妥当なものと思われる。上記の政府見解は、9条は直接的には自衛隊の要員を確保するための手段については何ら規定していないとするが、戦力の保持を禁止している以上は、その要員を確保する手段について何らの規定をも置いていないのは、当然なのである。

　憲法18条や13条に違憲論の根拠を求めることの問題点は、憲法18条が保障する「奴隷的拘束」や「その意に反する苦役」を受けない自由は、必ずしも絶対的なものではなく、「公共の福祉」による制約を受けうるということである。宮沢俊義がいうように、アメリカでも、兵役を義務付けることは、修正13条が禁止する「その意に反する苦役」には該当しないとされているし、また、1966年に国連で採択され、日本も加盟している「市民的及び政治的権利に関する国際規約（自由権規約）」の8条は強制的労働を一般的に禁止しつつも、軍事的性格の役務はそれに含まれないとしているのである。日本国憲法の下でも、例えば、後述するように、災害時において、被災者の近隣の住民に対して救助の義務を課することは、憲法18条違反とはされていないのである。したがって、徴兵制がなにゆえに憲法18条に違反するかといえば、その「意に反する苦役」が公共の福祉に合致しないからであるが、なにゆえに公共の福祉に合致しないかといえば、それが憲法9条によって禁止された軍隊の要員を確保するためだからである。政府見解は、抽象的に「社会の構成員が社会生活を営むについて、公共の福祉に照らし当然に負担すべきものとして社会的に認められるようなものではない」としているが、その根拠は、まさに憲法9条にあるというべきなのである。政府見解は、そのことを明示し得ていない点で、不十分さを免れ得ないのである。

42　浦田・前掲注(21)468頁。

43　宮沢俊義『憲法II（新版）』（有斐閣、1971年）335頁。

　このように徴兵制違憲の核心にある憲法 9 条が改変されて、自衛隊が明記された場合には、一体どういうことになるのか。徴兵制違憲論の根拠そのものが揺らぐことになるのである。なぜならば、自衛隊が憲法に明記された場合には、自衛隊は、まさに憲法的な存在となり、その役務は「憲法的な公共性」をもつことになるのである。自衛隊の役務が、憲法的な公共性をもつことになれば、自衛隊のための役務の提供も、かりにそれが強制力をともなった形であれ、公共性をもつとされる公算は大きいと思われる。少なくとも、それが公共の福祉に反して許されず、憲法18条が禁止する「その意に反する苦役」に該当するとみなすことはかなり困難となってくると思われる[44]。

　ちなみに、2018年改憲案について自民党改憲推進本部が作成した『Q&A』は、この点に関してつぎのように述べている。「徴兵制は、憲法13条（幸福追求権）や18条（苦役の禁止）などの規定の趣旨から見て認められるものではなく、この考え方は社会情勢等の変化によって変わるものではない、とするのが従前からの政府見解であり、今回の改正後でもそれに変わりはありません。従って、徴兵制が合憲になる余地はありません。」（ 3 頁）。しかし、従来の政府見解は、あくまでも現在の憲法の下では、社会情勢の変化によって変わるものではないとしているのであって、憲法改正の場合にどうなるかについては論じていないのである。 9 条が改定されれば、13条の「公共の福祉」や18条の「苦役」の意味そのものも変わってくる可能性があることについて、この『Q&A』はなんら説明していない、というよりはむしろ説明できていないのである。

(3)　徴兵制導入の可能性

　もっとも、自衛隊が憲法に明記された場合には、徴兵制が合憲となる可能性が高いといったからといって、すぐにでも徴兵制が導入されるということを言うつもりは、私にもない。実際に徴兵制が導入されるためには、法律の制定が必要であるし、それは、さまざまな国際的・国内的な情勢の推移や国民意識の

44　伊藤真も、自衛隊の憲法明記によって、「国防が憲法上の要請となると、国防のためにこの18条の制限が許され徴兵制が可能となります」としている（伊藤真ほか『 9 条の挑戦』（大月書店、2018年）82頁）。

動向を踏まえた上で決められる問題であることは、もちろんだからである[45]。

　ただ、そのことを踏まえた上で、なお、私は、憲法に自衛隊が明記された場合には、いずれかの時点で日本にも徴兵制が導入される可能性は決して少なくないと考えている。たしかに、軍事技術の急速な進展によって無人兵器の開発などが行われることで、兵員の需要はそれほど必要ではなくなるかもしれない。しかし、国家権力が徴兵制を採用する根拠は、必ずしも軍事的な必要性にのみ基づくのではなく、むしろ政治的な国民統合の必要性に基づくことも少なくないのである。大江志乃夫が指摘するように、徴兵制は、「上からの国民統合を実現していくための広義の危機管理政策にもとづく、きわめて政治的な一種の"国民精神総動員"の政策問題」[46]でもあるからである。

　そして、この点に関連して最近注目されるのは、例えばスエーデンで2018年に徴兵制が復活したことであり、また、フランスのマクロン大統領が徴兵制の導入を打ち出していることである。マクロン大統領の場合には、国民（18歳から21歳までの男女）が兵役に服するのは、1ヶ月程度とされているので、そのねらいはまさに国民統合にあることは確かと思われる[47]。ドイツの場合には、憲法が徴兵制の採用を規定しているが、2011年には停止されたという経緯がある。ただ、近年においては連邦議会でも勢力を伸ばしてきているAfD（「ドイツのための選択肢」）が徴兵制の復活を主張していることが注目されよう[48]。

　日本の場合は、どうなのか。例えば、自民党の2012年の改憲案では、国防軍の設置が定められるとともに、前文では、「日本国民は、国と郷土を誇りと気概を持って自ら守り」と書かれており、また9条の3には、「国は、主権と独

45　なお、渡辺治・前掲注(7)265頁は、自衛隊明記によって徴兵制は合憲となるであろうとしつつも、「現在の国民の強い非軍事意識、強い運動の力を前提とすれば、自民党政権が徴兵制を採用する可能性は少ない」とする。他方で、布施祐仁は、徴兵制は、「憲法解釈上の問題というだけではなく、自衛隊の実態から見ても十分あり得る話」だとしている（伊藤真ほか・前掲注(44)240頁）。

46　大江志乃夫・前掲(38)7頁以下。

47　大野博人「分断フランス『徴兵制』に何望む」朝日新聞2018年2月11日。

48　ドイツの徴兵制の停止については、渡辺富久子「ドイツ徴兵制を停止」外国の立法2011年7月号14頁。また、AfDの徴兵制復活論については、AfDのHPに掲載のProgramm der Alternative für Deutschland 参照。

立を守るため、国民と協力して、領土、領海及び領空を保全し、その資源を確
保しなければならない。」と規定されている。この点に関して、自民党改憲推
進本部の『Q&A』は、つぎのように述べている。「党内議論の中では、『国民
の国を守る義務について規定すべきではないか』という意見が多く出されまし
た。しかし、仮にそうした規定を置いたときに『国を守る義務』の具体的内容
として徴兵制について問われることになるので、憲法上規定を置くことは困難
であると考えました。」(12頁)。

　ところが、改憲案は、憲法18条に関しては、現行規定を以下のように改定し
ている。「何人も、その意に反すると否とにかかわらず、社会的又は経済的関
係において身体を拘束されない。 2 　何人も犯罪による処罰の場合を除いては、
その意に反する苦役に服させられない」。この点に関して、改憲推進本部の
『Q&A』は、つぎのように説明している。「現在の政府解釈は、徴兵制を違憲
とし、その論拠の一つとして憲法18条をあげていますが、これは、徴兵制度が、
現行憲法18条後段の『その意に反する苦役』に当たると考えているからです。
『その意に反する苦役』という文言は、自民党の憲法改正草案でも、そのまま
の形で維持しています。文言が変わらない以上、現行憲法と意味が変わらない
のは当然であり、徴兵制を採る考えはありません。」(14頁)。

　たしかに、この改憲案では、「その意に反する苦役に服させられない」とい
う文言は現行憲法と同じであるが、しかし、疑問と言うべきは、改憲案では、
「社会的又は経済的関係」における身体的拘束は禁止されるが、「政治的関係」
における身体的拘束は、必ずしも禁止されていないということである。しかも、
上述したように、前文に国と郷土を守る責務をうたい、9条の3で領土保全協
力義務をうたっていることをふまえれば、18条の「その意に反する苦役」の解
釈がまったく変わらないという保証はないのである。この改憲案は、その意味
で、将来的には、徴兵制の導入の可能性を認めたものといってよいと思われる
のである。

　実際の徴兵制の導入の可能性を考える場合に、さらに留意すべきは、現実の
自衛隊員の充足状況である。『防衛白書2018年版』によれば、定員は24万7千
人であるが、現員は22万6千人であるという。この欠員を補うために、募集年
齢も上限を26歳から32歳にするとともに、定年を1年ないし5年延長する方針

を固めている（読売新聞2018年8月28日）。ちなみに、前述した新しい『防衛計画の大綱』は、「防衛力の中心的な構成要素の強化における優先事項」の第1に「人的基盤の強化」をあげて、自衛隊員の減少に対する対応策の必要性を以下のように書いている（21頁）。「防衛力の中核は自衛隊員であり、自衛隊員の人材確保と能力・士気の向上は、防衛力の強化に不可欠である。これらは、人口減少と少子高齢化の急速な進展によって喫緊の課題となっており、防衛力の持続性・強靱性の観点からも、自衛隊員を支える人的基盤の強化はこれまで以上に推進していく必要がある」。このように述べて、『防衛計画の大綱』は、具体的には「大卒者等を含む採用層の拡大や女性の活躍推進のための取組、自衛官の定年年齢の適切な引き上げや退職自衛官の活用、予備自衛官等の活用や充足向上のための取組」などを推進すると述べているが、しかし、これらの対応策によって、政府防衛省が考える人的基盤の強化が十分に図られるという保証はないといってよい。人的基盤の強化が図れなかった場合には、どうなるのか。その場合には、9条改憲による徴兵制の導入の可能性を全面否定することはできないように私には思われる[49]。

　なお、この点に関連して見過ごすことができないのは、安倍首相が2019年2月に、「都道府県の6割以上が自衛官の募集業務への協力を拒否しているという現実がある。このような状況を変えるためにも9条を改正して自衛隊を明記すべきだ」（東京新聞2019年2月11日）と述べたことである。事実の問題としていえば、自治体の約9割が何らかの形で自衛官の募集業務に協力しているので、安倍首相の発言は間違っているが、問題は、安倍首相の狙いが自衛官の募集業務への協力を9条改憲によって自治体に強制させようとしているということである。現在の自衛隊法97条1項は「都道府県知事及び市町村長は、政令で定めるところにより、自衛官及び自衛官候補生の募集に関する事務の一部を行なう」と規定し、これを受けて自衛隊法施行令120条は、「内閣総理大臣は、自衛官の募集に関し必要があると認めるときは、都道府県知事又は市町村長に対し、

49　学説においても、徴兵制のための改憲論を唱えているのが、井上達夫『憲法の涙』（毎日新聞出版、2016年）119頁である。これに対する批判としては、拙稿「『護憲的改憲論』または『立憲的改憲論』についての疑問」獨協法学106号（2018年）30頁（本書第5章に収録）参照。

必要な報告又は資料の提出を求めることができる」と規定しているだけである。つまり、現行法は、必ずしも自治体に対して、自衛官の適格者の名簿の提出までも義務づけているわけではないのである。自衛隊の合憲性に疑問があるだけでなく、自治体は地域住民のプライバシーの保護の責務をも負うので、当然であろう。しかし、かりにでも9条に自衛隊が明記されたならば、自衛隊法や同法施行令の上記規定は改定されて、自治体は、政府の要請に従って、自衛官の適格者名簿の提出を義務づけられることになると思われる。安倍首相の狙いも、そこにあるといっていってよい。そして、そのように強制的に作成された自衛官の適格者名簿は、そのまま徴兵適格者名簿ともなりうることに留意すべきと思われる[50]。

2　軍事的徴用制の合憲化

　自衛隊の憲法明記によって、徴兵制と並んで、罰則を伴う軍事的な徴用制もまた合憲とされる公算が大きいと思われる。

　改めて指摘するまでもなく、明治憲法の下では、とりわけ15年戦争において国民は徴兵制と並んで徴用によって戦争協力に強制的にかり出されて、自らの生活や自由を犠牲にさせられた。その根拠となったのは、とりわけ1938年の国家総動員法であり、また同法に基づいて制定された国民徴用令であった。すなわち、国家総動員法4条は、「政府は戦時に際し国家総動員上必要あるときは勅令の定むる所に依り帝国臣民を徴用して総動員業務に従事せしむることを得但し兵役法の適用を妨げず」と規定し、同条36条1号は「第4条の規定に依る徴用に応ぜず又は同条の規定に依る業務に従事せざる者」は1年以下の懲役又は千円以下の罰金に処すると規定していた。このような規定を受けて1939年に制定された国民徴用令は、当初においては国の事業の業務においてのみ徴用を認めていたが、やがては政府が管轄する工場事業場（軍需工場など）における総動員業務にも広く国民を徴用することができるようになった。徴用の対象となったのは、当初は日本国民だけであったが、やがて1944年には、韓国人など

---

[50]　なお、自治体の自衛官募集業務と徴兵制の関係については、林茂夫『徴兵準備はここまできている』（三一書房、1973年）がつとに指摘していたところである。

についても徴用がなされた[51]。

　このような国民徴用制度は、もちろん、敗戦とともに終了し、日本国憲法の下では、存在しなくなった。日本国憲法の下で、上記のような国民徴用制度が許されるかどうかが問われて、政府がつぎのように答弁したのは、当然であった。「現憲法下においてはこのような国民徴用制度をとることはできないと考えています。」「関係がある規定としては、憲法41条、73条、9条、13条、18条等が考えられると思います。」（1981年3月14日、参議院予算委）。

　ところが、他方で、1954年に制定された自衛隊法では、防衛出動命令が出された場合の業務従事命令として一種の徴用制度が導入されていたのである。自衛隊法はその後、いわゆる安保法制の制定などに伴い大幅に改定されたが、この業務従事命令の制度は、現在の自衛隊法でも基本的に維持されている。すなわち、現行自衛隊法103条2項によれば、防衛出動命令が出されて自衛隊が出動を命じられた場合には、都道府県知事は、防衛大臣などの要請に基づき、自衛隊の任務遂行上特に必要があると認めるときは、防衛大臣が告示した地域内にある医療、土木建築工事または輸送を業とする者に対して、当該地域内においてこれらの者が現に従事している医療、土木建築工事または輸送の業務と同種の業務に従事することを命ずることができるとされている。ただし、現在のところ、この業務従事命令に違反した者に対する罰則規定は存在していない。罰則を科すれば、まさに憲法18条が禁止する「意に反する苦役」を強制させることになるといった批判が出されることになるからである。

　ただ、罰則がないからこのような業務従事命令は合憲であると言えるかどうかは、少なからず疑問が存するところであろう。かつて、衆議院議員の森清が、徴兵制の違憲論の根拠についての質問と並んで、「災害救助法24条、消防法29条、自衛隊法103条等において、緊急の場合、一定の業務にその意に反して従事させることができることとなっているが、これは憲法18条により憲法違反であるか。」という質問を提出したが、これに対する政府答弁は、以下のような

51　現在韓国との間で問題となっている元徴用工に関する韓国大法院判決（2018年10月30日）は、この国民徴用令に基づく韓国人の徴用に関して出されたものである。なお、この裁判に関する基本的視点として、内田雅敏「強制労働問題の和解への道すじ」世界2019年2月号211頁参照。

ものであった。「ご指摘の災害救助法等に基づく従事命令の規定は、一定の役
務に従事することを強制するものではあるが、その役務の提供は公共の福祉に
照らして当然に負担すべきものとして社会的に認められる範囲のものと考えら
れるから、憲法に違反するものではないと考えている」（1981年 3 月10日政府答
弁書）（傍点・引用者）。

　この政府答弁書の問題点は、災害救助法や消防法の業務従事命令と自衛隊法
の業務従事命令とを同種のものと捉えて、いずれも憲法18条には違反しないと
していることである。

　災害救助法や消防法の業務従事命令は、たしかに、「その役務の提供は、公
共の福祉に照らして当然に負担すべきものとして社会的に認められる」といい
うるとしても、自衛隊法上の業務従事命令については、一切の戦争を放棄した
憲法 9 条の下においてそのように断定することはできないというべきだからで
ある。

　その後、1997年に改定された「日米ガイドライン」では、いわゆる「周辺事
態」への対応として「後方地域支援」の必要性を掲げ、「後方地域支援を行う
にあたって、日本は、中央政府及び地方公共団体が有する権限及び能力並びに
民間が有する能力を適切に活用する」として、具体的な支援として①補給、②
輸送、③整備、④施設、⑤衛生などをあげていた。この点に関連して、周辺事
態において民間業者に罰則付きの労務強制を課した場合には憲法18条に違反す
るか否かを問われた際に、政府は、要旨つぎのように答弁した。「仮定の問題
については、答えることはできないが、ただ、そのような法制により達成され
る公共の福祉の具体的内容とか、あるいは制限される権利、自由の内容、性質、
制限の程度等を総合考慮いたしまして、それが果たして合理性があると言える
かどうかということを、……憲法18条あるいは憲法13条等いろいろな規定との
関係で極めて慎重に検討すべき問題である」（1997年10月13日衆議院予算委）。実
際に1999年に制定された周辺事態法では、民間業者に罰則付きの労務強制を課
する規定は盛り込まれなかったが、ただ、政府が、民間事業者に上記のような
「後方支援」を要請してきた場合に、民間事業者が実際に拒否できるかどうか
という問題は残ることになった。この問題は、その後、安保法制の一環として
改変された「重要影響事態法」にもそのまま引き継がれているといってよい。

　さらに、「武力攻撃事態等における国民の保護のための措置に関する法律」（いわゆる国民保護法）は、「国民の協力等」として以下のような規定を置いている（4条）。「1項　国民は、この法律の規定により国民の保護のための措置の実施に関し協力を要請されたときは、必要な協力をするよう努めるものとする。2項　前項の協力は国民の自発的な意思にゆだねられるものであって、その要請に当たって強制にわたることがあってはならない（以下、略）」。協力の内容としては、①住民の避難や被災者の救援の援助、②消火活動、負傷者の搬送または被災者の救助の援助、③保健衛生の確保に関する措置の援助、④避難に関する訓練への参加が挙げられるが[52]、いずれにしても、これらの国民に対する協力要請は強制的なものではなく、国民の自発性に委ねられるということが明記されているのである。このような規定が書かれているのも、憲法9条と18条の存在が盾になっているからといってよい。

　以上が、現行法上の取扱いであるが、しかし、自衛隊が憲法に明記されて、自衛隊が憲法的公共性をもつことになれば一体どういうことになるのだろうか。その場合には、自衛隊のための役務の提供は、徴兵制のみならず、その他の役務の提供も罰則付きで合憲とされることになる公算が大きいと思われる。そうなれば、自衛隊法103条に書かれている医療、土木建築、輸送を業とする者に対する業務従事命令は、罰則付きで合憲とされる可能性が高いと思われる。単に防衛出動命令が出された場合だけではない。いわゆる「重要影響事態」における「後方地域支援」が民間事業者に罰則付きで強制されることになったとしても合憲化される可能性が高いと思われる。また、国民保護法の下での国民の協力等も、強制力を伴うものとされる公算が高いと思われる。そして、自衛隊の憲法明記に伴うこの種の軍事的徴用制の導入の可能性は、徴兵制の導入以上に可能性が大きいことも、私たちは想定しなければならないと思われる。

52　国民保護法制研究会編『国民保護法の解説』（ぎょうせい、2004年）184頁。ただし、国民保護法は、物資の保管命令違反者、土地立ち入り検査拒否者に対しては現在でも罰則を規定している（189条以下）。

3　自衛隊のための土地収用の合憲化

　さらに、自衛隊の憲法明記によって、自衛隊の基地建設のために私人の土地を強制的に収用し使用することも合憲とされることになると思われる。

　現行憲法は、29条の1項で「財産権は、これを侵してはならない。」と規定するとともに、3項で、「私有財産は、正当な補償の下に、これを公共のために用ひることができる」と規定している。ここにいう「公共のため」の意味をどうとらえるかであるが、現在までのところ、自衛隊の基地建設はここでいう「公共のために」の中には含まれていないと解釈されてきている。現在の土地収用法3条は、私人の土地を強制的に使用・収用することができる「公共の利益となる事業」を35ほど列挙しているが、その中には自衛隊の基地建設は含まれていないのである。

　これは、戦前の土地収用法と大きな相違をなしている。なぜならば、戦前の土地収用法では、第2条で「土地ヲ収用又ハ使用スルコトヲ得ル事業ハ左ノ各号ノ一ニ該当スルモノナルコトヲ要ス」として、第1号に「国防其ノ他軍事ニ関スル事業」を、第2号には「皇室陵墓ノ営建又ハ神社若ハ官公署ノ建設ニ関スル事業」を、そして、第3号には「社会事業又ハ教育若ハ学芸ニ関スル事業」があげられていたのである。明治憲法の下で政府にとっていかなる事業が最優先されていたかを端的に示す規定であるといってよい。

　このような考え方は、日本国憲法の下でそのまま維持することは不可能であった。日本国憲法の下で土地収用法の全面改正がなされて、前述したように、私人の土地を強制的に収用使用することができる「公共の利益となる事業」の中からは自衛隊基地建設や神社建設などは排除されることになったのである。その趣旨を当時の建設省の担当局長は、1951年5月21日に参議院建設委員会でつぎのように述べている。

　「この法律案の第3条をご覧願って戴くと、よく分る次第でございますが、従来の土地収用法におきましては、『国防其の他軍事に関する事業』が一つ、それから『皇室陵墓の営建又は官公署の建設に関する事業』こういったような新憲法下におきましては非常に妥当を欠いております公益事業が掲げられてある次第でございまして、これらを廃止、削除することにいたしたのであります。」[53]。

42

　このような日本国憲法を踏まえた土地収用法の趣旨からすれば、自衛隊の基地建設のみならず、駐留米軍の基地建設のための強制的な土地の使用収用も本来認められるはずがないのである。にもかかわらず、1951年に締結された日米安保条約とそれに基づく行政協定、そしてそれを受け継いで1960年に締結された日米新安保条約とそれに基づく地位協定は、「合衆国は、相互協力及び安全保障条約第6条の規定に基づき、日本国内の施設及び区域の使用を許される」（2条1項）と規定し、これに基づいて制定された駐留軍用地特別措置法では、つぎのように規定された。「駐留軍の用に供するため土地等を必要とする場合において、その土地等を駐留軍の用に供することが適正且つ合理的であるときは、この法律の定めるところにより、これを使用し、又は収用することができる。」（3条）。このような駐留軍用地特措法の合憲性については、1995年の沖縄県知事代理署名拒否訴訟で争われたが、最高裁（1996年8月28日民集50巻7号1952頁）は、砂川事件最高裁判決を踏まえて、日米安保条約および日米地位協定が合憲であることを前提として、駐留軍用地特措法の合憲性を審査すれば、それは、条約上の義務を履行するために必要であり、かつ合理性も認められるので、「私有財産を公共のために用いることにほかならない」として同法の合憲性も認定したのである。現在問題となっている辺野古での米軍の基地建設は、公有水面の埋め立てによる基地建設なので、直接的には米軍用地特別措置法が適用される問題ではないが、しかし、基地建設を公共の利益となる事業とみる点では、基本的に同じ考え方に基づくものと言えるのである[54]。

　このように、米軍用地の強制使用を別とすれば、自衛隊基地の建設のための強制的な土地収用は現行法の下では認められていないのである。そのために、例えば百里基地の建設のためには、地主との売買契約の締結という形で自衛隊は基地建設のための土地を取得した。それに最後まで反対する農民の人が土地の売却を拒んだために、現在でも滑走路の一部は私有地となっていて、滑走路は「くの字」に曲がっているという状態が続いている（東京新聞2017年11月18

53　星野安三郎『憲法』（勁草書房、1966年）109頁、293頁参照。
54　辺野古問題については、その他にもさまざまな問題があるが、それらについては、さしあたり、紙野健二・本多滝夫編『辺野古訴訟と法治主義』（日本評論社、2016年）、山城博治・北上田毅『辺野古に基地はつくれない』（岩波ブックレット、2018年）参照。

日）。憲法9条の下での土地収用法の特色を象徴する事例といってよいと思われる。

　このような土地収用法の性格は、憲法に自衛隊の存在が明記されて、自衛隊が憲法上の公共性をもつことになれば、大幅に変更されることになると思われる。自衛隊の基地建設は土地収用法が規定する「公共の利益となる事業」の中に含まれることになると思われる。そうなった場合には、もはや「くの字」の滑走路はその存在を認められなくなる公算が大きくなると思われる。そして、辺野古の強行的な基地建設のような事態が、自衛隊の基地建設に関しても起きないとは限らないと思われる。

4　軍事秘密法制の強化

(1)　明治憲法下の軍事秘密法制

　明治憲法の下では、軍事秘密がはりめぐらされていて、国民は、軍事情報に関しては政府が発表するもの以外はほとんど知ることを禁止されていた。しかも、政府が発表する軍事情報もしばしば誤った情報であったが、それが誤ったフェーク・ニュースであることを確認する術も奪われていた。

　例えば、軍機保護法（1899年）は、「本法に於て軍事上の秘密と称するは作戦、用兵、動員、出師その他軍事上秘密を要する事項又は図書物件を謂う。前項の事項又は図書物件の種類範囲は陸軍大臣又は海軍大臣命令を以て之を定む」（1条）と規定し、軍事上の秘密を探知収集した者は、6ヶ月以上10年以下の懲役に処するとされ（2条）、さらにそれを公にし又は外国の為に行動する者に漏泄した者は、死刑又は無期若くは3年以上の懲役に処するとされていた（4条）。また、要塞地帯法（1899年）は、「国防の為建設したる諸般の防禦営造物の周囲の区域」を「要塞地帯」として、「要塞地帯内水陸の形状又は施設物の状況に付撮影、模写、模造若くは録取又は其の複写若くは複製を為すことを得す」（7条）とした。陸軍刑法（1908年）（27条）および海軍刑法（1908年）（22条）は、「敵国の為に間諜を為し又は敵国の間諜を幇助すること」などと並んで「軍事上の機密を敵国に漏泄すること」を行った者を死刑に処する旨を定めていた。刑法（1907年）も、間諜罪と並んで、「軍事上の機密を敵国に漏泄したる者」を死刑又は無期若くは5年以上の懲役に処する旨（85条）を規定してい

た。

　さらに、1941年に制定された国防保安法では、「国防上外国に対し秘匿することを要する外交、財政、経済その他に関する重要なる国務に係る事項」で閣議などに付せられたる事項その他行政各部の重要なる機密事項を広く「国家機密」として（1条）、「業務に因り国家機密を知得し又は領有したる者之を外国に漏泄し又は公にしたるときは死刑又は無期若は3年以上の懲役に処す」（3条）とし、「外国に漏泄し又は公にする目的を以て国家機密を探知し又は収集したる者は1年以上の有期懲役に処す」（4条）とされた。また、軍用資源秘密保護法（1939年）は、「国防目的達成の為軍用に供する人的及物的資源に関し外国に秘匿することを要する事項」で陸軍大臣又は海軍大臣が「軍用資源秘密」として指定したものの漏洩を罰する規定を設けた。

　これらの軍事秘密法制の下で、一般の国民は「見ざる言わざる聞かざる」の状態に置かれたし、また多数の国民が、あらぬ嫌疑を受けたり、冤罪を着せられたりした[55]。それらの中で最も有名なのは、北大生が軍機保護法違反で逮捕起訴されて、有罪判決を受けた事例である。1941年に、北大生であった宮沢弘幸は千島諸島旅行の帰途の汽車の中で、乗り合わせた乗客から海軍飛行場の存在やその指揮官に関する情報などを知って、それを北大の教師であるアメリカ人夫妻に話したことで、軍機保護法違反の罪に問われて、宮沢は懲役15年、アメリカ人夫妻は懲役15年と12年という重罪に処せられたのである[56]。軍機保護法が、いかに一般の国民のみならず、外国人の市民生活をも破壊するものであったかを端的に物語る事例といってよいであろう。

(2)　日本国憲法と軍事秘密法制の強化

　明治憲法下の以上のような軍事情報を秘匿する法制は、敗戦とそれに伴う日本国憲法の制定とともに、廃止されていった。戦後になって、軍事機密の保護

---

[55]　具体的な事例については、日高巳雄『軍機保護法』（羽田書店、1942年）の各条文の末尾、および藤原彰・雨宮昭一編『現代史と「国家秘密法」』（未来社、1985年）20頁以下参照。

[56]　この事件については、上田誠吉『ある北大生の受難——国家秘密法の爪痕』（朝日新聞社、1987年）参照。

が復活してくるのは、日米安保条約が締結されてからである。すなわち、日米安保条約の締結に伴って1952年に制定された日米安保条約3条に基づく行政協定に伴う刑事特別法（6条）は、「合衆国軍隊の機密」を不当な方法で探知、収集した者は、10年以下の懲役に処すると規定した。また、1954年には日米相互防衛援助協定等に伴う秘密保護法が制定されて、アメリカから供与された装備品などについての情報が「防衛秘密」とされて、それを不当な方法で探知、収集し、漏洩した者に10年以下の懲役が科せられることになった。さらに、1954年に自衛隊が創設されると、自衛隊法59条は、「職務上知ることのできた秘密」の漏洩を禁止し、違反者に対して同法118条で1年以下の懲役または3万円以下の罰金に処するとしていた。ただ、この規定は、その罰則も国家公務員法の守秘義務違反の場合と同様であって、特に防衛秘密を重罰にするというものではなかった。

　このような秘密保護法制にとって一つの岐路となったのが、1980年代における国家機密法の制定の動きであった。日本は「スパイ天国」といった喧伝の下に自民党は、1985年に国家秘密保護法案を提案したが、国民の強い反対運動によって廃案に追い込まれた。軍事秘密の問題が再び浮上してくるのは、2001年のアメリカにおける同時多発テロ事件を契機としてである。政府は、この事件を契機として、テロ対策特別措置法を制定するとともに、併せて自衛隊法の改定を行い、防衛秘密に関する規定の導入を図ったのである。すなわち、改定された自衛隊法96条の2によれば、防衛大臣は、自衛隊について「別表第4」に掲げる事項であって公になっていないもののうち、わが国の防衛上特に秘匿することが必要なものを「防衛秘密」として指定することができ、これを漏らした場合には、5年以下の懲役に処せられることとされた（122条）。ちなみに、「別表第4」に掲げられている事項は、次の通りである。

　「1　自衛隊の運用又はこれに関する見積り若しくは計画若しくは研究、2　防衛に関し収集した電波情報、画像情報その他の重要な情報、3　前号に掲げる情報の収集整理又はその能力、4　防衛力の整備に関する見積り若しくは計画又は研究、5　武器、弾薬、航空機その他の防衛の用に供する物（船舶を含む）の種類又は数量、6　防衛の用に供する通信網の構成又は通信の方法、7　防衛の用に供する暗号、8　武器、弾薬、航空機、その他の防衛の用に供する

物又はこれらの物の研究開発段階のものの仕様、性能又は使用方法、9　武器、弾薬、航空機その他の防衛の用に供する物又はこれらの物の研究開発段階のものの製作、検査、修理又は試験の方法、10　防衛の用に供する施設の設計、性能又は内部の用途（6号に掲げるものを除く）」。これを見れば、自衛隊に関するほとんどすべての情報は、「防衛秘密」として指定でき、5年以下の懲役に処されることになるのである。

　そして、それをさらに重罰化する意味合いをもったのが、2013年に制定された特定秘密保護法である[57]。同法は、「防衛に関する事項」、「外交に関する事項」、「特定有害活動の防止に関する事項」、そして「テロリズムの防止に関する事項」の4つの項目について行政機関の長が「特定秘密」と指定して、その漏洩や取得について10年以下の懲役などに処することを定めているが、これらの事項の内容はいずれもきわめて広範で漠然不明確なものであって罪刑法定主義の観点からも到底認めがたいものである。しかも、「防衛に関する事項」は、上記の自衛隊法の「別表第4」をそのまま持ってきているものであって、つまりは、自衛隊に関するほとんどあらゆる情報を「特定秘密」とすることができるような規定になっているのである。憲法9条の非軍事平和主義の観点からして到底許容できない法律といってよいと思われる。かりに百歩譲って一定の「防衛」情報が秘密指定されることが認められ得るとしても、それは、憲法の非軍事平和主義の観点からすれば、国民の生命と安全に密接不可分にかかわる情報のみに限定されるべきであろう。ところが、特定秘密保護法の「別表」ではそのような配慮は全くなく、自衛隊に関する重要な情報は、そのほとんどすべてが特定秘密と指定されかねない規定になっているのである。

　ちなみに、内閣官房が、2019年1月に発表した「各行政機関における特定秘密の指定状況一覧表」[58]によれば、各行政機関の特定秘密の合計は、2018年12月末時点で551件であるが、そのうち、防衛省関係は、319件を占めるという。特定秘密の過半数が防衛省関係の情報によって占められているのである。しかも、特定秘密が記録されている文書の保有件数でいえば、11万件を超えるもの

57　特定秘密保護法については、とりあえずは、拙著・前掲注(22)135頁以下参照。

58　内閣官房のHP（https://www.cas.go.jp/jp/tokuteihimitsu）参照。

と思われる。驚くべき数の特定秘密というべきであろう。

　なお、2017年の国会では自衛隊の南スーダンPKO活動の「日報」について情報公開がなされて大問題となったが、しかし、公開されたのは「日報」のごく一部で大部分は黒塗りされたものであった。それでも、まだしもわずかながらでも公開されて南スーダンで「戦闘行為」がなされていることが明らかになっただけでもよかったと言うべきかもしれない[59]。

　以上が、軍事情報に関する現状であるが、もし自衛隊が憲法に明記されたならば、一体どういうことになるのであろうか。その場合には、軍事秘密の存在が憲法上認知されることになると思われる。現在の憲法の下では、特定秘密保護法で「防衛に関する事項」を「特定秘密」としたとしても、その違憲性を争うことができるが、しかし、自衛隊の憲法明記が実現した場合には、そのような違憲論はほとんど封じられることになると思われる。かくして、自衛隊の活動はほぼ完全にブラックボックスの中に入れられることになり、戦前の大本営発表のような事態の到来を私達は覚悟しなければならないと思われる。日本国憲法が保障する知る権利や報道の自由が封じられることになるこのような自衛隊の憲法明記を認めるわけには到底いかないのである。

5　軍事規律の強化と軍法会議の設置

(1)　自衛官の軍事規律の強化

　自衛隊の憲法明記によって、自衛官に対する軍事規律が強化されるであろうことも無視できないと思われる。自衛隊法は、治安出動命令を受けた者で、「正当な理由がなくて職務の場所を離れ3日を過ぎた者又は職務の場所につくように命ぜられた日から正当な理由がなくて3日を過ぎてなお職務の場所につかない者」、「上官の職務上の命令に対し多数共同して反抗した者」、そして「正当な権限がなくて又は上官の職務上の命令に違反して自衛隊の部隊を指揮した者」などに対しては、5年以下の懲役または禁錮に処する旨を規定し（120条）、これらとほぼ同様の行為を防衛出動命令を受けた者が行った場合に

[59]　この問題については、半田滋『検証自衛隊・南スーダンPKO』（岩波書店、2018年）、布施祐仁・三浦英之『日報隠蔽』（集英社、2018年）参照。

48

は、7年以下の懲役又は禁錮に処する旨を規定している（122条）。

　このように職務場所離脱等の行為に対して刑事罰を科せられるのは、一般の公務員には見られないことであって、自衛隊が戦闘行為において人を殺傷することを任務とすることと密接な関係がある。ただ、それでも、これらの規定は戦前の軍刑法の規定と比較した場合には、量刑の違いは無視できないといってよいであろう。ちなみに、陸軍刑法は、「抗命の罪」としてつぎのように規定していた。「上官の命令に反抗し又は之に服従せざる者は左の区別に従て処断す。1　敵前なるときは死刑又は無期若くは10年以上の禁錮に処す。（以下略）」（57条）。また、「逃亡の罪」として、つぎのように規定していた。「故なく職役を離れ又は職役に就かさる者は左の区別に従て処断す。1　敵前なるときは死刑、無期若しくは5年以上の懲役又は禁錮に処す。2　戦時、軍中又は戒厳地境に在りて3日を過ぎたるときは5年以下の懲役又は禁錮に処す。3　その他の場合に於て6日を過ぎたるときは2年以下の懲役又は禁錮に処す」（75条）。海軍刑法も、ほぼ同様に「抗命の罪」（55条以下）や「逃亡の罪」（73条以下）を規定していた。戦場において敵兵と戦闘を交える場合には、自分も殺されるかもしれないというギリギリの場面に遭遇することになる。そのような場合に兵士達が戦場を離脱したいという気持ちになるのは当然であるが、そのような「逃亡」を阻止するためには、「逃亡の罪」や「抗命の罪」に死刑を処することで軍紀を確保する必要があるというのが、これらの規定の趣旨であったといってよい。

　このような戦前の軍刑法に比較して、自衛隊法では、職場離脱などに関して死刑を科することはしていないが、しかし、自衛隊が憲法的認知を受けた場合には一体どうなるであろうか。その場合には、自衛隊は軍隊として軍事規律も強化されて、敵前逃亡や抗命の罪は最高刑が死刑となる可能性が高いと思われる。現に、自民党の石破茂は、自民党の改憲草案に関連して、つぎのように述べている。「『これは国家の独立を守るためだ。出動せよ』と言われたときに、いや行くと死ぬかもしれないし、行きたくないなと思う人がいないという保証はどこにもない。だから（国防軍になったときに）それに従えと。それに従わなければ、その国における最高刑に死刑がある国なら死刑、無期懲役なら無期懲役、懲役三百年なら三百年。そんな目に遭うぐらいなら、出動命令に従って

いう。人を信じないのかと言われるけれど、やっぱり人間性の本質から目を背けちゃいけない」（東京新聞2013年7月16日）。

　安倍首相は、「自衛隊は違憲かもしれないが命を張れというのは無責任」と言って自衛隊の憲法明記を主張しているが、しかし、それが実現した場合には、自衛官は海外に出動して命を落とす危険性がはるかに増大することになる。のみならず、軍事規律の強化によって死刑を科される危険性も生まれてくることになるであろう。ちなみに、安保法制の一環として、自衛隊法が改定されて、上記の職場離脱や抗命の罪は、「日本国外においてこれらの罪を犯した者にも適用される」（122条の2）こととされた。自衛隊が海外に出兵した場合のことを想定した規定であるが、この罪にも、自衛隊の憲法明記によって最高刑が課されることになる可能性が高いと思われる。このようなことを踏まえれば、憲法9条こそが自衛官の命を守ってきたのであり、安倍首相の自衛隊明記論こそが、自衛官の命を安易に犠牲に供することになる無責任な議論というべきだと思われる。

(2)　明治憲法下の軍法会議

　日本国憲法は、76条2項で「特別裁判所は、これを設置することができない。」と規定しているが、これは、とりわけ明治憲法下における軍法会議のことを念頭に置き、その設置を禁止したものと一般に解されている。

　明治憲法では、「特別裁判所ノ管轄ニ属スヘキモノハ別ニ法律ヲ以テ之ヲ定ム」（60条）と規定されていて、これに基づいて陸軍軍法会議および海軍軍法会議が設置されて、軍人が行った陸軍刑法や海軍刑法違反の罪などについて裁判する権限をもっていた。

　陸軍軍法会議と海軍軍法会議とでは、細かな点では相違があるが、大体の仕組みは同じなので、陸軍軍法会議法（1921年）によってその概略を記すと、次のようになる。まず、陸軍軍法会議には、常設の軍法会議と特設の軍法会議があり、前者には、軍軍法会議、師団軍法会議および高等軍法会議があり、後者には、合囲地境戒厳が敷かれた時に設けられる合囲地軍法会議と戦地などに設けられる臨時軍法会議があった。高等軍法会議以外の軍法会議では、審判は5名の裁判官が行うが、裁判官は、将校からなる判士4名と法曹資格をもつ法務

官1名で構成されていた。高等軍法会議では、判士3名と法務官2名で構成されていた。常設の軍法会議では、裁判は二審制で、原則公開で、弁護士も付けられていた。他方で、臨時軍法会議では、一審終審制で、非公開、弁護士もつけられなかった。このような軍法会議で法曹資格をもった法務官が裁判官の中にいたことが、軍法会議でせめても「法の支配」を活かすための役割を果たすべく期待されたが、太平洋戦争の最中の1942年には、「文官」であった法務官を「武官」とする法改正がなされた。「司法権上に統帥の要求を反映させる」ためである。

　このような軍法会議で、どのような裁判が行われたかについては、その詳細は現在でもなお明らかではない。ただ、戦後に復員局が明らかにした資料である『陸軍軍法会議廃止に関する顛末書』[60]によれば、1915年から1944年までの陸軍軍法会議での処刑人数は、47,891人であったという。また、1942年から1944年までの3年間における処刑罪数の合計は、22,253となっているという（ただし、いずれも、1945年のデータは、記載されていない）。これらの中で、窃盗罪が3,622と一番多いが、逃亡罪も2,842とかなりの数に上っているいることが注目されよう。しかも、この逃亡罪の中には、戦地において食料を求めて部隊に帰るのが遅れた者を逃亡罪で処刑したりした冤罪の事例も少なからず含まれていたりして、きちんとした裁判が行われていたかどうかは少なからず疑わしいものであった。例えば、つぎのような驚くべき証言もある。「上官にとって、兵隊の数が減れば、口減らしにもなる。酷いものですよ。生きるためなら何でもする。動物と同じです。だけど、食べ物がないから、人を減らすしかないんです。だけど、口減らしのために直接部下に手をかけたら問題になる。だったら食料を探しに部隊から一時でも離れた兵隊を『敵前逃亡』だという罪をなすりつけ、決死隊に送れば、誰も反論できないし、責任をとがめられることもない」[61]。

　他方で、軍法会議は、末弘厳太郎が指摘したように、「軍人は単に軍人たるの故を以て、軍人乃至其の勢力下に立てる人々のみによって構成された特別裁

60　復員局『陸軍軍法会議廃止に関する顛末書』（1948年）52頁以下。

61　NHK取材班・北博昭『戦場の軍法会議』（NHK出版、2013年）158頁。

判所の裁判を受くるの特権ありとする制度」[62]でもあった。大杉栄や伊藤野枝
などを惨殺した甘粕正彦大尉らに関する軍法会議が、甘粕大尉について懲役10
年の刑に処したにすぎなかったのは、そのことを端的に示している。自ら軍法
会議で法務官を体験した花園一郎は、つぎのように述べている。「軍法会議は
中世の暗黒裁判的性格を強くもつものであった。中世の残酷な暗黒裁判期を超
脱した近代の裁判制度は、裁判の公開、法廷で被告人の肉体の解放と自由な陳
述、弁護人による弁護、口頭弁論、覆審制などの開明的な被告人の人権擁護を
その基本理念とする。日本の軍法会議法も、表面上はこれらの手続きを取り入
れて条文に掲げてはいた。しかし実情はこれがほとんど有名無実と言っても過
言ではなかった」[63]。

　そして、裁判の公開、弁護人による弁護、覆審制を正面から否定して行われ
たのが、2.26事件における東京陸軍軍法会議であった[64]。この軍法会議では、
事件に直接関与した将校らが反乱罪（陸軍刑法25条）で死刑などに処せられた
だけではなく、事件への直接的な関与はなかった一般人である北一輝や西田税
も反乱罪の首魁として死刑を宣告されたのである。もちろん、2.26事件のよう
な軍人等によるクーデタ事件は許されるものではなく、厳罰に処せられるべき
ものであったが、しかし、そのためには、最低限度の法定手続と証拠に基づく
裁判が必要であったはずである。しかし、東京陸軍軍法会議には、それすらも
なかった。明治憲法時代の軍法会議の本質が何であったかを象徴的に示したも
のと言ってよいであろう。

62 末弘厳太郎「軍法会議廃止論」『法窓閑話』（改造社、1925年）128頁。

63 花園一郎『軍法会議』（新人物往来社、1974年）19頁。

64 2.26事件における東京陸軍軍法会議については、とりあえずは、松本一郎『2.26事件裁
判の研究』（緑蔭書房、1999年）、大江志乃夫『戒厳令』（岩波書店、1978年）など参照。
ちなみに、大江は、北などを軍法会議の被告人として事件の首魁として裁いたのは、陸軍
への責任追及を回避し、反乱の首謀者を外部に求めて、外部の首謀者が「純真なる将校」
を利用したという結論に持っていくためであったとしている（195頁）し、松本は、北ら
を首魁として極刑に処した判決は、「証拠によらないフレームアップ（でっち上げ）であ
った」（序文I）としている。

で、憲法76条 2 項が禁止する特別裁判所には該当しないという言い訳も成り立ちうるからである。しかし、かりにそのようなものとして設置されるものであれ、一旦軍法会議が設置された場合には、そこには、戦前の軍法会議がもっていたさまざまな人権抑圧的な問題が多かれ少なかれ生じることは避けがたいと思われる[65]。

　例えば、2012年の改憲案に見られる軍法会議では、その裁判官も、検察も弁護側も「主に軍人の中から選ばれることが想定される」という。まさに戦前の軍法会議を念頭に置いた制度作りといってよいのである。戦前の軍法会議が「司法権上に統帥の要求を反映させる」ものであったことを踏まえて、新たに設置されるべき軍法会議でも「統帥の要求を反映させる」ことが可能な構成が考えられているのである。たしかに、2012年改憲案の軍法会議では、「裁判所への上訴」が認められているが、しかし、軍法会議では軍事秘密は非公開のまま裁判がなされるであろうし、そこで確定された事実認定を上訴裁判所が覆すことは実際問題としてきわめて困難だと思われる。そもそも軍法会議を設置する目的の一つが「軍事機密を保護する必要」にあるとすれば、その軍事機密が軍法会議で開示されることはほとんど不可能であるし、また上訴裁判所で例えばインカメラで開示されることもほとんど不可能と思われるのである。そのような軍事秘密が特別に保護される軍法会議で自衛官や一般市民の人権がまもられるという保障は全くないのである。自衛隊の憲法明記は、このような軍法会議の設置をもたらしかねないことを、私たちは留意すべきだと思われる。

6　自衛隊関連訴訟への甚大な影響

　これまでにも多数の自衛隊関連訴訟が提起されてきたが、自衛隊の憲法明記がなされた場合には、自衛隊関連訴訟にも甚大な影響を及ぼすことになると思われる。恵庭訴訟や長沼訴訟のような自衛隊違憲訴訟がほとんど提起できなくなることはもちろんのこと、自衛隊の海外派遣の違憲性を問題とした自衛隊イ

---

[65]　自民党の2012年改憲案における軍法会議の問題点については、豊下樽彦・古関彰一『集団的自衛権と安全保障』（岩波書店、2014年）144頁、安達光治「『軍事審判所』の意義と理論的・実際的問題点」法律時報増刊『改憲を問う』（2014年）80頁参照。

ラク派遣違憲訴訟の提起も困難となるであろうし、さらには、自衛隊機の運行差止め訴訟や安保法制違憲訴訟も基本的に認められなくなる可能性が高いと思われる。

　自衛隊が1954年に発足して以来、いくつかの自衛隊関連訴訟が提起されてきたが、その主なものをあげれば、つぎのような訴訟がある[66]。

　まず、恵庭訴訟をあげれば、これは、北海道恵庭町の陸上自衛隊の演習場付近で酪農業を営んでいた野崎兄弟が自衛隊の実弾射撃演習で被害を受けたので、演習の中止を申し入れたにもかかわらず無視されたので、1962年12月に抗議の意味で演習用の通信線を切断したところ、自衛隊法121条違反で起訴された事件である。この裁判で野崎兄弟は、自衛隊の違憲性を根拠に無罪を主張したので、自衛隊の違憲性をめぐる本格的な憲法訴訟になった。ただ、札幌地裁（下刑集9巻3号359頁）は、1967年3月29日に、野崎兄弟が切断した通信線は自衛隊法121条が規定する「その他の防衛の用に供する物」には該当しないので無罪とする判決を言い渡した。検察側が控訴を断念したので、一審判決が確定したが、この判決に関しては、裁判所が憲法判断を回避したことの是非が論じられた。それと同時に、この裁判を契機として平和的生存権の人権性が本格的に論じられることになったことは、重要であろう[67]。

　同様に、平和的生存権が問題となったのが、長沼訴訟である。この訴訟は、防衛庁がいわゆる第三次防の一環として北海道長沼町馬追山の保安林に航空自衛隊の基地を建設するために保安林の指定解除を農林大臣に申請し、この申請を農林大臣が認めたことに端を発している。この農林大臣の認定に対して、地元住民達は、保安林の指定解除は「公益上の理由」がある場合に認めるとしている森林法26条に違反するとして争ったのである。この裁判で、札幌地裁（福島重雄裁判長）（判時712号24頁）は、1973年9月7日に、自衛隊は憲法9条2項でその保持を禁止されている戦力に該当して違憲であり、そうとすれば自衛隊の基地建設のための保安林の指定解除は、森林法が規定している「公益上の理

---

66 自衛隊関係訴訟については、多数の文献があるが、とりあえずは、樋口陽一ほか『新版・憲法判例を読みなおす』（日本評論社、2011年）14頁以下参照。

67 平和的生存権については、深瀬忠一『戦争放棄と平和的生存権』（岩波書店、1987年）225頁、小林武『平和的生存権の弁証』（日本評論社、2006年）、拙著・前掲注(15)245頁参照。

由」には当たらないという画期的な判断を示して、原告住民の主張を全面的に認める判決を言い渡した。

この判決では、また、平和的生存権が裁判上はじめて憲法上の人権として認められたという意味でも画期的であった。この判決を契機として、学説上も平和的生存権の議論が活発になされ、肯定説が有力になったのである。ただ、裁判そのものは、国側の控訴を受けた札幌高裁（行集27巻8号1175頁）では、1976年8月5日、代替施設の完備によって洪水などの危険性はなくなったので、原告住民には訴えの利益がなくなったとして一審原告の訴えを却下する判決を言い渡した。そして、最高裁（民集36巻9号1679頁）も、1982年9月9日、札幌高裁判決と同様の理由で原告住民の上告を棄却する判決を言い渡した。

つぎにあげられるべきは、自衛隊イラク派遣違憲訴訟である。政府は、2003年12月にイラク特措法を根拠として自衛隊機をイラクに派遣したが、これに対しては、全国各地で反対運動が起こり、違憲訴訟が提起された。その一つの名古屋での裁判で、名古屋地裁は2006年4月14日に原告らの請求を退けたが、名古屋高裁（青山邦夫裁判長）（判時2056号74頁）は、2008年4月17日に、判決の主文においては、控訴を棄却する判断を示したが、判決理由の中では、自衛隊のイラクでの活動の違憲性を認めると共に、平和的生存権の具体的な権利性を認める判決を言い渡した。

平和的生存権は、直接的には、憲法前文が「全世界の国民が、ひとしく恐怖と欠乏から免かれ、平和のうちに生存する権利を有する」と規定していることをその根拠としているが、その内容は、まさに憲法9条の戦争放棄、戦力不保持によって裏打ちされているものである。上記の判決もそのことを踏まえたものだったが、仮にでも自衛隊が憲法に明記されるようなことがあれば、一体どうなるであろうか。上記のような判決を出すことは、きわめて困難になると思われる。

その他に、駐留米軍や自衛隊の基地騒音公害に対する訴訟も、横田、厚木、嘉手納などの基地周辺住民によって提起されてきた。原告住民らは、騒音公害について損害賠償と航空機の夜間運行の差止めなどを争ったが、多くの訴訟で裁判所は、過去の損害賠償は認めつつも、夜間の運航差止めについては否定的な判断を示してきた。ただ、そのような傾向の中にあって注目されたのは、厚

木基地公害訴訟（第4次訴訟）の横浜地裁判決（2014年5月21日）と東京高裁判決（2015年7月30日、判時2277号13頁）である。これらの判決は、自衛隊機の午後10時から翌日午前6時までの運行の差止めを「防衛大臣に与えられた運航統括権限の範囲を逸脱又は濫用するものとして違法となる」として認めた。このような判断に対して最高裁（判時2337号3頁）は、2016年12月8日、過去の損害賠償は認めつつも、自衛隊機の夜間運航差止めについては、「本件飛行場における自衛隊機の運航は我が国の平和と安全、国民の生命、身体、財産等の保護の観点から極めて重要な役割を果たしているものというべきであるから、このような自衛隊機の運航には、高度の公共性、公益性があるものと認められる」として、夜間の運航差止めを認めない判断を言い渡した。

　しかし、自衛隊機の運航についてこのように安易に「高度の公共性と公益性」を認める判決は、憲法9条に照らせば少なからず問題があると思われる。原告住民らが自衛隊の違憲性そのものを正面から争っていなかったとしても、原告住民等らが静穏な状態で夜間を過ごす利益は憲法13条や25条で保障された権利というべきと思われる。そのような権利を制限してまでも認められる「高度の公共性と公益性」とは一体なにかが問われていると思われる。少なくとも憲法9条の下ではそのような公共性や公益性を簡単に認める最高裁判決よりは横浜地裁判決や東京高裁判決の方がはるかに憲法の趣旨に合致したものということができると思われる。しかし、もし自衛隊が憲法に書き加えられた場合には、自衛隊は文字通り憲法的な公共性と公益性をもつことになり、横浜地裁判決や東京高裁判決のような判決が出される可能性はきわめて少なくなることを覚悟しなければならないと思われる。

7　軍事費の増大と生存権保障の形骸化

　自衛隊加憲が財政面に及ぼす影響もきわめて大きいと思われる。すでに安倍政権の下で、2019年度の防衛予算は5兆2千億円を超えているが、自衛隊が憲法的公共性をもてば、アメリカからの要請をも受けて、軍事費はさらにうなぎ登りに上昇することになると思われる。そして、それに反比例して、生活保護費は削減されていき、憲法25条が保障する生存権の保障は、現在以上に形骸化されていくことになると思われる。

　そもそも、憲法9条の戦力不保持規定は、軍事に対する財政支出を禁止するという意味合いをももっており[68]、それは、戦前の軍国主義体制の下で、膨大な軍事費が国の財政を破綻させ、国民生活を困窮に陥れたという苦い体験を踏まえたものである。ちなみに、日中戦争が始まった1937年以降は、国家予算の中で軍事費が占める割合は50％を超え、1941年の日米戦争時には75.6％、1944年には、85.3％を占めるに至った[69]。そして、このような膨大な軍事予算を捻出するために取られたのが、国民に対する増税政策と戦時国債の発行や臨時軍事費特別会計の制度であった。しかし、そのような財政政策によって国の財政を維持することはできず、また国民生活を困窮から救い出すことはできなかった。

　このような戦前における財政破綻に対する反省を踏まえて戦後に制定された日本国憲法は、9条で軍事支出を全面的に禁止するとともに、財政法4条1項で、つぎのように公債不発行の原則を規定したのである。「国の歳出は、公債又は借入金以外の歳入を以て、その財源としなければならない。但し、公共事業費、出資金及び貸付金の財源については、国会の議決を経た金額の範囲内で、公債を発行し又は借入金をなすことができる」。この財政法4条は、「憲法の基礎原理である平和主義を担保するもの」[70]といわれた所以でもある。

　このような財政原則は、戦後における再軍備の過程の中で徐々に切り崩されていくことになった。1954年の自衛隊の創設に伴い自衛隊に対する財政支出がなされ、また、1966年度以降は建設公債の形で公債発行が認められると共に、1975年からは、特例公債（赤字公債）の発行もなされることになった。

　それでも、1976年に三木内閣の時には、増大する防衛費に対する歯止めとして防衛費をGNP1％以下にすることが閣議決定されたことは留意されるべきであろう。この政策は、1987年に中曽根内閣の下で撤回されて、同年度の防衛予算は1.004％になったが、1990年度からは東西冷戦の終焉という国際情勢の

68　石川健治「『真ノ立憲』と『名義ノ立憲』」木村草太ほか『「改憲」の論点』（集英社新書、2018年）211頁。
69　北野弘久「『平和憲法』と戦後日本の税財政制度」小林直樹・北野弘久『現代財政法の基本問題』（岩波書店、1987年）17頁。
70　杉村章三郎『財政法』（有斐閣、1959年）43頁。

変換をも背景として、ほぼGNP1％の枠で推移することになった。このように
して、防衛費に対する一定の歯止めとしての意味合いをもってきたGNP
（あるいはGDP）1％枠は、しかし、安倍内閣の下で、その廃棄が表明されるに
至った。安倍首相は、2017年3月に国会で「安倍政権においては、GDPの1
％以内に防衛費を抑えるという、そういう考え方はございません。」「言わば1
％という上限があるわけではない」（2017年3月2日、参院予算委）と述べたので
ある。そして、併せて安倍政権の下で防衛費を増額させてきていることについ
て、「米国に大変高い評価を得たと、こう思っております」とも述べたのである。

　事実、安倍政権の下では防衛費を確実に伸ばしており、2016年度には、5兆
541億円と5兆円を超え、2019年度予算では、5兆2,574億円となった。しかも、
2018年12月に閣議決定された「中期防衛力整備計画（平成31年度〜平成35年度）
について」では、一基約1,224億円もするイージス・アショア2基の購入をは
じめとして、多額の兵器の購入を計画しており、装備にかかる金額の総計は、
概ね27兆4,700億円に上るという。これに自衛官の人件費などを含めた場合に
は、これまでの防衛予算の基準をはるかに超えた金額になることが確実と思わ
れる。自民党が2018年に出した「新たな防衛計画の大綱などの策定に向けた提
言」で「防衛費をNATO諸国並にGDP2％にすることを参考にすべき」と
述べたことが、決して架空の話ではなくなるのである。

　このような防衛予算の飛躍的な増額に対しては、まだしも憲法9条の下では
専守防衛を逸脱するものであるといった批判を提示することが可能であるが、
仮にでも自衛隊が憲法に明記された場合には、GDP1％枠が意味を失うだけ
ではなく、専守防衛を盾にとった批判も意味をなくすることになると思われる。
自衛隊に対する財政的統制はほとんど意味をなさなくなるかもしれないのであ
る。

　そして、それに反比例して生活保護費が削減されるであろうことは必至と思
われる。限られた財源の下で軍事費をこのように増強すれば、財源の確保のた
めに必要になってくるのは、一つに生活保護費の削減であり、もう一つは増税
である。現に安倍政権の下で、2013年8月には生活保護（扶助）基準の過去最
大の引き下げが行われた。引き下げは、平均で6.5％（最大10％）、総額で670億
円の削減となったのである。そして、2018年には、3年かけて平均1.8％（最

大5％）、年額160億円の生活扶助基準の引き下げがなされることになった[71]。しかも、2019年10月からは、消費税の10％への引き上げである。まさに「バターから大砲へ」の大転換がこのようになされつつあり、憲法25条が国民に保障した生存権は現在以上に形骸化されてしまうことが危惧されるのである。

　現に進行しつつあるこのような事態は、憲法9条の改憲を先取りしたものということもできるが、ただ、9条の改憲がなされない限りは、まだしも、憲法9条と25条を盾にとって、その不当性を批判し、改善する可能性は残っている。しかし、かりにでも自衛隊が憲法に明記されたならば、もはやその不当性を批判する根拠も失われていくことを、私たちは、覚悟しなければならないのである。

8　軍産学複合体の形成の危険性

　さらに見逃せないのは、自衛隊の憲法明記によって日本でも軍産学の複合体の形成が本格化していくであろうことである。かつてアメリカのアイゼンハワー大統領は、1961年の退任演説でアメリカでの軍産複合体の形成の危険性を説いたが、日本でも、その危険性が、自衛隊の憲法明記によって現実化してくる可能性が大きくなってくると思われる。

　改めて指摘するまでもなく、戦後日本では、戦力の不保持を規定した平和憲法の下で武器生産は認められる余地は本来なかったが、1954年の自衛隊の発足と共に武器生産も徐々に再開されていった。ただ、それに対する歯止めとなったのが、1967年の佐藤内閣の下での「武器輸出三原則」であり、それを修正した1976年の三木内閣の下での「武器輸出禁止三原則」であった。それによれば、①共産圏諸国の場合、国連決議により武器等の輸出が禁止されている国向けの場合、国際紛争の当事国またはそのおそれがある国向けの場合（三原則対象地域）については、「武器」の輸出を認めない、②三原則対象地域以外については、憲法および外国為替及び外国貿易管理法の精神にのっとり「武器」の輸出を慎むものとする、③武器製造関連設備の輸出については、「武器」に準じて

71　桜井啓太「最賃と生活保護の両方の底上げこそ、貧困脱出のカギ」経済2019年3月号46頁。

取り扱うものとする、とされた。

　これは、憲法９条の理念を具体化した原則であり、日本が「死の商人」にならないことを内外に宣明したものとして、GDP１％枠と並んで、きわめて重要な意義をもつものであった。武器は、それが一旦輸出商品として生産されれば、それが継続的に輸出されるためには、戦争がなされることを好む傾向を不可避的にもたざるを得なくなる。つまりは、本来的に戦争を好む産業が軍事産業ということになる。そのような産業の育成の抑制を政府が「武器輸出禁止三原則」で明らかにしたことは、まさに「憲法の精神」にのっとったものであり、世界にも誇り得るものと言いうるのである。

　このような原則は、その後1980年代以降には、アメリカとの関係で破られていくことになるが、それが、完全に撤廃されることになったのは安倍政権の下においてである。すなわち、安倍内閣は、2014年４月には、「武器輸出禁止三原則」に代えて、「防衛装備移転三原則」を打ち出して、原則的に武器輸出を解禁したのである。それによれば、「防衛装備の適切な海外移転は、国際平和協力、国際緊急援助、人道支援及び国際テロ・海賊問題への対処や途上国の能力構築といった平和への貢献や国際的な協力の機動的かつ効果的な実施を通じた国際的な平和と安全の維持の一層積極的な推進に資するものであり、また同盟国である米国及びそれ以外の諸国との安全保障・防衛分野における協力の強化に資するものである」として、移転を禁止する場合を以下の三つの場合に限定して、それ以外の場合の移転は、全面的に解禁するものとしたのである。①当該移転がわが国の締結した条約その他の国際約束に基づく義務に違反する場合、②当該移転が国連安保理事会の決議に基づく義務に違反する場合、③紛争当事国（武力攻撃が発生し、国連安保理事会がとっている措置の対象国をいう）への移転となる場合[72]。

　もっとも、このような武器輸出に関する原則の大転換が直ちに武器輸出の活性化につながっているかと言えば、現時点では必ずしもそうでもないようであ

---

[72]　武器輸出三原則から防衛装備移転三原則への転換の問題については、望月衣塑子『武器輸出と日本企業』（角川新書、2016年）、池内了ほか『亡国の武器輸出』（合同出版、2017年）等参照。

る。企業の側には、武器の製造販売によって「死の商人」のレッテルを貼られるかもしれないという「レピュテーション・リスク」がまだ高くあるので、企業の側になお武器輸出に積極性に欠けているところがあるからである[73]。そのような「レピュテーション・リスク」を払拭するためには、自衛隊の憲法明記は、武器輸出に格好のお墨付きを与えることになると思われる。自衛隊の憲法明記によって、日本の企業は堂々と軍需産業の強化に乗り出し、それを政府防衛省が全面的に支援する体制が構築されるのである。かくして、日本でも軍産複合体の形成がなされることになるのである。

　しかも、以上のような問題と密接に結びついているのが、大学などの研究機間における軍事研究の促進の動きである。安倍政権の下で2013年に策定された「国家安全保障戦略」は、「我が国がとるべき国家安全保障上の戦略的アプローチ」の一環として、我が国の「技術力の強化」を挙げ、「科学技術に関する動向を平素から把握し、産学官の力を結集させ、安全保障分野においても有効活用に務める」（傍点・引用者）ことを述べた。そして、この「国家安全保障戦略」を受けた形で策定された「中期防衛力整備計画（平成26年度〜平成30年度）」でも、「安全保障の観点から、産学官の力を結集させて、安全保障分野においても有効に活用し得るよう、大学や研究機関との連携の充実等により、防衛にも応用可能な民生技術（デュアルユース技術）の積極的な活用に努める」（傍点・引用者）と述べた[74]。ここで、「産学官」とあるのは、「軍産学」と言い代えることもできよう。防衛省の技術研究本部が2015年度から（2016年度からは防衛装備庁）研究資金援助制度である「安全保障技術研究推進制度」を始めたのは、以上のような安倍政権の下での国家安全保障戦略を受けたものといってよいのである[75]。

　このような政府の動きに対しては、日本学術会議が2017年3月に「軍事的安

73　青井未帆「憲法9条の具現化として武器輸出三原則はあった」池内ほか・前掲注(72)37頁。

74　「国家安全保障戦略」や「中期防衛力整備計画」については、『防衛白書（平成30年版）』444頁以下参照。

75　池内了『科学者と戦争』（岩波新書、2016年）、同『科学者と軍事研究』（岩波新書、2017年）、同『科学者は、なぜ軍事研究に手を染めてはいけないか』（みすず書房、2019年）、池内了・小寺隆幸『兵器と大学』（岩波ブックレット、2016年）等参照。

全保障研究に関する声明」[76]を発表して、軍事研究については大学などの研究機関は慎重であるべきとする見解を明らかにした。日本学術会議は、戦後まもなく、1950年に「戦争を目的とする科学の研究には絶対従わない決意の表明」という声明を発表し、また1967年にも「軍事目的のための科学研究を行わない声明」を出して、戦前の反省を踏まえて軍事研究を行わない旨を明らかにしていた。2017年の声明は、これらの声明の精神を踏まえて、防衛装備庁の「安全保障技術研究推進制度」が「政府による研究への介入が著しく問題が多い」として大学や研究者がこれに対して慎重な対応をすることを訴えたものである。

　日本学術会議のこのような対応は、学問の自由や大学の自治の観点から高く評価することができるが、ただ、日本学術会議のこのような対応は、憲法9条があるからこそ可能であるともいえるのである。もし自衛隊が憲法に明記されるようなことがあれば、このような対応をとることはきわめて厳しいものとなり、学問の自由や大学の自治が軍学共同研究によって侵蝕されていく危険性はきわめて強まると思われる。自衛隊の憲法明記は、このような危険性をも伴うことを銘記すべきだと思われる。

9　地方自治の形骸化

　最後に指摘しておくべきは、自衛隊の9条加憲によって、日本国憲法が保障している地方自治が一層形骸化して、国による地方統制が現在以上に強化されていくであろうということである。

　この点に関して第1に指摘すべきは、すでに前述したところであるが、安倍首相が、自治体に対して自衛官募集業務に強制的に協力させるためには自衛隊の9条加憲が必要であると述べていることである。ちなみに、現行の自衛隊法97条1項は「都道府県知事及び市町村長は、政令で定めるところにより、自衛官及び自衛官候補生の募集に関する事務の一部を行なう。」と定めており、これを受けて、自衛隊法施行令120条は「内閣総理大臣は、自衛官の募集に関し必要があると認めるときは、都道府県知事又は市町村長に対し、必要な報告又は資料の提出を求めることができる」と規定している。この規定を踏まえて、

---

[76]　日本学術会議「軍事的安全保障研究に関する声明」（2017年3月24日）日本学術会議HP。

約9割の自治体は、国に対して、住民の中で募集対象者（18歳と22歳）となる者の氏名や住所などの資料提供を何らかの形で行っている。ただ、この自衛隊法施行令の規定は、必要な資料の提出を自治体に対して義務づけた規定とはなっていない。住民基本台帳法11条1項も「国又は地方公共団体の機関は、法令で定める事務の遂行のために必要である場合には、市町村長に対し、当該市長村が備える住民基本台帳のうち、第7条1号から3号（氏名、生年月日、男女の別）及び7号（住所）に掲げる事項に係わる部分の写しを閲覧させることを請求することができる」と規定している。しかし、これは、国の側で市町村長に対してそのような請求をすることができるというだけであって、市町村の側で、その請求に応じて閲覧させ、交付しなければならないということではない。市町村の側には、そのような協力義務は、現行法令上存在していないのである。その理由は、一つには、住民の個人情報の保護の必要性ということであるが、もう一つは、自衛隊員の募集業務に自治体が協力することが憲法9条の下で適切か否かについて疑義があるからである。

　このような現行の法令は、それなりに自治体の意思を尊重したものとなっているといってよいが、9条に自衛隊が加憲された場合には、どういうことになるのであろうか。自衛隊は憲法上の公共性をもつことにともない、上記の自衛隊法および自衛隊法施行令は改定されて、自治体は、否応なく自衛官の適格者名簿を作成し、国に提出することを義務づけられることになり、自治体の主体性はこの点で奪われることになると思われる。

　第2に指摘すべきは、自衛隊の憲法明記が安保法制やいわゆる有事法制における自治体のあり方に及ぼす影響である。例えば、安保法制の一環として制定された重要影響事態法9条1項は、「関係行政機関の長は、法令及び基本計画に従い、地方公共団体の長に対し、その有する権限の行使について必要な協力を求めることができる」と規定している。ここにおいて、「基本計画」とは、「重要影響事態」に際して政府が実施する米国などに対する後方支援活動や捜索救助活動などに関する基本計画のことをいうが、後方支援活動としては、例えば、補給、輸送、修理整備、医療、通信、空港および港湾業務、施設の利用などが含まれている。この点、重要影響事態法の前身ともいうべき周辺事態法の同種の規定に関連して、政府が自治体に協力を求める事項としてあげていた

のは、空港の夜間使用、港湾施設の使用、公共建物・公営バス・救急車の使用、公立病院の利用などであった[77]。これらの協力は、重要影響事態においても、同様に必要とされると思われるが、例えば港湾業務などは、現行の港湾法では、港湾管理権は基本的に自治体に属しているので、自治体の協力なしには、政府が港湾を重要影響事態ということで勝手に利用することはできない仕組みになっている。そして、周辺事態法の制定に際して、政府は、これらの自治体の協力は、強制的なものではなく、したがって、自治体が協力に応じなかっとしても制裁的な措置をとることはないとしてきた。この点は、重要影響事態法においても、基本的には同様と思われるが、しかし、自衛隊が憲法に明記されたならば、どうなるであろうか。軍事が憲法的公共性をもち、国の要請に自治体が従わざるを得ない法制へと転換されることを私たちは想定せざるをえないと思われる。

　他方で、武力攻撃事態法では、内閣総理大臣は、国民の生命、身体若しくは財産の保護または武力攻撃の排除に支障があり、特に必要がある場合であって、自治体との「総合調整」に基づく所要の対処措置が実施されない場合には、地方公共団体の長等に対して、当該対処措置を実施すべきことを指示することができるとされている。そして、この指示に基づく所要の対処措置が実施されない場合には、内閣総理大臣は、「自ら又は当該対処措置に係る事務を所掌する大臣を指揮し、当該地方公共団体又は指定公共団体が実施すべき当該対処措置を実施し、又は実施させることができる」（15条2項）とされているのである。また、「武力攻撃事態等における特定公共施設等の利用に関する法律」によれば、対策本部長（つまりは内閣総理大臣）は、武力攻撃事態等において対処措置等の的確且つ迅速な実施を図るため、対処基本方針に基づき港湾利用に関する指針を定めることができるが、その指針において、特定の地域における港湾施設に関し、「特定の者の優先的な利用を確保する対処措置等」について定めるものとされており（6条2項）、この規定は、飛行場施設、道路、海域、空域、電波についても準用されているのである。ここにおいて、「特定の者」とはな

77　澤野義一「自治体による『協力』」山内編『日米新ガイドラインと周辺事態法』（法律文化社、1999年）158頁。

にを意味するかは条文上は不明であるが、自衛隊や米軍などが含まれていることは明らかであろう。「特定公共施設」といわれるもののなかには、自治体が管理権を有するものが少なくないが、しかし、この法律では、自治体の意向は無視されて、国の側が自衛隊や米軍のために優先的利用を決めうるとされているのである。

　このように、武力攻撃事態法および関連法は、それ自体ですでに地方自治をないがしろにするものとなっているが、ただ、さすがに、地方公共団体に代わって国の機関が「対処措置」に関して「代執行」まで可能とする武力攻撃事態法の規定に関しては、「簡単には行使できない、いわば伝家の宝刀的な規定」[78]であるとされている。しかし、自衛隊が憲法に明記されて、自衛隊の活動が憲法上の公共性を獲得したならば、どうであろうか。このような規定も大手を振って適用可能な規定とされることは明らかと思われる。

　第3に指摘すべきは、現在米軍基地建設のために沖縄県辺野古での埋め立て工事が県民の意思を無視した形で強行的に進められていることである。日米安保条約が最高裁でも「統治行為論」によって違憲とは認定されなかったことにともない、米軍の基地建設は、日米政府間の合意に基づけば地元自治体の意向を無視した形でも可能とされているのである。自治体は、地域住民の生命と自由を護る責務と権限を有しているにもかかわらず、そのような責務と権限は政府によって無視されているのである。しかも、沖縄では、この辺野古基地建設の是非に関して、2019年2月にわざわざ県民投票まで行われ、県民の圧倒的多数（有効投票の約72％）が、基地建設反対の意思を示したにもかかわらずである。このような事態は、それ自体すでに軍事の論理が地方自治を無視してまかり通っていることを示しているが、しかし、自衛隊が憲法に明記されたならば、これと同様のことが自衛隊の基地建設に関しても、生じうることになると思われる。そうなれば、地方自治は、さらに一層形骸化され、少なくとも軍事に関しては言葉だけのものになりかねないと思われる[79]。

---

[78]　礒崎陽輔『武力攻撃事態対処法の読み方』（ぎょうせい、2004年）67頁。

七　小結

　憲法に自衛隊を明記する加憲論は、以上にみてきたように９条２項を空文化
し、フルスペックの集団的行使を容認して日本を海外でも戦争をする国にする
と共に、国民の生活や人権にも甚大な悪影響を及ぼすことは必至だと言ってよ
いと思われる。ただ、それにもかかわらず、このような加憲論の下では９条
２項は形の上では残ることになるので、自衛隊が明記される９条の２と９条２
項との緊張関係あるいは矛盾は完全には解消されないまま残ることになると思
われる。例えば、９条２項は、戦力の不保持を規定しているので、９条の２で
その保持を認められた自衛隊はあくまでも９条２項で禁止された戦力ではない
範囲で認められているにすぎず、したがって、現実に存在する自衛隊が、戦力
に該当しないかどうかという問題は残る可能性があるのである。その意味では、
現実の自衛隊についての違憲論争は完全には解消しない可能性が残るのである。
また、交戦権の否認規定に関しても、フルスペックの集団的自衛権の行使が９
条の２で認められたとしても、それが９条２項の交戦権否認規定とは別の問題
であるといった説明が果たしてどこまで通用するかは、少なからず議論が存す
ることになると思われる。
　９条２項と９条の２とのこのような矛盾あるいは緊張関係を完全に解消する
ためには、結局は、９条２項の削除が必要とされてくると思われる。現に、９
条加憲論を提唱した日本会議の伊藤哲夫は、前述した論文の中で３項加憲を２
項削除のための「第一段階」と位置づけているのである。そして、「これはあ

79　自衛隊の９条加憲が地方自治に及ぼす悪影響を危惧する全国の自治体の首長130人（元
　　職を含めて）が2019年11月に「全国首長九条の会」を結成して、９条改憲阻止の運動を立
　　ち上げたのは、きわめて画期的な出来事と思われる。ちなみに、同会の設立に際しての
　　「アッピール」は、「安倍首相による憲法９条を改変する企ては、地方自治をも蹂躙してい
　　ます。安倍首相は、地方自治体の自衛隊募集への非協力を改憲理由の一つに挙げています
　　が、これは、『国と地方は、対等協力の関係』という精神をわきまえない地方自治への挑
　　戦にほかなりません。また沖縄県民の民意を無視し辺野古新基地の工事を強行することは、
　　憲法と地方自治を踏みにじるものです。」と述べて、全国の自治体首長や元職に対して、
　　この会への参加を呼びかけている。

くまでも現在の国民世論の現実を踏まえた苦肉の提案」でもあり、「まずはかかる道で『普通の国家』になることをめざし、その上でいつの日か、真の『日本』にもなっていくということだ」と述べているのである[80]。また、自民党の佐藤正久は、党の改憲推進本部の会合で自衛隊加憲論を支持して、「ホップ・ステップ・ジャンプで考えると、まず第一歩が大事。自衛隊の明記を最優先すべきだ」（朝日新聞2017年9月26日）と述べている。自衛隊加憲は、三段跳びの9条改憲の第一歩と位置づけられているのである。

　自衛隊加憲論を提唱している安倍首相自身、元来、9条2項削除論の立場をとっていたことは、その著書『新しい国へ』（2013年）のつぎのような言葉によっても、示されている。「これ（＝交戦権否認規定）をどう解釈するか、半世紀にわたって、ほとんど神学論争にちかい議論がくりかえされた。……たとえば日本を攻撃するために、東京湾に、大量破壊兵器を積んだテロリストの工作船がやってきても、向こうから何らかの攻撃がないかぎり、こちらから武力を行使して、相手を排除することはできないのだ。わが国の安全保障と憲法との乖離を解釈でしのぐのはもはや限界にあることがおわかりだろう」[81]。

　自衛隊加憲論が、このように「第一段階」の「苦肉の策」として提案されていることを踏まえれば、仮にでもそれが国会で発議されて国民投票でも承認された場合には、遅かれ早かれ「第二段階」の9条2項の削除論が提案されるであろうことは、ほぼ確実なことと思われる。そうなれば、日本国憲法の非軍事平和主義の完全な否定であり、憲法9条が戦後70年以上にわたって平和の維持のために果たしてきた積極的な役割の完全な否定ということになると思われる。そのような事態の招来を阻止するためには、「第一段階」の自衛隊加憲論を阻止することが、現在に生きる私たちの、将来の世代の国民のための責務であると思われる。

80　伊藤哲夫・前掲注(8)22頁。
81　安倍晋三『新しい国へ』（文藝春秋、2013年）137頁以下。

第2章　緊急事態条項導入論のねらいと問題点

一　はじめに

　自民党が2018年３月に提示した４項目の改憲草案の中の２つ目は、緊急事態条項の導入（「緊急事態対応」）である。その条文は、次の通りである。

　64条の２　大地震その他の異常かつ大規模な災害により、衆議院議員の総選挙又は参議院議員の通常選挙の適正な実施が困難であると認めるときは、国会は、法律で定めるところにより、各議院の出席議員の３分の２以上の多数で、その任期の特例を定めることができる。

　73条の２　大地震その他の異常かつ大規模な災害により、国会による法律の制定を待つといとまがないと認める特別の事情があるあるときは、内閣は、法律で定めるところにより、国民の生命、身体及び財産を保護するため、政令を制定することができる。

　②　内閣は、前項の政令を制定したときは、法律で定めるところにより、速やかに国会の承認を求めなければならない。

　これ（以下、「2018年改憲案」と略称）は、2012年の自民党の改憲草案（以下、「2012年改憲案」と略称）が緊急事態条項について、つぎのように具体的かつ詳細に規定していたことに比べると、一見したところ、トーンダウンした印象がなくはない。

98条　内閣総理大臣は、我が国に対する外部からの武力攻撃、内乱等による社
　　会秩序の混乱、地震等による大規模な自然災害その他の法律で定める緊急事
　　態において、特に必要があると認めるときは、法律の定めるところにより、
　　閣議にかけて、緊急事態の宣言を発することができる。

②　緊急事態の宣言は、法律の定めるところにより、事前又は事後に国会の承
　　認を得なければならない。

③　内閣総理大臣は、前項の場合において不承認の議決があったとき、国会が
　　緊急事態の宣言を解除すべき旨を決議をしたとき、又は事態の推移により当
　　該宣言を継続する必要がないと認めるときは、法律の定めるところにより、
　　閣議にかけて、当該宣言を速やかに解除しなければならない。また、百日を
　　超えて緊急事態の宣言を継続しようとするときは、百日を超えるごとに、事
　　前に国会の承認を得なければならない。

④　第2項及び前項後段の国会の承認については、第60条第2項の規定を準用
　　する。この場合において、同項中「30日以内」とあるのは、「5日以内」と読
　　み替えるものとする。

99条　緊急事態の宣言が発せられたときは、法律の定めるところにより、内閣
　　は法律と同一の効力を有する政令を制定することができるほか、内閣総理大
　　臣は財政上必要な支出その他の処分を行い、地方自治体の長に対して必要な
　　指示をすることができる。

②　前項の政令の制定及び処分については、法律の定めるところにより、事後
　　に国会の承認を得なければならない。

③　緊急事態の宣言が発せられた場合には、何人も、法律の定めるところによ
　　り、当該宣言に係る事態において国民の生命、身体及び財産を守るために行
　　われる措置に関して発せられる国その他公の機関の指示に従わなければなら
　　ない。この場合においても、第14条、第18条、第19条、第21条その他の基本
　　的人権に関する規定は、最大限に尊重されなければならない。

④　緊急事態の宣言が発せられた場合においては、法律の定めるところにより、
　　その宣言が効力を有する期間、衆議院は解散されないものとし、両議院の議
　　員の任期及びその選挙期日の特例を設けることができる。

　このように2012年には具体的かつ詳細に条文化したものが、2018年には上記
のような比較的簡単な条文になった理由は、必ずしも定かではないが、2012年
改憲案に対しては少なからず批判が出されたことをも顧慮したものであること

は、否定できないと思われる[1]。しかし、それでは、2018年改憲案が、憲法上
の疑義がなくなり、支持できるものになったのかといえば、決してそのように
言うことができないと思われる。本質的には2012年改憲案と大差がないいくつ
かの重大な問題が含まれているように思われる[2]。そこで、以下には、それら
問題点について具体的に検討することにする。

二　「震災便乗型」の導入論

　2018年改憲案は、「大地震その他の異常かつ大規模な災害」を緊急事態とし
ていて、2012年改憲案が「我が国に対する外部からの武力攻撃、内乱等による
社会秩序の混乱、地震等による大規模な自然災害その他の法律で定める緊急事
態」としていたことに比較すれば、緊急事態の意味範囲を限定しているように
みえる。しかし、それでは、これで問題がなくなったのかといえば、決してそ
うとはいえないと思われる。なぜならば、第1に「災害」という言葉の中には、
一般に自然災害のみならず、人的災害も含まれているからである。ちなみに、
『広辞苑』は、「災害」について以下のように説明している。「異常な自然現象
や人為的原因によって、人間の社会生活や人命に受ける被害」。
　いわゆる国民保護法（「武力攻撃事態等における国民の保護のための措置に関する

1　2012年改憲案に対する批判としては、永井幸寿『憲法に緊急事態条項は必要か』（岩波
　ブックレット、2016年）、村田尚紀『改憲論議の作法と緊急事態条項』（日本機関紙出版セ
　ンター、2016年）、日弁連「日本国憲法に緊急事態条項（国家緊急権）を創設することに
　反対する意見書」（2017年2月17日）、高見勝利「非常事態に備える憲法改正は必要か」論
　究ジュリスト21号（2017年春号）95頁、愛敬浩二「緊急事態条項のための憲法改正は必要
　か」阪口正二郎ほか『憲法改正をよく考える』（日本評論社、2018年）193頁、拙著『「安
　全保障法制」と改憲を問う』（法律文化社、2015年）202頁等参照。
2　永井幸寿「改正された緊急事態条項の危険」世界2018年11月号138頁は、「新自民党案は、
　2012年版の自民党の『日本国憲法改正草案』（98条、99条）よりも権力の集中と人権の制
　約が容易になり、権力濫用の危険が高まっただけでなく、民主主義を根底から覆す恐れの
　あるものである」と指摘している。その他、石村修「緊急事態への憲法的対処方法」専修
　ロージャーナル14号（2018年）85頁、上脇博之『安倍『4項目』改憲の建前と本音』（日
　本機関紙出版センター、2018年）100頁、小沢隆一「自民党九条改憲と緊急事態条項案の
　問題点と危険性」前衛2018年6月号80頁など参照。

法律」）も、「武力攻撃災害」という言葉を用いて、その定義を以下のようにしている。「武力攻撃により直接又は間接に生ずる人の死亡又は負傷、火事、爆発、放射性物質の放出その他の人的又は物的災害をいう」（2条4項）。ということは、2018年改憲案でも、2012年改憲案に明示されていた「我が国に対する外部からの武力攻撃」が「大規模な災害」の中に含まれているということである。2018年改憲案が、あたかも緊急事態を自然災害の場合に限定しているかのように見えるが、けっしてそうではないことは、この一事をもってしても明らかであろう。2018年改憲案でも、「武力攻撃災害」ということで、後述するように、政府の権限を集中して緊急政令を制定することが可能となっているのである。というよりは、すぐ後に見るように、自然災害の場合にはあえて緊急事態を理由として緊急政令の制定や国会議員の任期延長を行う必要がないことを踏まえれば、緊急事態条項導入論の主たるねらいは、むしろ「武力攻撃災害」に際して、9条改憲と連動させて、政府の一元的な権限強化を図ることにあるといってよいように思われる。

　それにしても、2018年改憲案がこのように自然災害を重視したかのような規定になっているのは、一体どうしてなのか。その理由は、自然災害を強調すれば、緊急事態条項の導入が容易に受け入れられると自民党の改憲推進本部は考えているからと思われる。ちなみに、2012年改憲案について、自民党の『日本国憲法改正草案　Q&A〈増補版〉』（以下、『Q&A』と略称）は、つぎのように述べている。「国民の生命、身体、財産の保護は、平常時のみならず、緊急時においても国家の最も重要な役割です。今回の草案では、東日本大震災における政府の対応の反省も踏まえて、緊急事態に対処するための仕組みを、憲法上明確に規定しました」（32頁）。

　ここには、「東日本大震災における政府の対応の反省」の中味がどのようなものであるかについては具体的には語られていないが、そのような「反省」をも踏まえて緊急事態条項が設けられたことからすれば、東日本大震災における政府の対応のまずさは、憲法に緊急事態条項がなかったことによるようにみえる。しかし、それは、まさに「震災便乗型」の導入論というべきものと思われる[3]。

　なぜならば、東日本大震災において復旧・復興がはかどらず、現在でもなお

はかどっていないのは（特に福島原発事故の被害を受けた地域で）、憲法に緊急事態条項がないからではなく、政府が、地元住民や自治体のことを真剣に考えて、その復旧・復興を第一義的な任務として対応してこなかったことによるからである。大震災などの自然災害における国や自治体の対処措置については、災害対策基本法や災害救助法などが基本的な規定を設けているし、また、自衛隊法も自衛隊の災害派遣の規定を設けているのである。

　例えば、災害対策基本法は、非常災害が発生し、その災害が激甚である場合には、内閣総理大臣は閣議にかけて災害緊急事態の布告を発することができるし（105条）、災害緊急事態に際して国の経済秩序を維持し、及び公共の福祉を確保するため緊急の必要がある場合において、国会が閉会中又は衆議院が解散中であり、かつ臨時国会の召集を決定し、又は参議院の緊急集会を求めてその措置をまついとまがないときは、内閣は、以下の事項について必要な政令を制定することができるとしている。①生活必需物資の配給等の制限若しくは禁止、②物の価格の統制、③金銭債務の支払の延期など。この政令には、罰則を設けることができるが、このような政令を発した場合には、内閣は、直ちに国会の臨時会を召集し、または参議院の緊急集会を召集してその承認を得なければならないとされている（109条）。

　東日本大震災の場合には、国会が開会中であったので、この政令を発する必要はなく、国会が災害関連法の制定を行うことで対処したのであり、その対処の仕方に問題があったとしても、憲法に緊急事態条項がなかったことに問題があったわけではないのである。

　現に、災害時における対応に関して、日弁連が2015年9月に東日本大震災の被災3県の市町村のアンケート調査（24自治体が回答）をしたところ、「災害対策・災害対応について憲法は障害になったか」という質問に対して、「障害に

3　なお、2018年改憲案に関する自民党の『Q&A』でも、「現在、南海トラフ地震や首都直下型地震などの発生が相当の確率で想定されており、国家中枢が機能不全に陥るなど甚大な被害も考えられるところです」（4頁）として大地震の発生の危険性を緊急事態条項導入の理由としている。ちなみに、このような「震災便乗型」の緊急事態条項導入論を、樋口陽一「〈3・11〉後に考える『国家』と『近代』」法学セミナー683号（2011年）36頁は、「気の利かぬ冗談」と批判している。

ならない」が23自治体（96％）、「なった」は１自治体（４％）であり、また「災害対策・災害対応について市町村と国の役割分担はどうすべきか」という質問に対しては、「市町村主導」が19自治体（79％）、「場合による」が３自治体（13％）、「国主導」が１自治体（４％）、「未回答」が１自治体（４％）であったという[4]。

　また、毎日新聞が、2016年に東北３県の42の自治体にアンケート調査をして、震災に際して憲法に非常事態条項が必要かどうかを聞いたところ、37自治体から回答があったが、「必要」と答えたのは、１自治体だけであったという（毎日新聞2016年４月30日）。大震災などを理由とする緊急事態条項導入論は、なんら自治体の現場の意見を踏まえた議論ではないことはこれらのアンケート調査でも明らかであろう。

　このように、自然災害の際には、中央政府の権限を改憲によって強化することは不要であるのみならず、自治体の側でも望んでいないのである。緊急事態条項の導入論が「震災」に便乗しつつも、その主たるねらいは、むしろ９条改憲とセットにして「武力攻撃災害」という名の下での戦争体制の構築にあると考えざるをえない所以である[5]。

三　国会議員の任期延長を理由とする導入論

　2018年改憲案は、緊急事態においては、選挙ができずに、議員の空白が生じる場合がありうるので、そのような場合には特例として選挙期日を変更したり、議員の任期を延長する必要があるとして、「衆議院議員の総選挙又は参議院議員の通常選挙の適正な実施が困難であると認めるときは、国会は、法律で定めるところにより、各議院の出席議員の３分の２以上の多数で、その任期の特例を定めることができる」という規定を設けている。この案は、2012年改憲案では、内閣が緊急事態の宣言を発した場合には、衆議院は解散されないものとし、

4　日弁連・前掲注(1)11頁。

5　渡辺治『戦後史のなかの安倍改憲』（新日本出版社、2018年）274頁、村田尚紀「緊急事態条項——大規模自然災害と国家緊急権」憲法ネット103編『安倍改憲・壊憲総批判——憲法研究者は訴える』（八月書館、2019年）51頁参照。

両議院の議員の任期およびその選挙期日の特例を設けることができると規定していたことに比較すれば、両議院の議員の意思でその任期の特例を定めることができると規定している点が大きく異なっているといえよう。そして、議員の単純多数ではなく、特別多数にしたのは単純多数を占める政党のお手盛りでの任期延長を避けるという意味合いもあったと思われる。しかし、このような緊急事態における議員の任期延長についても、問題は少なくないと思われる。

1　衆議院議員の場合

　衆議院議員は、任期満了の場合と解散の場合にその資格を喪失するが、従来は解散による場合がほとんどであったので、まず解散の場合について検討すると、憲法54条１項は、「衆議院が解散されたときは、解散の日から40日以内に、衆議院議員の総選挙を行ひ、その選挙の日から30日以内に、国会を召集しなければならない」と規定している。この規定との関連で問題となるのは、解散された後に大災害などの緊急事態が発生して、40日以内に総選挙が行えないような事態が発生した場合にどうするかということである。2018年改憲案は、そのような場合を想定して、衆議院議員の任期の延長を認めるようにしているのであるが、しかし、そもそも総選挙が行えないような緊急事態とは一体どういう場合があるのだろうか。かつて1942年４月にアジア太平洋戦争の真っ最中にも衆議院選挙（いわゆる翼賛選挙）がなされたことに照らしても、そのようなケイスはほとんどまれであると言ってよいと思われる。

　たしかに、例えば、解散後の総選挙の期日も決まっていて、その直前に大震災などがあった場合には、総選挙は54条１項が規定するように40日以内には行えないような事態が例外的に生じることはあり得るかもしれない。しかし、その場合には、公選法57条が「天災その他避けることのできない事故により投票を行なうことができないとき」には繰延投票を行うことができると規定していることを踏まえて[6]、40日経過後に可及的速やかに総選挙を行うより他致し方ないであろう。そのような選挙はたしかに憲法54条１項に文言上は違反することになるが、しかし、無効とはいえないであろう。その法理は、行政事件訴訟法31条１項が定めているのである。同条は、以下のように規定している。「取消訴訟については、処分又は裁決が違法ではあるが、これを取り消すことによ

り公の利益に著しい障害を生ずる場合において、原告の受ける損害の程度、その損害の賠償又は防止の程度及び方法その他一切の事情を考慮したうえ、処分又は裁決を取り消すことが公共の福祉に適合しないと認めるときは、裁判所は、請求を棄却することができる（以下、略）」。これは、「事情判決の法理」といわれているが、承知のように国会議員の定数不均衡訴訟で最高裁が援用してきたものである。私は、定数不均衡訴訟でこの法理を援用することには疑問があるが、しかし、最高裁自身が述べているように、これが「一般的な法の基本原則」を示したものであることは確かであり、したがって、解散後どうしても止むを得ないで40日経過した後で総選挙を行った場合に、その総選挙を無効としないために援用することは間違っていないと考える。

　なお、衆議院の総選挙が行えないような緊急事態が発生した場合にも、国会はもちろん機能することはできる。参議院が存在するからである。憲法54条2項はつぎのように規定しているのである。「衆議院が解散されたときは、参議院は、同時に閉会となる。但し、内閣は、国に緊急の必要があるときは、参議院の緊急集会を求めることができる」。ある意味では、日本国憲法上唯一の緊急事態条項ともいえるのが、この参議院の緊急集会の規定である。したがって、この規定がある以上は、衆議院の解散後に緊急事態が発生して選挙が実施できなかったとしても、国会の運営上は基本的に支障はないといってよく、あえて緊急事態条項を設ける意味はないといってよいのである[7]。

　なお、衆議院の解散によるのではなく、衆議院議員の任期満了による総選挙の直前に大災害が発生した場合にはどうなるのかという問題もある。任期満了

6　繰延投票を行うことについては、自民党の2018年改憲案の『Q&A』（6頁）は、繰延投票となった地域を含む選挙区では当選人が決まらず、被災地選出の国会議員が長期にわたって不在になることもあり得るし、また繰延投票は一部の地域の投票だけを先送りにするために他の地域での投票結果が判明した後で投票することになるので、選挙の公平性の観点からも望ましいものではないとしている。しかし、このような議論は、繰延投票を全選挙区について行う場合には妥当しないし、かりに一部の選挙区についてのみ繰延投票を行うことにした場合には、繰延投票に不可避的に伴う事態であって、繰延投票制度の意義そのものを否認することになりかねない議論というべきと思われる。
7　参議院の緊急集会との関連については、高見勝利「緊急事態条項　大震災と憲法」世界883号（2016年）149頁、加藤一彦『議会政の憲法規範統制』（三省堂、2019年）83頁参照。

による総選挙は、これまでも1度しかなく、きわめてまれなケースであり、このようなケースのためにわざわざ憲法を改正する必要はほとんどないと思われるが、ただ、そのような事態が発生した場合にどうするかについては、たしかに、一応の想定はしておいてもよいであろう。この点、結論的に言えば、衆議院議員は任期満了によって議席を失うことになるので、任期の延長を行うべきではないと思われる。他方で、所定の総選挙が大災害のために実施できないとすれば、その延期を決めて、総選挙が実施できるような時点で可及的速やかに行うより致し方ないであろう。その点については、前述したように、公職選挙法57条が繰延投票を行うことができると規定しているので、この規定を適用することで対応することが可能と思われる。その結果として、衆議院議員が存在しない期間が生まれることになるが、参議院が存在するので、国会としての機能には支障は基本的には生じないと思われる。たしかに、上述した参議院の緊急集会の規定は、衆議院が解散された場合の規定であって、任期満了の場合の規定ではない。しかし、その趣旨は、衆議院議員が存在しない場合に国会としての活動を維持するために参議院の緊急集会が必要だということなので、このような事例にも準用することに憲法上の問題はないと思われるのである。

2　参議院議員の場合

　参議院議員は、「任期は6年とし、3年ごとに議員の半数を改選する」とされ（憲法46条）、参議院議員の選挙は、「議員の任期が終る日の前30日以内に行う」（公職選挙法32条1項）とされている。参議院議員については、解散がないということと、半数改選なので、仮に選挙が緊急事態で行われなかったとしても、参議院議員の残りの半数は議席をもっているので、しかも、参議院が会議を開くための定足数は、3分の1なので（憲法56条1項）、会議を開く上での支障は基本的にないということになる。したがって、参議院議員についてあえて、緊急事態ということで、任期の延長を検討する必要は基本的にないといってよい。2012年改憲案の解説書の『Q&A』でも、「参議院議員の通常選挙は、任期満了前に行われるのが原則であり、参議院議員が大量に欠員になることは通常ありません。」（35頁）と述べているのである。

　なお、過去において衆参同日選挙が行われことがあったが、その場合にも、

78

基本的に問題はないと言ってよいであろう。そもそも衆参同日選挙そのものが両院制の趣旨からすれば、望ましいものではないが、かりに同日選挙が決められて、緊急事態の発生によって実施できなくなったとしても、参議院議員の半数は存在しているので、その半数で緊急集会を開催すれば、国会としての機能は果たすことができるのである。したがって、このような場合にも、あえて緊急事態条項を設けて議員の任期の特例を設ける必要性はないのである。

にもかかわらず、2018年改憲案であえて参議院議員についても緊急事態における議員の任期の特例を設けている趣旨は一体どこにあるのか、その真意はむしろ政治的なものがあるのではないかと勘ぐらざるを得ないのである。それは、衆議院議員の任期の延長についても当てはまることであるが、政府与党が緊急事態を口実として衆議院議員や参議院議員の任期がきても総選挙を行わないで、政府与党にとって都合のよい議院の構成のままにして、政府与党が多数を獲得できそうな環境が整うまで総選挙や通常選挙を行うことを延期することも可能になるということである。内閣が緊急政令制定権をもつのみならず、議員の任期についても内閣が緊急事態を口実として自由に決めうるようになれば、国会は内閣の思うままの独裁体制になりかねないのである。そのような危険性を秘めている緊急事態条項の導入には、到底賛成することはできないのである。

四　緊急政令の問題点

2018年改憲案によれば、上記のような大規模な災害により、国会による法律の制定を待ついとまがないと認める特別の事情があるときは、内閣は、法律で定めるところにより、「国民の生命、身体及び財産を保護するため、政令を制定することができる」（73条の2）とされる。

この規定も、2012年改憲案と比較すれば、条文上はいくつかの違いがあることは確かであろう。しかし、そのことによって2018年改憲案が憲法上の疑義を払拭したものになったのかといえば、決してそういうことはできないと思われる。第1に、2012年改憲案では、まず内閣総理大臣が「特に必要があると認めるときは、法律の定めるところにより、閣議にかけて、緊急事態の宣言を発することができる」とされ、そして、そのような緊急事態の宣言が発せられた場

合には、「法律の定めるところにより、内閣は、法律と同一の効力を有する政令を制定することができる」とされていた。ところが、2018年改憲案では、緊急事態の宣言に関する規定はなく、内閣が法律の制定を待ついとまがないと判断すれば、政令を制定することができるようになっているのである。緊急事態の宣言は憲法上は不要とされているのであり、2018年改憲案の方が、緊急政令の制定はより簡単になっているようにもみえるのである。

　第2に、2012年改憲案では、「法律と同一の効力を有する政令を制定することができる」とされているのに対して、2018年改憲案では、その点は明記されていない。それでは、2018年改憲案では、大規模な震災などにおいて制定される政令は、法律と同一の効力をもつものではないのかといえば、そうではないであろう。なぜならば、2018年改憲案の政令についても、「内閣は、前項の政令を制定したときは、法律で定めるところにより、速やかに国会の承認を求めなければならない」と規定しているからである。通常の政令であれば、それは法律の委任による政令（委任命令）か法律の執行のための政令（執行命令）かであって、特に国会の承認を必要とはしないのである。ということは、国会の承認を必要とする政令とは、結局は法律と同一の効力を有する政令だから、わざわざ国会の承認を必要とする旨の規定が書かれているのである。にもかかわらず、2018年改憲案では、そのことを伏せているのである。結局、このような緊急政令制定権によって、内閣は、行政権と並んで立法権をも掌握することが可能となってくるのである。立憲主義の基本とされている権力分立が否認されているのである。この点では、明治憲法下の緊急勅令（8条）の規定と同じ意味合いをもっているのである。

　しかも、第3に、この立法権は、まさに2012年改憲案と同様に「法律と同一の効力を有する」ので、新たな立法を制定することができるだけではなく、既存の法律を改廃する立法をも制定することが可能となってくるのである。2012年改憲案について、日弁連の意見書は、以下のような指摘をしているが、この指摘は、基本的にはそのまま2018年改憲案についても当てはまるといえるのである。「憲法上、内閣に対して、政令だけで従前の法律を全て改正できる権限を与えるものと解することが可能であり、例えば、緊急事態宣言の期間中、刑事訴訟法と同一の効力を有する政令を制定することにより、令状なき身体拘

束・家宅捜索・通信傍受など、平時では法律で行っても憲法違反となるようなことが認められる可能性がある。また、本来の手続を省略した土地収用、家屋・工作物の除去等の即時断行的な行政処分が行われ、これに対する行政訴訟も差止め請求も停止させられることも考えられる。このように、本条による措置はあまりに広範であり、かつ人権が制約される危険性も大きい」[8]。

　第4に、たしかに、2018年改憲案では、前述のように、緊急政令を制定したときは速やかに国会の承認を求めなければならないと規定しているが、しかし、緊急事態が終了した後で事後に国会が緊急政令を審議して不承認するということはあまり想定できないし、かりに不承認にしたとしても実際上の効果はあまりないと思われる。現に、2018年改憲案では、不承認の場合の政令の効力については、なんの規定もないのである。この点では、明治憲法が、緊急勅令について「若議会ニ於テ承諾セサルトキハ政府ハ将来ニ向テ其ノ効力ヲ失フコトヲ公布スヘシ」（8条2項）と規定していたことよりも後退した規定となっているである。

　第5に、2018年改憲案では、2012年改憲案にあったような、以下のようなあからさまな緊急事態における国民の指示服従義務の規定はなくなっている。「緊急事態が発せられた場合には、何人も、法律の定めるところにより、当該宣言に係る事態において国民の生命、身体及び財産を守るために行われる措置に関して発せられる国その他公の機関の指示に従わなければならない」（99条3項）。その代わりに、2018年改憲案は、緊急政令の制定は、「国民の生命、身体及び財産を保護するため」になされるということを規定するに留めている。これも、2012年改憲案に対する批判を受けてのことだと思われるが、しかし、緊急政令の制定が、もっぱら国民の生命、身体および財産の保護のためになされるのかといえば、決してそうではないであろう。上述したように法律と同一の効力を有する緊急政令は、少なからず国民の生命、身体または財産の制限を含むものとなることが想定されるのであって、そのような場合には、罰則の規定の導入も当然に想定されることになるのであり、国民としては、緊急政令に否応なしに従わざるを得なくなるのである。2018年改憲案では、そのことをわ

8　日弁連・前掲注(1)18頁。

ざとあいまいにぼかして規定しているのである。

　最後に、このように緊急事態において内閣が緊急勅令を制定して立法権をも掌握することは、ドイツと比較しても、疑問というべきと思われる。ドイツの場合には、1968年に緊急事態条項を憲法に導入する際の最大の問題点の一つは、緊急事態において議会の優位をいかに確保するかという問題であった。ワイマール憲法における反省を踏まえて、ボン基本法では、緊急事態においても立法権は議会に留保されるような規定になったのである。自民党の改憲案は、このようなドイツの教訓をなんら学んでいないといわざるを得ないのである。

五　諸外国における緊急事態条項

　自民党の2012年改憲案の『Q&A』は、緊急事態条項は、「外国の憲法でも、ほとんどの国で盛り込まれているところです」（32頁）と書いている。また、2018年改憲案の『Q&A』も、「ドイツやフランスなど諸外国の憲法では、自国の歴史や隣国との関係などに応じて、緊急事態に備えた規定があります。他方、我が国では、これまで幾度も巨大地震や津波を経験してきましたが、緊急事態に対応するための憲法上の規定がありませんでした。」（4頁）と書いている。日本も諸外国並みに緊急事態条項を設けるべきであり、そのために政府への権限集中や私権の制限をすべきだというのだが、しかし、このような言い方には、少なからず問題があるように思われる。例えば、イギリスはそもそも成文の憲法典をもっていないので、憲法典に緊急事態条項を持ち込むということ自体がありえないのである。また、一言で欧米諸国といっても、制定法主義をとる欧州諸国と伝統的に判例法主義をとってきたアメリカとでは、緊急事態条項に関する対応にも少なからざる相違がみられる、そこで、以下には、主としてドイツとアメリカについて緊急事態条項がどうなっているかをみてみることにする[9]。

1　ドイツの場合
(1)　ワイマール憲法の緊急事態条項

　ドイツでは、緊急事態条項に関しては、ワイマール憲法時代の苦い経験があ

82

ることは周知の通りである。ワイマール憲法は、第1次大戦後の1919年に制定
された当時の世界ではもっとも民主的な憲法の一つとされていたが、その48条
には、大統領の緊急大権を定めるつぎのような規定があったのである[10]。

---

① あるラント（州）がライヒ憲法又はライヒ法律によって課せられた義務を
　履行しないときは、ライヒ大統領は、武装兵力を用いてこの義務を履行させ
　ることができる。
② ドイツ国内において公共の安全及び秩序に著しい障害が生じ、又はそのお
　それがあるときは、ライヒ大統領は、公共の安全及び秩序を回復させるため
　に必要な措置をとることができ、必要な場合には、武装兵力を用いて介入す
　ることができる。この目的のために、ライヒ大統領は、一時的に114条（人身
　の自由）、115条（住居の不可侵）、117条（信書、郵便、通信の秘密）、118条
　（表現の自由）、123条（集会の権利）、124条（結社の権利）及び153条（所有
　権の保障）に定められている基本権の全部又は一部を停止することができる。
③ ライヒ大統領は、本条1項又は2項に従ってとった措置について、これを
　遅滞なくライヒ議会に報告しなければならない。これらの措置は、ライヒ議
　会の要求があれば、失効するものとする。
④ 危険が切迫している場合には、ラント政府は、その領域について、第2項
　に定められているような態様の暫定的措置をとることができる。それらの措
　置は、ライヒ大統領又はライヒ議会の要求があれば、失効するものとする。
⑤ 詳細は、ライヒ法律でこれを定める。

この規定は、まさに大統領に緊急時において立法権をも付与するものであっ

9　本章で取り上げないイギリス、フランスなどの緊急事態条項については、全国憲法研究
　会編『法律時報増刊・憲法と有事法制』（日本評論社、2002年）、水島朝穂編『世界の「有
　事法制」を診る』（法律文化社、2003年）、大沢秀介・小山剛編『市民生活の自由と安全
　──各国のテロ対策法制』（成文堂、2006年）、「特集　テロと非常事態を考える」論究ジ
　ュリスト21号（2017年）、植野妙実子「フランスの国家緊急権」浦田一郎先生古稀記念
　『憲法の思想と発展』（信山社、2017年）601頁など参照。
10　ワイマール憲法48条や授権法については、カール・シュミット（田中浩ほか訳）『大統
　領の独裁』（未来社、1974年）、長谷部恭男・石田勇治『ナチスの「手口」と緊急事態条
　項』（集英社新書、2017年）、加藤一彦「ナチス憲法としての授権法」植野妙実子先生古稀
　記念論文集『憲法理論の再構築』（敬文堂、2019年）85頁参照。

たが、大統領の議会解散権と相まって、ワイマール憲法の議会制民主主義体制を崩壊させ、ナチス体制をもたらす上で大きな役割を果たしたのである。この48条の規定では、「公共の安全及び秩序に著しい障害が生じ、又はそのおそれがあるとき」とはいかなる場合かについても、不明確であり、その具体的な内容は法律で定めるべきものとされたが、結局、法律の制定はなされずに、大統領の判断で緊急大権の行使がなされたのである。

　その最たるものが、ヒトラーが政権を獲得した直後の1933年2月28日に発せられた、以下のような「民族と国家を保護するための大統領令」であった。

ライヒ憲法48条2項に基づき、共産主義的な国家公安を害する暴力行為を防止するために、以下のことを命令する。
① 　ライヒ憲法114条、115条、117条、118条、123条、124条及び153条は、当分の間その効力を停止する。人身の自由、言論の自由（出版の自由を含む）、集会結社の自由、信書・郵便・電信及び電話の秘密に関する制限、家宅捜索及び押収、所有権の制限等は、これに関する一定の法律上の限界の枠を超えるときにも認められる。
② 　ラントにおいて公共の安全及び秩序の回復に必要な措置がとられないときは、ライヒ政府は、その限りで、ラント最高官庁の権限を一時的に行使することができる。（③以下は略）。

　この大統領令によって、ヒトラーは、ライヒ議会議事堂放火事件が共産党員によるものだという口実の下に共産党などを弾圧するために人身の自由、言論、出版、集会、結社の自由などの基本的人権を停止する命令を出したのである。そして、そのような弾圧の下で選挙を強行して、ナチス党は第一党の地位（ただし、過半数には及ばなかった）を獲得すると、同年3月には、いわゆる「授権法（Ermächtigungsgesetz）」（正式には、「民族及び国家の危難を除去するための法律」）を制定して、政府が立法権のみならず、憲法改正権ももつようにして独裁体制を樹立したのである。

(2)　ボン基本法の緊急事態条項

　このような苦い体験を踏まえて、第2次大戦後の西ドイツの憲法であるボン

84

基本法は、緊急事態に関する規定をもっていなかったが、1960年代からの議論を経て、1968年には、緊急事態に関する憲法条項を導入するに至った[11]。その主たる理由は、西ドイツが西側3国（米英仏）と結んだ「ドイツ条約」（1952年）では、緊急事態においては西側3国が駐留軍の安全を確保する権限をもっていたので、そのような権限を西ドイツに回復させて完全な主権を回復するためには緊急事態条項が必要であるとされたからである。このようにしてボン基本法に導入された緊急事態条項は、いかにもドイツらしく極めて詳細な規定となっていて、緊急事態の類型についても以下のように詳細に分類して規定している。まず、緊急事態を対外的緊急事態と対内的緊急事態にわけ、前者は、さらに防衛上の緊急事態、緊迫事態、そして同盟事態にわけ、後者は、憲法上の緊急事態と災害事態にわけて、それぞれの事態に対応した連邦や州の権限、さらには基本権の制限などを規定している。ここにおいて、「防衛上の緊急事態」とは、「連邦領域が武力で攻撃され、またはこのような攻撃が直接に切迫している事態」（115a条1項）のことをいい、「緊迫事態」とは基本法上は明確な定義はないが、一応「高度の防衛準備体制の確立を必要とするような国際的緊張が高まっている事態」をさすとされ（80a条1項）、また、「同盟事態」とは、「同盟条約の範囲内で連邦政府の同意を得て国際機関が行った決定」に基づき緊迫事態と同様の措置を連邦政府がとりうる事態をいうとされる（80a条3項）。さらに、「憲法上の緊急事態」とは、「連邦もしくはラントの存立、または自由で民主的な基本秩序に対する急迫な危険」が存在するような事態をいうとされる（87a条4項）。

　このような緊急事態条項に関しては、いくつかの問題点を指摘することができると思われる。第1に、これによって緊急事態と平時との区別があいまいになっているということである。このことは、とりわけ「緊迫事態（Spannungs-fall）」が憲法上も明確な定義がないままに導入されたことによってももたらされている。ドイツの代表的な憲法学者のコンラート・ヘッセも、つぎのように

11　ドイツ基本法の緊急権条項については、水島朝穂「ドイツ基本法と『緊急事態憲法』」水島編・前掲注(9)87頁、石村修『憲法国家の実現』（尚学社、2006年）227頁、拙稿「ドイツの国家緊急権」拙著『立憲平和主義と有事法の展開』（信山社、2008年）263頁参照。

言う。「近時の緊急事態立法では、非常事態と平常事態とをはっきりと区別することが困難となっている。……その結果、緊急事態など全く生じていもしないのに、『緊急事態』を主張するよう誘発し、それどころか、緊急事態の演出を誘発するおそれさえあるのであって、このようにして、本来緊急事態法が保護してしかるべき憲法秩序の諸規定の拘束を逃れる口実に利用されるおそれがある」[12]。

　第2に、それでは、このように詳細な規定で果たして緊急事態が網羅されたのかといえば、必ずしもそうではなく、所詮緊急事態についての憲法上の規定には限界があるのではないかといった疑問が出されているのである。このように詳細な緊急事態条項が導入されたにもかかわらず、ドイツでは、なお「超実定憲法上の緊急権（das überverfassungsgesetzliche Notstandsrecht）」の議論がなされているのである[13]。そこに、憲法で緊急事態条項を規定することの一つの問題性というか、限界性があるように思われる。

　第3に、ボン基本法は、「憲法上の緊急事態」が存在するような場合には、連邦政府は、最終的には連邦軍を出動させることができるようになっているが（87a条4項）、このように軍隊を出動させて治安の維持を回復することに対しては、ドイツでも有力な批判が出されている。例えば、コンラート・ヘッセは、つぎのように述べている。「自由で民主的な基本秩序は、十分に多数の民衆によってそれが肯定され、担われることでその存立を確保する。軍隊の出動という方法で再建されるところのものは、常に軍事的独裁あるいは軍隊の出動を自由になし得る権力の独裁でしかありえない。基本法は、87a条4項でそのような解決方法を用意したことで、基本法自身の存立を守る代わりにそれを危険におとしめている」[14]。

　第4に、この緊急事態条項の導入と合わせて「自由で民主的な基本秩序又は連邦若しくはラントの存立若しくは安全の保障に役立つときは」、信書の秘密並びに郵便及び電信電話の秘密に対する制限を法律をもってすることができる

---

[12]　コンラート・ヘッセ（阿部照哉ほか訳）『西ドイツ憲法綱要』（日本評論社、1983年）377頁以下。

[13]　この点については、拙著・前掲注(11)280頁参照。

[14]　コンラート・ヘッセ・前掲注(12)380頁。

旨が定められたこと（10条2項）も、問題といえよう。これは、前述の「ドイツ条約」との関連があって緊急事態条項の導入に際しては必要とされていたこととはいえ、しかし、必ずしも明確とはいえない要件の下に信書や通信の秘密の制限を平時から認めたことは少なからず問題を残したものと思われる。

このようにドイツのボン基本法が導入した緊急事態条項にはいくつかの問題があるが、しかし、同時に、自民党の改憲案にあるような緊急事態条項と比較した場合には、いくつかの重要な相違点があることにも留意しなければならないであろう。

第1に、ボン基本法においては、緊急事態に対処する基本を定めるのは連邦議会であって、連邦政府ではないということである。まず、「防衛上の緊急事態」の確定は、連邦議会が連邦参議院の同意を得て行い、その確定は、連邦政府の申立てに基づいて連邦議会議員の投票数の3分の2の多数で、少なくともその過半数を必要とするとされている（115a条1項）。連邦政府が、決定権を持ってはいないのである。その他の緊急事態に対処する場合にも、連邦議会が立法権を保持し、連邦政府が緊急立法権を行使することはできないようになっているのである。それはまさにワイマール憲法の体験に対する反省を踏まえたからである。たしかに、突発的な緊急時においては、連邦議会や連邦参議院が物理的に開会され得ない場合があることは、ボン基本法も想定している。そのような場合に備えて、ボン基本法（53a条）は、連邦議会に代わる合同委員会の設置を規定している。この合同委員会は、連邦議会議員と連邦参議院議員から構成されるものであって、連邦政府とは別個の組織である。このような組織を作ったのも、たとえ緊急事態といえども、立法権を行政権に委ねてはならないという考え方が貫かれているからである。

第2に、ボン基本法には、自民党の2012年改憲案にあるような、緊急時における包括的な人権制限の規定は存在していない。のみならず、緊急事態条項の導入と同時に、つぎのような抵抗権の規定の導入が図られたのである[15]。「この秩序を排除することを企てる何人に対しても、すべてのドイツ人は他の救済手段が可能でない場合には、抵抗する権利を有する」（20条4項）。たしかに、

---

15 拙著・前掲注(11)291頁参照。

この規定には、抵抗権行使の相手方が「この秩序を排除することを企てる何人」とされていて、国家権力という限定がない点が問題となり得る。この点は、抵抗権を国家正当防衛（Staatsnotwehr）として濫用されかねないという問題がドイツでも指摘されているが、しかし、「何人」の中に「国家権力保持者」が含まれていることは間違いないところである。緊急事態に際して権力保持者がその権力を恣意的に行使して国民を弾圧するような事態に備えてこのような抵抗権の規定を設けるという発想は、日本の改憲論者の発想と著しい相違をなしていると言ってよいであろう。

　第3に、たしかに、ボン基本法では、「防衛上の緊急事態」における連邦議会議員またはラント議会議員の任期延長を以下のように規定している。「防衛上の緊急事態の間に終了する連邦議会又はラントの議会の被選期間は、防衛上の緊急事態の終了後の6ヶ月で終了する。」（115h条1項）。しかし、ここにおいて留意されるべきは、連邦議会議員の任期延長が認められるのは、「防衛上の緊急事態」の場合に限定されるということであり、また、延長される任期は、自民党の改憲案とは異なって、明記されているということである。しかも、それは、以下のような連邦議会の解散権の制限と対をなしているということである。「防衛上の緊急事態の継続中は、連邦議会の解散は行わない。」（115h条3項）。ここには、「防衛上の緊急事態」においても連邦議会が中心的な役割を果たすべきことが示されているのである。これに対して、自民党の2018年改憲案の場合には、国会議員の任期延長は規定しつつも、内閣による衆議院の解散権の制限についてはなんらの配慮もなされていない。そこには、内閣の自由な解散権の行使を緊急事態においても留保しておき、国会をコントロールしようとする思惑が隠されているのである。

　第4に、ボン基本法では、たしかに、「災害事態」に関する規定が導入されたが（35条2、3項）、しかし、この規定は、災害事態において、ラントは、他のラントの警察力や場合によっては連邦の国境警備隊や軍事力の協力を要請することができるということを（2項）、そして、災害が一つのラント以上の領域に及ぶ場合には、連邦政府が、必要な限度でラント政府に指示を出すことができることを定めているにすぎない。そして、災害事態における人権制限としては、移転の自由の制限が明記されるにとどまっているのである（11条2項）。

88

自民党の「震災便乗型」の導入論とは少なからず異なっている点に留意される
べきであろう。

　第5に、緊急事態において憲法が侵害されたり、人権が制限されるのを阻止
するために、ボン基本法は、憲法裁判所の役割をつぎのように明記している。
「連邦憲法裁判所及びその裁判官の憲法上の地位及びその憲法上の任務の遂行
は、これを侵害してはならない。連邦憲法裁判所法が合同委員会の法律によっ
て変更されることが許されるのは、連邦憲法裁判所の見解からしても、この変
更が裁判所の活動能力を維持するのに必要であるとされる限度においてのみで
ある。(以下、略)」(115g条)。ドイツのこのような対応は、果たして日本の最
高裁に期待することができるのであろうか。平時においてすら砂川事件などで
統治行為論を採用して憲法判断を回避する最高裁のことを考えると、疑問に思
わざるを得ないのである。

　なお、最後に付け加えれば、ドイツでは、今日に至るまで「防衛上の緊急事
態」の確定はなされていない。そのような事態の発生を外交的な努力などによ
って防いできたということができるのである。

2　アメリカの場合

(1)　憲法の緊急事態条項とその史的展開

　アメリカでは、成文の憲法典はあるが、しかし、憲法典に緊急事態に関して
直接書かれているのは、次の2つの条文だけである[16]。

第1条9節2項　人身保護令状の特権は、反乱又は侵略に際して公共の安全上
　必要とされる場合のほか、停止されてはならない。
第2条3節　(略)大統領は非常の場合には、両院又はそのいずれかの院を召集
　することができる。(略)。

　これらの規定の他に、緊急事態に際して大統領に権限を集中させたり、市民

16　アメリカにおける緊急事態法制については、右崎正博「アメリカにおける緊急事態法制
　の展開」森英樹編『現代憲法における安全』(日本評論社、2009年)306頁、川岸令和「緊
　急事態と法──アメリカ合衆国における議論を参考にして」憲法理論研究会編『憲法の
　変動と改憲問題』(敬文堂、2007年)89頁。

の人権を制限できるような明文の条文は憲法典には存在していないのである。アメリカでは、戦時や緊急事態においても、三権分立は基本的に維持されていて大統領に立法権を集中させるような例外規定はないである。

　ただ、たしかに、例えば、戦争の宣言をする権限は連邦議会に属する（1条8節11項）にもかかわらず、多くの戦争（例えばベトナム戦争、アフガニスタン戦争、イラク戦争など）は、大統領の判断で開始されてきた。また、戦時などの緊急事態に際して大統領は、平時には想定できないような措置をとってきた。大統領のそのような権限行使の憲法上の根拠とされたのは、「執行権は大統領に属する」と規定した2条1節1項、「大統領は、合衆国の陸海軍の最高司令官（Commander-in-Chief）である」と規定した同条2節1項、および大統領の法律誠実執行義務を規定した2条3節であった。大統領は、しばしばこれらの規定を援用して、連邦議会の戦争宣言のないままに対外的な武力行使を開始したり、人権制限的な措置を行ってきた。

　この点に関して、歴史上有名なのは、南北戦争の時に起きたミリガン事件（Ex parte Milligan, 4 Wall 2, 1866）である。1864年に南部の指導者の一人であったミリガンは、反逆罪の容疑で北軍に逮捕されて、軍事法廷で有罪の判決を受けた。この逮捕と刑の宣告は、法律の根拠のない大統領令に基づくものであったので、ミリガンは、人身保護令状の発給を裁判所に求めて、事件は連邦最高裁に持ち込まれた。連邦最高裁は、ミリガンの拘束は、人身保護法（1863年）により解かれなければならないと判示したが、その中で、法廷意見を書いたデイビス裁判官は、要旨次のように述べた。「合衆国の憲法は、ひとしく戦時及び平時における統治者及び人民のための法であり、それは、すべての階級の人間を、いつでも、いかなる環境の下でもその保護の下に置く。これまで人間の知恵によって考案された理論の中で緊急事態時には憲法の規定のいずれをも停止することができるというものほど有害な結果を伴う理論はない。このような理論は、そのまま無政府主義か専制主義につながるものである。この理論の基礎になっている必要性の理論（theory of necessity）は誤りである。」

　その後、ヒューズ首席裁判官も、1933年に経済的緊急事態を理由として譲渡抵当権のモラトリウムを定めたミネソタ州法の合憲性が問題となった事件の判決（Home Building & Loan Association v.Blaisdell,290 U.S.398,1934）の中で、つぎの

ように述べている。「緊急事態（emergency）は、権限を創設しない。この憲法
は、深刻な緊急事態の時に採択された。連邦政府に対するその権限付与も、州
の権限の制限も、緊急事態を考慮して決定されたのであり、それらは、緊急事
態によって変更されることはない」。

　これに対して、第2次大戦時に大統領が命じた日系人の強制移住については、
連邦最高裁は、コレマツ事件判決（Korematsu v.United States,323 U.S.214,1944）で
大統領の措置を適法としたのである。1942年2月に大統領は行政命令を発して
陸軍長官と軍指揮官に対して日系人の強制収容所への強制移住と拘禁を命じた。
このような行政命令の根拠は、「軍事的必要性」ということであったが、この
措置の違法性を争った日系人のコレマツに対して、連邦最高裁は強制移住計画
は軍事上やむを得ない措置であったとして適法とした。その後、第2次大戦後
になってから、連邦政府は、このような強制移住は、間違っていたとしたが、
そのような措置を連邦最高裁も容認したことは、戦時中であったとはいえ、連
邦最高裁の統制機能の一つの限界を示したものであった。

　第2次大戦後に朝鮮戦争が勃発すると、トルーマン大統領は、アメリカ製鉄
組合がストライキに入ろうとしたことを理由として、軍の最高司令官としての
権限を行使して全国の製鉄所を接収する行政命令を出した。これに対して会社
側はその行政命令の違法を主張して裁判所に提訴し、連邦最高裁（Youngstown
Sheet & Tube Co.v.Sawyer,343 U.S.,579,1952）は、たとえ非常事態が存在したとし
ても、大統領は、連邦議会の授権なしにこのような行政命令を発することはで
きないという判断を言い渡した[17]。

　第2次大戦後の冷戦期には、大統領は、前記のよう憲法規定を根拠として、
連邦議会の戦争宣言がないままに、朝鮮戦争やベトナム戦争に突入した。この
ような大統領の措置と連邦議会の戦争権限の関係が問題とされた結果、連邦議
会は、1973年には「戦争権限法（War Powers Resolution）」を制定して、大統領
の戦争権限を制限する措置を講じることになった[18]。この法律によれば、まず、

---

[17]　以上の判例については、畑博行『アメリカの政治と連邦最高裁判所』（有信堂、1992年）
　　71頁以下参照。
[18]　戦争権限法については、浜谷英博『米国戦争権限法の研究』（成文堂、1990年）、富井幸
　　雄『海外派兵と議会』（成文堂、2013年）342頁以下参照。

合衆国への敵対行為等に際しては、連邦議会と大統領が共同判断をすることを
規定するとともに、大統領が、軍最高司令官として軍隊を投入する場合を、①
戦争宣言、②特別の制定法による授権、③合衆国もしくは合衆国軍隊に対する
攻撃によって生じた国家緊急事態に限定した（2条）。そして、このような事
態に軍隊を投入して武力行使を行う場合には、大統領は、可能なときはいつで
も事前に連邦議会と協議をしなければならないし、また投入後も連邦議会と協
議しなければならないことにした（3条）。そして、連邦議会の戦争宣言なし
に大統領が武力行使に踏み切った場合には、①軍隊の投入を必要とする状況、
②軍隊投入の憲法上および法律上の根拠、③敵対行為の規模と期間の見通しを
連邦議会に48時間以内に報告しなければならないとした（4条）。さらに、①
連邦議会が戦争宣言をした場合または軍隊の使用についての明示的な権限を制
定した場合、②連邦議会が法律によって60日の期間を延長した場合、③合衆国
に対する武力攻撃の結果、連邦議会を開くことが物理的に困難な場合、これら
の場合以外は、大統領は、60日以内に軍隊の使用を終了させなければならない
ことにした（5条）。

　また、この法律とも関連して、1976年には、国家緊急事態法（National
Emergencies Act）が制定されて、それまでに発せられて、現に効力をもつ緊急
事態宣言についてはその効力を2年以内に失わせるとともに、新たに大統領が
緊急事態の宣言を行う場合には、議会の制定した法律に基づかねばならないこ
とが定められた。

　このように、大統領と議会との間の戦争権限や緊急事態に関する権限の調整
がなされたが、しかし、これらの法律はその後の現実の政治の中では、必ずし
も実効性をもつものではなかったとも指摘されている。例えば、戦争権限法の
制定以後も、アメリカは、湾岸戦争やイラク戦争など、いくつかの戦争に関わ
ってきたが、それらの戦争において、この戦争権限法によって大統領に対する
チェック機能が十分に活かされてきたかどうかについては、批判的な議論が少
なくないのである[19]。

⑵　9・11テロ事件と緊急事態法制

　ところで、2001年9月11日にアメリカで起きた同時多発テロは、アメリカに

大きな衝撃を与えた。アメリカ連邦議会は、政府の意向をも受けて、同年9月18日には、大統領にテロ勢力に対して必要かつ適切な武力行使を行うことを授権する「武力行使授権決議」を採択するとともに、10月26日にはテロ対策のための立法として、いわゆる「愛国者法」（USA PATRIOT ACT）を制定した[20]。その内容は、テロリズムに対する国内安全保障の強化、監視体制の強化、国際マネーロンダリングの排除およびテロリスト規制財政法、国境の保全、テロリズムの捜査に対する障害の除去、テロリズム規制のための刑事法の強化、諜報活動の改善など、アメリカの従来の法制を大幅に改変するものであって、憲法の観点からしてもさまざまな問題を提起するものであった。この法律に関して、指摘されてきた問題点をいくつかあげれば、つぎのようなものがある。

　第1に、「愛国者法」は、裁判所が、予め被疑者に通知することが捜査に対して悪い影響を与えると認める場合には、捜査官は、令状の執行を直ちに通知することなく、被疑者の住所や財産などについて捜査を行うことができるようにした（213条）。もっとも、このように通知することなく財産などについて捜索することについては、合理的期間内に令状の執行を受ける者に通知がなされなければならないとされたが、しかし、この規定は、不合理な捜索を禁止した合衆国憲法修正4条との整合性が問題とされた。

　第2に、「愛国者法」では、外国諜報活動監視法（FISA）により捜査当局が外国諜報活動情報を入手する場合には、その情報が捜査の「重要な目的の一つ」であればよいとして（218条）、通信傍受などを容易に行えるようにした。

19　浜谷・前掲注(18)161頁、右崎・前掲注(16)310頁参照。なお、国家緊急事態法に関しては、その後も、歴代の大統領によってしばしば緊急事態の宣言が出されてきたが、最近の例では、トランプ大統領がメキシコとの国境に壁を建設する費用を捻出するために2019年2月に緊急事態の宣言を行った事例が有名である。「国境の壁」の建設に関しては、本来予算については連邦議会が権限をもつにもかかわらず、トランプ大統領は、国家緊急事態を宣言して総額で25億ドルの建設費を「国防費」から捻出することにしたのである。このような措置に対して連邦議会は三権分立を侵すものとしてその無効を決議したが、トランプ大統領はそれに対して拒否権を発動した。争いは、司法の場に持ち込まれ、連邦地裁と控訴審は国防予算の流用を差し止める判決を言い渡したが、連邦最高裁は、2019年7月26日に大統領の措置を基本的に認める判決を言い渡した（Trump v. Sierra Club, 140 S. Ct. 1, 2019）。トランプ大統領が指名した裁判官などの保守派が連邦最高裁で多数を占めたことによるものと思われる。

そもそも、外国諜報活動監視法は、外国との通信の傍受・盗聴については、外国諜報情報の収集が唯一の捜査目的であることを示すことで「外国諜報活動監視裁判所」（FISC）から令状の交付を受けていたが、これが、上記のようにその要件が緩和されたのである。しかも、通信傍受の対象も拡大され、いわゆる移動傍受（roving wiretaps）の利用（206条）やペン・レジスター（監視対象の電話からかけられた通話の相手方の番号を記録する装置）および逆探知装置の利用（214条）も認められたのである。これはプライバシーなどの市民的自由を侵害するものとして少なからざる論議をまき起こした。

　第3に、「愛国者法」は、FBIの捜査官がFISCからの令状の発給を受けて国際テロや秘密諜報活動に対する捜査のために「有形物」（tangible things）を入手することを認めた（215条）。その中には、個人の図書館利用記録、医療記録、通信記録など広範な個人記録が含まれているとされた。そして、これも、個人のプライバシーや表現の自由を侵害するものではないかという批判が出された。

　第4に、「愛国者法」では、司法長官が、「信頼できる合理的根拠」に基づき外国人を拘束した場合には、7日間拘禁できるが、その外国人を釈放することが国家の安全やコミュニテイ・個人の安全好ましくないと予想される場合には、さらに6ヶ月間拘束期間を延長することができるとされた（412条）。

　第5に、「愛国者法」は、従来からあった「国際テロリズム」の規制に加えて新たに「国内テロリズム」の規制をすることにしたが、その定義は、次のようなものであった。「(A)人命に危険を及ぼす行為であって、合衆国又は州の刑法に違反するもの、(B)つぎのいずれかを意図することが明らかに認められる活動、①民間人を脅迫し、又は威圧すること、②脅迫又は威圧によって政府の政策に影響を与えること、③大量破壊、暗殺又は略取誘拐により政府の行動に影

20　Herbert.N.Foerstel,The Patriot Act（Greenwood Press,2008）、および同書に記載されている文献参照。愛国者法に関する邦語文献としては、平野美惠子ほか「米国愛国者法（反テロ法）（上・下）」外国の立法214号（2002年）1頁、215号（2003年）1頁、阪口正二郎「『自由からの逃走』と『自由のための闘争』」ジュリスト1260号（2004年）92頁、大沢秀介「アメリカ合衆国におけるテロ対策法制」大沢・小山編・前掲注(9)1頁、岡本篤尚『〈9・11〉の衝撃とアメリカの「対テロ戦争」法制』（法律文化社、2009年）など参照。

響を与えること、(C)主に合衆国の領域的管轄権内で行われる行為」(802条)。
この国内テロリズムの定義は、きわめて広範かつ漠然としたものであり、これ
によってテロとは関係のない活動（例えば、反政府デモや市民的不服従など）がテ
ロ行為と認定されかねないという問題が生じた。

　このような「愛国者法」はアメリカ憲法が保障する市民的自由を大幅に制限
するものであって、アメリカの内外でさまざまな論議を巻き起こした。とりわ
け通信傍受の規定に関しては、その後、国家安全保障局（NSA）の元職員であ
ったE・スノーデンが通信監視活動の実態を暴露したことによりさまざまな批
判を受けることになった。このような批判をも受けて、連邦議会は、2015年に
は「米国自由法」（USA FREEDOM ACT）を制定して、通信監視活動を制限す
る規定を設けることになった。ポイントは、大量収集プログラムの停止、情報
収集の範囲と情報保存期間の限定、通信監視活動とFISCの透明性の向上に置
かれた[21]。

　9・11テロ事件以後の以上のような政府や議会の対応に対しては、当然のこ
とながら、市民の間からは憲法で保障された市民的自由を侵害するものである
として少なからざる批判が出され、裁判にもなった。その一つに、アメリカ自
由人権協会（ACLU）などが2006年に「愛国者法」に基づいて国家安全保障局
（NSA）が行っている令状に基づかない盗聴行為の違憲性を訴えた訴訟がある。
この訴訟で、連邦地方裁判所は、原告の主張を基本的に容認する判決を言い渡
したが、連邦控訴裁判所は、原告らが現実に盗聴されたという証拠はなく、し
たがって、原告らには原告適格がないとして原告らの訴えを退けた。原告らの
上訴に対して、連邦最高裁は、2008年2月19日に具体的な理由を付することな
く、上訴を認めない決定（ACLU v.NSA,552U.S. 1179,2008）を行った[22]。

　また、もう一つの裁判として注目されたのは、以下のようなものである[23]。
前述した「武力行使授権決議」に基づいてブッシュ政権はアフガニスタンに武
力攻撃を行ったが、その際に身柄を拘束したイエメン国籍のHamdanをガン
タナモ基地に収容して、大統領令で設置した軍事委員会（military commission）

21　「米国自由法」については、鈴木滋「米国自由法」外国の立法267号（2016年）6頁参照。
22　この判例については、右崎・前掲注(16)319頁参照。

で共謀罪で裁くことにした。これに対して、Hamdan は、人身保護令状の請求
を行い、軍事委員会には彼を裁く権限がないと主張した。連邦地裁は、彼の請
求を認めたが、連邦控訴審裁判所は、軍事委員会には彼を裁く権限があるとい
う判断を示した。Hamdan の上訴に基づいて連邦最高裁は、2006年6月29日に、
Hamdan の請求を認めて、軍事委員会には、統一軍事裁判法典（Uniform Code
of Military Justice）並びに捕虜の待遇に関するジュネーブ第3条約に照らして、
彼を裁く権限がないという判決を言い渡した（Hamdan v.Rumsfeld, 548 U.S.
557,2006）。この判決は、直接憲法問題について立ち入った判断をしたものでは
なかったが、政府の「対テロ戦争」の具体的な施策に連邦最高裁が一定のブレ
ーキをかけたものとして評価された[24]。

3　ドイツとアメリカの事例が示唆すること

　以上、主としてドイツとアメリカについて緊急事態法制がどうなっているか
についてみてきたが、以上の簡単な検討からしても明らかなことは、第1に、
ドイツとアメリカでも、憲法の緊急事態に対する対応は決して一様ではないと
いうことである。それを一緒にして諸外国でも緊急事態条項があるという形で
くくることはできないということである。第2に、そのような憲法の緊急事態
条項も少なからず濫用されてきた歴史をもっているということである。そのよ
うな濫用に対する警戒と歯止めを抜きにして安易に緊急事態条項の導入を考え
ることはできないということである。そして、第3には、そのように濫用され
る事例をもちつつも、同時にアメリカやドイツでは、そのような濫用を回避す
るための歯止めが一定程度備わっているということである。日本には、アメリ
カの連邦最高裁やドイツの連邦憲法裁判所のように司法権が充分には機能して

23　この判例については、塚田哲之「『対テロ戦争』を戦う合衆国最高裁」森編・前掲注(16)
328頁、松本哲治「『テロとの戦争』と合衆国最高裁判所2001—2007」佐藤幸治先生古稀記
念論文集『国民主権と法の支配（上巻）』（成文堂、2008年）195頁、横大道聡「Hamdan v.
Rumsfeld 連邦最高裁判決が有する憲法上の意義」慶応義塾大学大学院法学研究科論文集
47号（2007年）217頁など参照。

24　ただし、Ryan Alford, Permanent State of Emergency（McGill-Queen's University Press,
2017）p.117 は、この最高裁判決は、行政府による長期の恣意的な拘留のシステムの修正
を必要としただけであって、その廃止を必要としたものではなかったと批判している。

いないことを考えると、またドイツのような過去に対する反省も少ないことを考えると、安易に自民党の改憲草案にあるような緊急事態条項の導入の議論に乗ることは到底できないと思われる。

六　日本国憲法と国家緊急権

日本国憲法は、上述した参議院の緊急集会の規定以外には緊急事態に関する規定を設けていないが、それは一体どうしてであろうか。日本国憲法の制定議会において、その理由を問われて、金森徳次郎国務大臣が、つぎのように説明している。

「民主政治を徹底させて国民の権利を十分擁護致します為には、左様な場合の政府一存に於て行いまする処置は、極力これを防止しなければならぬのであります。言葉を非常と云うことに籍りて、その大いなる途を残して置きますなら、どんなに精緻なる憲法を定めましても、口実をそこに入れて又破壊せられる虞れ絶無とは断言し難いと思います。随ってこの憲法は左様な非常なる特例を以て——謂わば行政権の自由判断の余地を出来るだけ少なくするように考えた訳であります。随って特殊の必要が起りますれば、臨時議会を召集してこれに応ずる措置をする。又衆議院が解散後であって処置の出来ない時は、参議院の緊急集会を促して暫定の処置をする。同時に他の一面に於て、実際の特殊な場合に応ずる具体的な必要な規定は、平素から濫用の虞なき姿に於て準備するように規定を完備して置くことが適当だろうと思う訳であります」[25]。

1　明治憲法における緊急事態条項

金森国務大臣がこのように答弁した背景には、いうまでもなく、明治憲法下における緊急事態条項の果たした役割についての反省があると言ってよいと思われる。事実、明治憲法には、緊急事態に関する4つほどの規定が設けられていた。

まず、明治憲法8条1項は、緊急勅令について、「天皇ハ公共ノ安全ヲ保持

---

[25]　清水伸編著『逐条日本国憲法審議録第二巻』（有斐閣、1962年）221頁。

シ又ハ其ノ災厄ヲ避クル為緊急ノ必要ニ由リ帝国議会閉会ノ場合ニ於テ法律ニ代ルヘキ勅令ヲ発ス」と規定していた。次に同14条は、戒厳令について、「①天皇ハ戒厳ヲ宣告ス　②戒厳ノ要件及効力ハ法律ヲ以テ之ヲ定ム」と規定していた。さらに、同31条は、天皇大権について、「本章（＝第2章　臣民権利義務）ニ掲ケタル条規ハ戦時又ハ国家事変ノ場合ニ於テ天皇大権ノ施行ヲ妨クルコトナシ」と定めていた。最後に、同70条1項は、緊急財政処分について、「公共ノ安全ヲ保持スル為緊急ノ需用アル場合ニ於テ内外ノ情形ニ因リ政府ハ帝国議会ヲ召集スルコト能ハサルトキハ勅令ニ依リ財政上必要ノ処分ヲ為スコトヲ得」と定めていた。

　これらの規定の中でとりわけ濫用されたのは、緊急勅令と戒厳令であった。緊急勅令に関しては、政府は、「緊急ノ必要」を理由として、議会に代わって立法権を行使できる規定であったが、この規定は、例えば治安維持法の改正の際に利用された[26]。治安維持法は、1925年に「国体の変革」と「私有財産制度の否認」を目的とする結社を取り締まることを目的として制定されたが、この時点では罰則に死刑は規定されていなかった。ところが政府は、その後、死刑を設けようとして、帝国議会に改正案を提案したが、議会では成立せずに、廃案になった。にもかかわらず、政府は、法改正をあきらめず、1928年6月に緊急勅令の手段をもって死刑と目的遂行罪の導入を図ったのである。「緊急ノ必要」はなんらなかったにもかかわらずである。明治憲法8条2項は、「此ノ勅令ハ次ノ会期ニ於テ帝国議会ニ提出スヘシ若議会ニ於テ承諾セサルトキハ政府ハ将来ニ向テ其ノ効力ヲ失フコトヲ公布スヘシ」と規定していたので、政府は、次の帝国議会にこの勅令をかけ、議会は、一部の反対があったものの、結局は事後追認してしまったのである。このように緊急勅令をもって改正された治安維持法が戦前の体制の下で国民の思想良心の自由や表現の自由を根こそぎ侵害したことは改めて指摘するまでもないところであろう。

　また、明治憲法14条で規定されていた戒厳とは、戦争などの緊急事態において、国の統治作用の一部が一時的に軍隊に移行することを意味している。憲法

26　この点については、奥平康弘『治安維持法小史』（筑摩書房、1977年）97頁、内田博文『治安維持法と共謀罪』（岩波書店、2017年）12頁参照。

の定める権力分立の一時的停止を意味するものであるが、明治憲法制定以前の1882年に制定され、明治憲法施行後も効力をもった「戒厳令」（太政官布告36号）１条によれば、「戒厳令ハ戦時若クハ事変ニ際シ兵備ヲ以テ全国若クハ一地方ヲ警戒スルノ法トス」とされた。戒厳には、その運用によって、明治憲法14条により戒厳の宣告がなされる軍事戒厳と明治憲法８条の緊急勅令によって戒厳令を適用する行政戒厳の２種類があったが、前者には、さらに「臨戦地境」（＝戦時若クハ事変ニ際シ警戒ス可キ地方ヲ区画シテ臨戦ノ区域ト為ス者）と「合囲地境」（＝敵ノ合囲若クハ攻撃其他ノ事変ニ際シ警戒ス可キ地方ヲ区画シテ合囲ノ区域ト為ス者」（２条）の２種類があった。明治憲法の下で、軍事戒厳が発令されたのは、日清戦争の際に１件、日露戦争の際に６件あるが、いずれも臨戦地境としての戒厳であって、なぜか沖縄戦に際しても、合囲地境としての戒厳は発令されなかった。これに対して、行政戒厳は、いわゆる日比谷焼打事件の時、関東大震災の時、そして２・26事件の時に発令された[27]。これらの中で特に濫用されたのが、関東大震災の際の行政戒厳であった。政府は、関東大震災が発生すると戒厳令を発して、軍隊が治安維持を理由として市民に対する武器使用などの権限を行使することをも認めたのである。そのために、いわゆる自警団などの補助をも伴って多数の罪のない朝鮮人などが虐殺されることになったのである。死者の数は、朝鮮人が6,000人、中国人が700人以上とされている[28]。また、２・26事件において発動された戒厳令は、軍部が大きな影響力を行使する契機となり、その後軍部ファシズムが跋扈することになったことは、広く知られている通りである[29]。

　さらに、明治憲法31条の規定は、戦時または国家事変の場合には、明治憲法第２章の「臣民権利義務」の規定は無視して天皇が非常大権を行使できるとするものであって、戦時または国家事変の場合にいわば第２章を全面的に停止す

---

[27] 戒厳令については、大江志乃夫『戒厳令』（岩波新書、1978年）、鵜飼信成『戒厳令概説』（有斐閣、1945年）参照。

[28] 松尾章一『関東大震災と戒厳令』（吉川弘文館、2003年）２頁。

[29] 大江・前掲注(27)179頁も、「2.26事件における戒厳宣告は、『高度国防国家』建設という軍事国家の建設をめざし、そのための軍部による政治支配の実現を企図した軍部の意思に行政部をほぼ全面的に屈服させることに、成功の道を開いた。」という。

る権限を天皇に付与したものであった。したがって、さすがに明治憲法下にお
いてもこの規定が直接に発動されることはなかったが、しかし、この規定の干
犯ではないかという疑問あるいはこの規定の発動と解釈する以外に理解するこ
とができないのではないかといった指摘がなされた法律が1938年に制定された
のである。それが国家総動員法の制定であった。同法は、「戦時（戦争ニ準ズベ
キ事変ノ場合ヲ含ム）ニ際シ国防目的達成ノ為国ノ全力ヲ最モ有効ニ発揮セシム
ル様人的及物的資源ヲ統制運用スル」（1条）ために制定されたものであるが、
その目的のために、政府は、①人的資源の統制、②物資の統制、③資金の統制、
④施設の統制、⑤事業の統制、⑥物価の統制、⑦出版の統制などを勅令によっ
て行うことが可能とされた。例えば、人的資源の統制ということでは、「戦時
ニ際シ国家総動員上必要アルトキハ勅令ノ定ムル所ニ依リ帝国臣民ヲ徴用シテ
総動員業務ニ従事セシムルコトヲ得」（4条）るとともに、「勅令ノ定ムル所ニ
依リ帝国臣民及帝国法人其ノ他ノ団体ヲシテ国、地方公共団体又ハ政府ノ指定
スル者ノ行フ総動員業務ニ付協力セシムルコトヲ得」（5条）とされたのであ
る。つまり、一言で言えば、この法律は、戦時（戦争に準ずべき事変を含む）場
合には、政府は勅令をもって国民を徴用したりすることをはじめとして、国民
生活全般について統制して国民の権利自由を広範囲に制限できる内容をもった
ものであった。「その権限の広範なることはドイツの授権法やイタリアの国家
動員法にも匹敵すべきものであった」[30]と言われる所以である。このような国
家総動員法については、制定段階の帝国議会でも違憲論が出されたが、最終的
には「時勢の要求に押し切られて大手をふって両院を通過した」[31]という。そ
して、この国家総動員法の授権に基づいて、国民徴用令や国民勤労報国協力令、
物資統制令、新聞紙等掲載制限令など多数の国民の生活や人権を規制する勅令
が制定されたのである[32]。
　国家総動員法は、たしかに、帝国議会が制定した法律の形をとったので、形
式的には明治憲法31条の天皇の非常大権の発動ではなかったが、しかし、これ
によって政府の一存で憲法第2章が保障する国民の権利が自由に制限できると

30　企画院研究会『国家総動員法勅令解説』（新紀元社、1943年）9頁。
31　企画院研究会・前掲注(30) 9頁。

いう意味では、実質的に非常大権の発動に近い性格をもっていた。当時の憲法
学者が、「この帝国憲法の精神によってのみ戦時における臣民の権利・自由の
法律による侵害が、正当づけられるのである。またこれによってのみ広範囲の
勅令への委任も正当づけられなければならない」[33]と述べた所以でもある。

　このように明治憲法が規定する最低限の権力分立をも否認し、国民の生活や
人権を蔑ろにする国家総動員体制の下で日本は戦争に突入していって、敗戦を
迎えたのである。敗戦後の日本国憲法が、緊急事態条項を含まず、むしろ憲法
９条を規定して、戦争放棄と戦力不保持を規定したことは、このような歴史を
踏まえれば、当然ともいえたのである。

2　日本国憲法における国家緊急権

　日本国憲法に緊急事態条項が参議院の緊急集会を除いては規定されなかった
のは、上記のような歴史的理由に基づくものであるが、ところが、その後、学
説上は、この点が問題とされ、また改憲論議の中でも問題とされることになっ
た[34]。

　学説は大きく(ⅰ)欠缺説、(ⅱ)容認説、(ⅲ)否認説に分かれている。まず、(ⅰ)欠缺
説をとる大西芳雄は、要旨つぎのようにいう[35]。「平常時の国家権力の組織と
方式で充分処理しきれないような非常事態の可能性が、必ずしもまったく否定
できないにも拘わらず、かかる事態に対する権力行使の様式をあらかじめ憲法
的に予定しておかないことは、かえって法外の国家非常権を予想し、是認しさ

32　なお、明治憲法20条は「兵役の義務」を国民に課していたので、平時からの徴兵制が国
　　民の自由を制限するものとして存在していたことは周知の通りである。それが、15年戦争
　　の時代になると、まさに戦時体制の下での国民動員体制の中核的な役割を果たし、多くの
　　国民を死に追いやったのである。明治憲法下の徴兵制については、加藤陽子『徴兵制と近
　　代日本』（吉川弘文館、1996年）参照。
33　黒田寛『国防国家の理論』（弘文堂、1941年）176頁。なお、小林直樹『国家緊急権』
　　（学陽書房、1979年）160頁、長谷川正安『昭和憲法史』（岩波書店、1961年）119頁参照。
34　国家緊急権をめぐる学説の展開状況については、古川純『日本国憲法の基本原理』（学
　　陽書房、1993年）190頁、岩間昭道『憲法破毀の概念』（尚学社、2002年）306頁、井上典
　　之「国家緊急権」『岩波講座・憲法6』（岩波書店、2007年）191頁参照。
35　大西芳雄『憲法の基礎理論』（有斐閣、1975年）223頁。

えするものであるとの批判を避けることは困難であろう。……このように考えてくれば、日本国憲法に非常事態に関する規定を置いていないことは、むしろ法の欠陥であるといわなければならない」。そして、この欠陥を補うためには、憲法に国家緊急権の条項を設けることが必要であるとする。

　これに対して、(ii)容認説は、日本国憲法に緊急事態に関する規定がないとしても、それは緊急事態における国家緊急権を否認したものではなく、不文の国家緊急権を容認したものと解すべきであるとする。例えば、高柳賢三は以下のようにいう。「元来、非常事態が起こったとき、憲法の規定いかんにかかわらず、それに即応する非常措置をとりうることは、不文の原理である。国家の秩序維持を確保する権能は、自衛権とひとしく、国家に本質的なものであって憲法に明文がなくとも存在するものである」[36]。また、佐藤幸治もいう。「事態を放置すれば憲法典の実効性ないしその"生命"そのものが失われる緊急事態に不幸にして陥った場合、憲法の存続を図るため非常措置を講ずることは不文の法理として肯定しなければならない」[37]。容認説の中には、その根拠を英米法の法理でもある necessity の理論に求める見解もある。河原畯一郎はつぎのようにいう。「我が国の憲法には緊急事態に関する規定がないから、フランスの合囲状態法のごときものを予め制定しておくことは、憲法上許されないのである。然らば、necessity の理論を採用し緊急事態が発生した場合、その都度、それを克服するに必要な最小限度の措置を立法部、またはそれが間に合わない場合には、行政部においてとることとするよりは外ないと思う。」[38]。

　しかし、学説の多数は、(iii)否認説を採用している。この見解をとる小林直樹は、つぎのように指摘する[39]。「憲法が緊急権規定をもたなかったのは、ある種の人々が考えるように、憲法の欠缺でも欠陥でもなく、旧体制の経験にかんがみてその遺物を払拭するという過去に対するネガテイブな側面と、平和原則及び民主主義に徹するというポジテイブな意味を有するといわねばなるまい。立法者意思をも考慮してこのように総合的に解釈すれば、緊急権に関する憲法

---

[36]　高柳賢三「憲法に関する逐条意見書」ジュリスト289号（1964年）42頁。

[37]　佐藤幸治『日本国憲法論』（成文堂、2011年）50頁。

[38]　河原畯一郎「マーシャル・ルール、反乱、緊急事態」ジュリスト163号（1958年）42頁。

[39]　小林直樹・前掲注(33)181頁。

102

の沈黙は、憲法の基本原則に憲法自ら忠実であろうとする規範的意味と共に、自由と平和を守るという高度に積極的な政治＝社会的意義も認められる」。また、芦部信喜は、つぎのようにいう。「実定法上の規定がなくても、国家緊急権は国家の自然権として是認される、とする説は、緊急権の発動を事実上国家権力の恣意に委ねることを容認するもので、過去における緊急権の濫用の経験に徴しても、これを採ることはできない。憲法上の根拠なく緊急事態に対して超憲法的な非常措置として行使されるものは、法の問題ではなく、事実ないし政治の問題である。この点で、自然権思想を推進力として発展してきた人権、その根底にあってそれを支えてきた抵抗権と、性質を異にする」[40]。

　上記の諸学説の中では、(ⅲ)否認説が日本国憲法の解釈としては妥当な見解であるといえよう。憲法制定段階の政府見解については上述した通りであって、憲法制定者は、それと自覚した上で、緊急事態条項を設けなかったのであって、法の欠缺ではなかったのである。また、制定法主義を採用する日本では、必要性の論理によって不文の緊急権を認める余地は基本的にないと言ってよいのである。不文の国家緊急権を認める学説の多くは、英米法の考え方を踏まえているようであるが、しかし、判例法主義をとる英米法とは異なり制定法主義をとる日本では、国家緊急権を認める根拠を明示することなく、不文の国家緊急権を認めることはできないと思われる。

　不文の国家緊急権を容認する学説は多かれ少なかれ国家の存在を憲法に優位するものと捉えていると思われる。必要性の論理も、いわば国家にとっての必要性の前には憲法を多少とも犠牲にしてもやむを得ないという考え方だと思われる。しかし、そこでいうところの国家とは一体なんであろうか。ケルゼンは、この点に関連して、次のような有名な言葉を述べている。「国家は『生存』しなければならないという殊勝な断言の背後には多くはつぎのような無遠慮な意志だけが隠れている。それは、国家は、『国家緊急権』というものを是認させてこれを利用する人々が正しいと思うように、生存しなければならないという意志である」[41]。国家という抽象的な名の下に実はそれを牛耳っている権力者

---

40 芦部信喜『憲法学Ⅰ』（有斐閣、1992年）66頁。

41 ハンス・ケルゼン（清宮四郎訳）『一般国家学』（岩波書店、1971年）262頁。

の権力維持が不文の国家緊急権を認めることの目的にあることをケルゼンは指摘しているのである。そのような意味をもつ不文の国家緊急権を安易に容認することはできないというべきであろう。

　また、不文の国家緊急権を容認する目的は、国家の存立ではなく、憲法や人権の保障にあり、そのような目的のために行使される限りで不文の国家緊急権も容認されるとする議論もある。例えば、佐藤幸治は、上述のような不文の国家緊急権は「日本国憲法にあっては、単に『国家の存立』のためということではなく、個人の自由と権利の保障を核とする憲法秩序の維持ないし回復を図るためのものでなければならない（目的の明確性の原則）」としている[42]。自民党の2018年改憲案が、「国民の生命、身体及び財産を保護するため」に緊急政令を制定することができるとしているのも、このような議論を踏まえたものということができるかもしれない。しかし、個人の自由と権利の保障を中核とする憲法秩序の維持回復のために、個人の自由や権利を制限して、それを核とする憲法を一時的に停止するということは、それ自体自己矛盾ではないかとのそしりを免れ得ないのではないかと思われる。国家緊急権によって保障される自由や権利が何であり、また制限される自由や権利が何であるかを抜きにして安易にこのような議論によって不文の国家緊急権を容認することはできないと思われるし、不文の国家緊急権である以上は、その点も結局は、時々の権力担当者の意向に委ねられるということにならざるを得ないとすれば、その恣意的な運用を防止することはきわめて困難というべきであろう。

　なお、この点とも関連して、立憲主義を根拠とする国家緊急権肯定論も、自民党などによって唱えられるが、これも所詮は支持することはできないというべきであろう。例えば、自民党の2018年改憲案の『Q&A』は、「あらかじめ憲法の中に緊急事態に対応するための制度を組み込んでおき、あくまでも憲法の枠内で対応できる改正は、立憲主義の観点からも欠かせないものです」（4頁）と述べているが、しかし、このような議論は、まさに逆立ちした議論というべきだと思われる。権力分立を否定し、人権を大幅に制限することを可能とする緊急事態条項の導入は、まさに権力分立と人権保障、そして国民主権を中核と

42　佐藤幸治・前掲注(37)50頁。

する立憲主義を侵害するものであって、立憲主義の擁護に資するものでは決して
ないのである。芦部信喜はつぎのように指摘しているが、立憲主義を真面目
に捉えるならば、このような指摘が基本的に正しいと思われる。「国家緊急権
は、立憲的な憲法秩序を一時的にせよ停止し、執行権への権力の集中と強化を
図って危機を乗り切ろうとするものであるから、立憲主義を破壊する大きな危
険性をもっている」[43]。

たしかに、国家緊急権が立憲主義を危うくする危険性があることを認めなが
らも、一定の歯止めとなる条件を設けることによって立憲主義を擁護すること
ができるとする考え方もありうるであろう。例えば、大西芳雄は、そのような
観点から、緊急権制度の「ミニマムの条件」として、①国家緊急権の条件およ
び効果は憲法若しくは法律で定められなければならないこと、②国家緊急権の
発動の決定権は権力者自身に与えてはならないこと、③国家緊急権の終期はそ
の発動の際に明定されなければならないこと、④国家緊急権の効力は絶対必要
最小限を超えてはならないこと、⑤国家緊急権の行使についての責任を追及す
る制度を設けなければならないことをあげていた[44]。佐藤幸治が、前述した①
目的の明確性の原則と並んで、②非常措置の一時的かつ必要最小限度性の原則
や③濫用阻止のための責任性の原則を挙げるのも[45]、ほぼ同趣旨に基づくもの
と思われる。

しかし、これらの条件が、まさに緊急事態において国家権力担当者によって
守られる保障はとりわけ日本においてはきわめて少ないと思われる。その証拠
に、自民党の2012年の改憲案や2018年の改憲案では、大西のいう①の条件はと
もかくとして、②の条件はなんら配慮されていないのである。例えば2018年改
憲案では、政府が制定した緊急政令について速やかに国会の承認を得なければ

43 芦部信喜（高橋和之補訂）『憲法（第七版）』（岩波書店、2019年）388頁。なお、憲法理
論研究会編『展開する立憲主義』（敬文堂、2017年）3頁以下には、「第一部　緊急事態と
立憲主義」として、長谷部恭男「緊急事態序説」、木下智史「B・アッカマンの emergen-
cy consititution 論・再考」、村田尚紀「フランスにおける緊急状態をめぐる憲法ヴォード
ヴィル」、高橋雅人「緊急事態に対する『行政による統制』？」、長利一「緊急権と『外見
的立憲主義』」の諸論文が収録されている。

44　大西・前掲注(35)238頁以下。

45　佐藤・前掲注(37)50頁。

ならないと規定しているが、国会が承認を拒んだ場合の当該政令の効力については何の規定もないのである。もちろん、③、④、⑤の条件もなんら明記されてはいないのである。また、佐藤の提示している①の原則の問題点については前述した通りであるし、②や③も政治的なメッセージ以上に強い法的意味をもつことはないと思われる。このように見てくれば、国家緊急権に一定の歯止めをかけることによって立憲主義を擁護しようとする試みが成功する可能性は、少なくとも日本では極めて少ないといわざるを得ないと思われる[46]。

七　小結

　以上、自民党の緊急事態条項導入論が、支持できない所以を述べてきた。自民党の緊急事態条項導入論はいわば「震災便乗型」の導入論であるが、しかし、自然災害などに関してわざわざ憲法に緊急条項を設ける必要はなく、法律レベルでの対応で可能であることを明らかにした。また、緊急事態に備えて国会議員の任期の延長を憲法に書き込むことも不要であるのみならず、緊急政令権の規定は立憲主義の基本である権力分立制を侵害する危険性をはらむことを明らかにした。そして、このような緊急事態条項の導入は、むしろ、9条改憲と連動して戦争体制の構築に資するものであることをも指摘した。

　さらに、諸外国の憲法でも緊急事態に関する対応は一様ではなく、例えばドイツやアメリカの事例は、決してそのままの形で日本の参考になるものではないことを検証した。そして、日本国憲法では、明治憲法下の緊急事態条項の濫用に対する反省を踏まえて、緊急事態条項が参議院の緊急集会の規定を除けば

46　なお、C.L.Rossiter,Constitutionl Dictatorship（Princeton University Press,1948）p.288（クリントン・ロシター（庄子圭吾訳）『立憲独裁』（未知谷、2006年）435頁以下）は、「立憲独裁」が立憲主義を危うくする危険性を認めつつも、「立憲独裁」の導入時、運用時、終結時に厳格な条件を付することで、立憲主義を擁護できるとする議論を展開している。例えば「立憲独裁」の導入時には、①国家および憲法秩序の維持のために不可欠であること、②立憲独裁者は自己任命的であるべきではないこと、③立憲独裁の終期はあらかじめ明確な条項を設けることといった条件である。しかし、かりにそれら条件が百歩譲って欧米諸国では実現可能だとしても、日本でそれを実現可能とすることはきわめて困難なことは、自民党の2018年改憲案を見ても明らかと思われる。

存在しないことは決して憲法の欠缺ではなく、むしろ国家権力の恣意的な運用を避けて国民の基本的人権などを守るためであることを明らかにした。

　たしかに、既存の憲法や法律が想定してこなかった、いわば法外の緊急事態は一つの歴史的な事象としては生起しうるかもしれない[47]。法が、将来に生起するかもしれないすべての事象についてあらかじめ規定することはできないことからすれば、それはある意味では不可避的なことといえなくもない。しかし、それが国家緊急事態（Staatsnotstand）として国家権力にとっての緊急事態である場合には、そのような緊急事態の打開のために立憲主義原理を犠牲にしてまでも国家緊急権を認める必要はないと思われる。他方で、緊急事態が、真に国民の自由と権利にとっての危機的事態である場合には、そのような危機的事態の打開は、最終的には人権享有主体であり、また主権の保持者でもある国民自らがその保有する抵抗権の行使によって行うべきであって、国家権力に国家緊急権を付与することによって代行させることはできないと思われるのである[48]。

---

[47]　この点を問題とする論考として、森英樹「『備えあれば憂いなし』ってホント？」世界699号（2002年）57頁、愛敬浩二「国家緊急権論と立憲主義」奥平康弘・樋口陽一編『危機の憲法学』（弘文堂、2013年）175頁参照。

[48]　拙著・前掲注(11)284頁参照。なお、岩間・前掲注(34)337頁は、実定法の枠内で対処しがたい事態が発生した場合には、「事態対処の任務は法理上は国家権力以外（社会的諸集団、最終的には個人）に帰属するということになろうし、またこのような事態対処の方式こそが個人主義的国家観のもとでのある意味では最もふさわしい非常事態対処の方式（緊急権制度）ということもできよう。」と述べている。ちなみに、最近の香港の事態は、香港政府が「緊急条例」によって緊急権を発動しているのに対して、市民達が抵抗権の行使によって自由と民主主義を守ろうとしている事例といってよい。国家緊急権の発動がなんたるかを、また市民の抵抗権の行使がいかに重要かを示す好例といってよいように思われる。

第3章 「合区解消・地方公共団体」の改憲論について

一 はじめに

　自民党が2018年に「条文イメージ（たたき台素案）」（以下、2018年改憲案と略称）としてとりまとめた4項目の改憲草案のうちの3番目が、「合区」解消とそれに付随する地方公共団体の改憲案である。その条文案は、つぎの通りである。

> 47条　両議院の議員の選挙について、選挙区を設けるときは、人口を基本とし、行政区画、地域的な一体性、地勢等を総合的に勘案して、選挙区及び各選挙区において選挙すべき議員の数を定めるものとする。参議院議員の全部又は一部の選挙について、広域の地方公共団体のそれぞれの区域を選挙区とする場合には、改選ごとに各選挙区において少なくとも1人を選挙すべきものとすることができる。
> 　前項に定めるもののほか、選挙区、投票の方法その他両議院の議員の選挙に関する事項は、法律でこれを定める。
> 92条　地方公共団体は、基礎的な地方公共団体及びこれを包括する広域の地方公共団体とすることを基本とし、その種類並びに組織及び運営に関する事項は、地方自治の本旨に基づいて、法律でこれを定める。

　「合区」解消のためのこのような改憲案は、自民党の2012年の改憲草案には

みられなかったものである。いわば唐突な形でこのような改憲案が出てきたのは、一体どうしてなのか。まずは、このような改憲案がでてきた背景を簡単に検討し、その上で、このような「合区」解消のための改憲は不要であること、さらにそれがはらむ問題点を明らかにし、合わせて2018年の公選法の改悪についても検討することにしたい。

二　改憲案の背景

　参議院議員の選挙制度は、1982年までは全国を一区とする全国区（100人）と各都道府県を単位とする地方区（1947年の参議院議員選挙法では150人、1970年以降は152人）で構成されていたが、1982年の選挙制度改革で、全国区に拘束名簿式比例代表制が導入され、全国区選出議員は比例代表選出議員（100人）に、また地方区選出議員は選挙区選出議員と変更された（152人）。それが2000年の公職選挙法の改正で議員定数が252人から242人に削減されるとともに（比例代表選出議員は100人から96人に、選挙区選出議員は152人から146人に削減）、拘束名簿式比例代表制を改めて非拘束名簿式比例代表制が導入されることになった。

　このような選挙制度の下で地方区選挙（または選挙区選挙）においては、議員定数の著しいアンバランスがあって、いくつもの違憲訴訟が提起されてきた。最高裁は、当初は、参議院の場合は、議員の半数交代制（憲法46条）の他に、地方選出議員については、以下のように「都道府県代表的な機能」も認めて最大較差1対5.26の選挙も合憲としていた（1983年4月27日民集37巻3号345頁）。「（地方選出議員については）都道府県が歴史的にも政治的、経済的、社会的にも独自の意義と実体を有し一つの政治的まとまりを有する単位としてとらえうることに照らし、これを構成する住民の意思を集約的に反映させるという意義ないし機能を加味しようとしたものであると解することができる」。「議員の国民代表的性格というのは、……議員は、その選出方法がどのようなものであるかにかかわらず特定の階級、党派、地域住民など一部の国民を代表するものではなく、全国民を代表するものであって、選挙人の指図に拘束されることなく独立して全国民のために行動すべき使命を有するものであるということを意味し、……参議院地方選出議員の選挙の仕組みについて事実上都道府県代表的な意義

ないし機能を有する要素を加味したからといって、これによって選出された議員が全国民の代表であるという性格と矛盾抵触するということになるものということもできない」。

　しかし、その後、最高裁は、2012年には、2010年に行われた参議院選挙で最大格差1対5.00について「違憲の問題が生ずる程度の著しい不平等状態に至っていたというほかない」とした。その理由の中で、最高裁は、「参議院議員の選挙であること自体から、直ちに投票価値の平等の要請が後退してよいと解すべき理由は見いだし難い」し、都道府県を選挙区単位とする憲法上の要請もないとするとともに、「都道府県を各選挙区の単位とする仕組みを維持しながら投票価値の平等の実現を図るという要求に応えていくことは、もはや著しく困難な状況に至っている」と述べた。そして、「都道府県を単位として各選挙区の定数を設定する現行の方式をしかるべき形で改めるなど、現行の選挙制度の仕組み自体の見直しを内容とする立法的措置を講じ、できるだけ速やかに違憲の問題が生ずる前記の不平等状態を解消する必要がある」と判示したのである（2012年10月17日民集66巻10号3357頁）。同様の判旨を、最高裁は、2014年に最大格差が1対4.77になった2013年の参議院選挙についても言い渡した（2014年11月26日民集68巻9号1363頁）。

　このような最高裁の判決を踏まえて国会は、2015年に徳島県と高知県を一つの選挙区とし、また鳥取県と島根県を一つの選挙区とする「合区」制度の導入を柱とする10増10減の公職選挙法の改正を行った[1]。これに伴い、従来それぞれの県から各1名ずつの参議院議員を選出してきたこれらの県では、合区で各1名ずつの議員しか選出できないことになった。2016年7月施行の参議院選挙はこの合区に基づき実施された結果、一票の較差は1対3.08となった。この選挙について、最高裁は、国会による「合区」の導入を評価して、2017年に次のように合憲判決を言い渡した（2017年9月27日民集71巻7号1139頁）。「平成27年改正は、都道府県を各選挙区の単位とする選挙制度の仕組みを改めて、長年にわたり選挙区間における大きな投票価値の不均衡が継続してきた状態から脱せし

1　この公選法の改正については、小松由季「参議院選挙制度の見直しによる『合区』設置」立法と調査368号（2015年）3頁参照。

めるとともに、更なる較差の是正を指向するものと評価することができる」。したがって、「平成27年改正後の本件定数配分規定の下での選挙区間における投票価値の不均衡は、違憲の問題が生ずる程度の著しい不平等状態にあったものとはいえず、本件定数配分規定が憲法に違反するに至っていたということはできない。」[2]。このような動向に対して、「合区」の対象となった県や「合区」の対象となる可能性がある県の議員（候補者）や住民などから少なからず批判の声が上がった。そして、全国知事会も、「合区」によって「都道府県ごとに集約された意思が参議院を通じて国政に届けられなくなるのは非常に問題」であり、「合区を早急に解消させる対応が図られるよう求める」とし、そのためには「憲法改正についても議論すべき」とする決議（2016年7月29日）を出したりした[3]。また、全国都道府県議会議長会も、「都道府県単位による代表が国政に参加することが可能な選挙制度とされるよう強く要望する」旨の決議を可決した（2017年1月20日）。このような動きと相前後して、自民党は2016年10月には「参議院在り方検討プロジェクトチーム」を発足させた。そして、同プロジェクトチームは、2017年7月に、選挙に関して規定する憲法47条を改正して、参議院議員の改選ごとに各都道府県から1名以上を選出できるようにすることを提言する報告書をまとめた。このような経過を踏まえて、自民党は、上記のような「合区」解消を、2012年の改憲案ではまったく触れていなかったにもかかわらず、新たに改憲項目の一つとして掲げるに至ったのである。

三　「合区」解消のために改憲は必要なのか

しかし、「合区」解消のための上記のような改憲案に関して、まず疑問とすべきは、すでに指摘されているところであるが[4]、かりに「合区」の解消が必要だとしても、そのためにこのような憲法改正がどうしても必要なのかということである。言い換えれば、憲法をわざわざ改正しなくても、公選法などの法

2　この判決については、只野雅人「参議院選挙区選挙と投票価値の平等」論究ジュリスト24号（2018年）198頁および同論文に掲載の文献参照。
3　全国知事会「参議院選挙における合区の解消に関する決議」（2016年7月29日）全国知事会HP参照。

律の改正によって「合区」を解消する方法はさまざまにあるのではないか、ということである。

　この点に関して、2018年改憲案に関する自民党改憲推進本部による『Q&A』は、つぎのように述べている。「特に、参議院の在り方を考える上では、政治的・社会的に重要な意義を持つ都道府県の住民の意思を集約的に反映させることが重要であり、法律改正だけによる対応の困難性なども考慮するならば、投票価値の平等の憲法上の要請との調整を図りながら、合区の解消が可能となるようにするためには、憲法改正による対応が不可避と考えています。」（7頁）。

　しかし、このような説明は、法律の改正だけでなぜ困難なのかについての説明がなく、なんら説得力をもたないものと思われる。例えば、参議院の選挙制度を、全国一区の比例代表制一本にするとか、あるいは広域のブロック制一本にするといった制度を作ることで、あえていくつかの県についてだけ「合区」にする必要性はなくなるのである。あるいはまた、各都道府県に2議席（選挙毎には1議席）を確保した上で、他の都道府県の議席は定数不均衡にならないように配分して議員の定数を増やす（ただし、その場合には議員の歳費は大幅に削減することが必要）といった制度を作ることも十分可能なのである。また、地方自治法6条1項は「都道府県の廃置分合又は境界変更をしようとするときは、法律でこれを定める」と規定していることからも明らかなように、都道府県の廃置分合は法律事項である。この規定を踏まえて、人口が少なく、地理的にも密接な関係にある2つの県を合併して一つの新しい県をつくることは法律の制定で可能なことなのである。そうすることで、「合区」問題を実質的に解消することも可能なのである。さらには、自民党が2018年の通常国会に提案して強行的に成立させた公選法の改正については、後述するように問題点があるが、ただ、これも、憲法改正をしなくてもできる「合区」解消のための一方法であることは確かであろう。自民党は、このような公選法の改正をしたことで、みずから「合区」解消のための憲法改正は必要ないということを立証したのであ

4　辻村みよ子『憲法改正論の焦点』（法律文化社、2018年）68頁、奥村公輔「統治機構改革」阪口正二郎ほか編『憲法改正をよく考える』（日本評論社、2018年）151頁、上脇博之『安倍「4項目」改憲の建前と本音』（日本機関紙出版センター、2018年）51頁など参照。

る。

　にもかかわらず、あえて「合区」解消のための改憲論を改憲４項目の一つに加えたのは、「合区」に反対する県や自治体の有権者の歓心を買って改憲のムードを醸成していこうとする思惑に基づいたものと思われるのである。

四　改憲案の問題点

1　「全国民代表」に抵触する「都道府県代表」

　つぎに、この改憲案には、その内容に関しても、いくつかの重大な問題点が存在していることが指摘されるべきであろう。まず、「合区」解消のための改憲案は、「都道府県の住民の意思を集約的に反映させることが重要であり」、そのためには、都道府県を単位として代表を選出することが参議院議員の選挙においては不可欠であるとしているが、そのような「都道府県代表」は、憲法43条１項の「全国民代表」の趣旨に抵触する可能性が大きいということである。憲法43条１項は、「両議院は、全国民を代表する選挙された議員でこれを組織する」と規定しているが、その趣旨は、参議院議員も「全国民を代表する議員」であって、都道府県を代表する「地域代表」ではないということを意味しているからである。

　この点に関して、2018年改憲案に関する『Q&A』は、つぎのように述べている。「憲法43条１項の『全国民の代表』とは、最高裁も述べているように、①その選出方法にかかわらず、特定の階級、党派、地域住民など一部の国民を代表するものではなく、全国民を代表するものであること、②選挙人の指図に拘束されることなく、独立して全国民のために行動すべき使命を有すること、を意味するものです。これを前提とすれば、実際上、参議院の選挙区を都道府県単位として、都道府県代表的な要素が加わることになったからといって、全国民の代表という性質と矛盾するものではなく、憲法43条との関係が問題となることはないと考えています。」（８頁）。

　しかし、このような説明は説得力に欠けるものと言わざるを得ないであろう。たしかに、「全国民代表」の意味については、判例のなかには、これまで『Q&A』が引用したような見解を示したものもある（前引の1983年４月27日最高

裁判決など)。しかし、それは、「全国民代表」の意味の一部でしかないのである。例えば、樋口陽一は、「全国民代表」には、「禁止的規範意味」と「積極的規範意味」の二つの意味があるとしてつぎのように説明しているのである[5]。まず「禁止的規範意味」とは、例えば1791年のフランス憲法が「県選出の議員は、特定の県の代表ではなく、全国民の代表であり、議員にはいかなる委任(mandat)も与えられない」(第3編1章3節7条)と規定していたことに示されるように、選挙区選出の議員といえども選挙区代表ではなく、また選挙区民の命令的委任を受けることがないということを意味する。言い換えれば、「地域代表」(さらには、「職能代表」)の禁止と命令的委任の禁止ということである[6]。また、「積極的規範意味」とは、国民の多様な意思をできるだけ公正かつ忠実に国会に反映する選挙制度が憲法上要請されるという意味である。これについては、今日では、「国民意思と代表者意思の事実上の類似」を意味する「社会学的代表」といった理解の仕方が、ほぼ通説となっているといってよい[7]。

　しかも、ここにおいて留意すべきは、「全国民代表」が「地域代表」を禁止するということの趣旨は、かりに一定の選挙区を設けて選挙を行う場合においても、それは、あくまでも全国民代表を選出するための手段として選挙区を設けるにすぎないということである。選挙区は、あくまでも「全国民を代表する議員を選出する選挙手続上の便宜的な地域的単位にすぎ(ない)」[8]ということである。たしかに、選挙区を設ける場合に、同一地域に居住する選挙人をまとめて選挙区をつくることは現実的であるし、また、ゲリマンダリングを阻止するためにも行政区画を選挙区の基本的な単位とすることには一定の合理性があるといえる。しかし、そのことは、当該行政区画の住民の意思を集約して、それら住民の利益を代弁する議員を選ぶことを目的としたものではなんらないということである[9]。そのことは、「全国民代表」の中には選挙民による命令的委任

5　樋口陽一『憲法Ⅰ』(青林書院、1998年)154頁。
6　ただし、日本国憲法の下では命令的委任も可能とする見解も、杉原泰雄『憲法Ⅱ　統治の機構』(有斐閣、1989年)168頁などによって有力に唱えられている。
7　芦部信喜(高橋和之補訂)『憲法(第7版)』(岩波書店、2019年)304頁。
8　林田和博『選挙法』(有斐閣、1958年)102頁。大山礼子「『地域代表』と選挙区制」糠塚康江編『代表制民主主義を再考する』(ナカニシヤ出版、2017年)53頁も参照。

の禁止も一般に含まれていると解されていることによっても示されている。

　ところが、自民党の改憲案の場合には、「合区」を解消することの目的は、「都道府県の住民の意思を集約的に反映させること」にあるというのである。それは、都道府県代表を選出すると言っているのと実質的には変わりがないのである。そのような都道府県代表を選ぶための憲法改正は、憲法43条1項の「全国民代表」と抵触するものと言わざるを得ないのである。憲法43条1項には手を触れないままで、「都道府県代表」のみを憲法に盛り込もうとすることは、首尾一貫しない対応と言われても致し方ないのである。

2　党利党略による「都道府県代表」

　しかも、改憲によって「合区」を解消して参議院の選挙区選挙で「都道府県代表」の選出を可能とした場合には、別の問題も生じてくることになる。その場合には、選挙区選挙が行われる多くの選挙区は一回の選挙で選ばれる議員は1名だけのいわば小選挙区になることが想定されている。現に参議院の選挙区選挙では、45の選挙区のうちで32の選挙区は、そのような小選挙区となっている。「合区」が解消された場合には、小選挙区の数はさらに2つ増えることになる。しかし、そのような小選挙区選挙の下では、改めて指摘するまでもなく、死票が多く見られ、地域において対立する問題に関しては一方の立場に立つ者だけが「都道府県代表」として国会に登場してくることになる。実際問題としても、「合区」の対象となった選挙区は、いずれも従来自民党の「金城湯地」とされてきたところである。仮にでも自民党の改憲案が実現したならば、自民党の議席数はほぼ確実に増えることが見込まれるであろう。この改憲案が、「まるで自民党の自民党による自民党のための憲法改正」（日本経済新聞2018年2月20日）であるとも批判される所以である。

9　なお、岩間昭道「参議院選挙区選挙の一票の最大較差4.77倍を違憲状態とした事例」自治研究92巻5号（2016年）144頁は、「国政選挙権が、国政について意思表明する権利と地域の問題について意思表明する権利という二重の性質を実質上もっている」として、「両院の選挙制度の形成にあたって地域代表の要素が尊重されることを憲法が要請している」とするが、かりに国政選挙が事実上地域の問題について意思表明する役割をももっているとしても、そのことは、法的に「地域代表」を認めることにはならないと思われる。

　ちなみに、2013年の参議院選挙では、31の選挙区が1名のみの当選者を出す小選挙区であったが、そのうち、29の選挙区では自民党候補が当選したのである。2016年と2019年の参議院選挙では、32の小選挙区で野党統一候補が擁立されて、2016年選挙では11名、2019年選挙では10名の野党統一候補が当選し、一定の成果を上げることができたが、ただ、それでも、自民党候補が多数当選することを覆すことはできなかったのである。「合区」解消という名の下にまさに党利党略による改憲が企図されているのである。

　また、「都道府県代表」には、もう一つ別の問題も生ずることになる。上述したように、32（あるいは34）の選挙区では、1回の選挙で1名の国会議員しか選べないのに対して、人口が多い選挙区、例えば東京選挙区では、6名の国会議員を選ぶことが可能とされている。同じ都道府県代表といっても、その数に差があるのである。そのように都道府県によって代表の数に相違がある場合に、人口の少ない県の利益が国会の総意に反映されるという保証はないのである。むしろ、そのような場合には、多くの人口を抱えた都道府県の利益が優先して国会の総意として反映される可能性が少なくないのである。例えば原発問題に関して言えば、大都市を抱えた都道府県代表は、自らの都道府県の利益を優先的に考えて、原発を人口の少ない県に配置し続けることを主張して、人口の少ない県の利益がないがしろにされる可能性が高いことになると思われる。そのことが、「都道府県代表」ということで、正当化されるのである。そのようなことを踏まえれば、むしろ、参議院においても、原発問題に関しては、国のエネルギー政策や環境問題をも含めて全国的な視野に立って、まさに「全国民の代表」として審議検討することが必要といえるのである。原発以外の他の問題に関しても、基本的には、同様と思われる。

3　両院制との関係

　たしかに、両院制を採用している国では、1つの院は「地域代表」としての性格をもっている場合が、アメリカ（上院）やドイツ（連邦参議院）、そしてフランス（元老院）のようにある。しかし、アメリカやドイツでは、そもそも憲法自体が連邦制を採っているということを規定しているのである。アメリカの場合は、アメリカ合州国（United States of America）という国名そのものが示す

116

ように[10]、連邦はもともと州の集合体としての性格を持っているので、州の権限は強く、例えば合州国憲法の改正についても、州の4分の3の議会（または憲法会議）の賛成がないと改正ができないようになっている（5条）。上院は、各州から、その大小にかかわらず2名づつ選ばれるようになっているのは、このような合州国の建国以来の由来に基づいている（1条3節）。また、ドイツの場合にも、ドイツ連邦共和国（Bundesrepublik Deutschland）という国名が示すように、連邦制を基本としており（20条1項）、連邦議会議員は、「全国民の代表」と規定されているが（38条1項）、連邦参議院の場合は、「ラント政府の構成員によって構成され、ラント政府がこれを任免する」（51条1項）とされているのである。連邦参議院の議員は、「全国民の代表」ではないことが明示されているのである。これに対して、フランスの場合は、連邦国家ではないが、憲法は、第二院である元老院について、「元老院は、共和国の地方公共団体の代表を保障する」という規定（24条4項）を設けている。この規定の解釈については従来からさまざまな議論がなされてきたが[11]、ただ、2003年の憲法改正によって、「共和国の基本原理」を規定した第1条で「フランスは地方分権的に組織される」（1条1項）と規定されたことによって、地方公共団体の憲法上の位置づけが明確になったことも留意されるべきであろう。

しかも、これらの国では、1つの議院が「地域代表」という性格をもつことに伴って、議院の権限も、異なったものとなっている。アメリカの場合には、上述したように州の権限が強いことにともなって、上院の権限も下院よりも強いものとなっている。例えば、条約の締結や最高裁判官の任命については、上院の助言と承認が必要とされているし（2条2節2項）、大統領の弾劾裁判も上院の権限とされている（1条3節6項）。これに対して、ドイツの場合には、連邦参議院の権限は、連邦議会に比較して弱いものとなっている。連邦首相に対する不信任決議は連邦議会のみが行うことができることはもちろんとして（67条）、通常の連邦法律の制定についても、連邦参議院は、ラントの利害に関

---

10 一般には、アメリカ合衆国と訳されているが、アメリカ合州国という訳の方が、より原語に近いと思われる。この点については、本多勝一『アメリカ合州国』（朝日新聞社、1970年）参照。

11 只野雅人『代表における等質性と多様性』（信山社、2017年）217頁。

わらない限りは、いわば停止権あるいは異議申立て権をもつに過ぎないのである。つまり、連邦議会が可決した法律に関しては、連邦参議院は過半数の議決で異議を申し立てることができるが、その異議は連邦議会の構成員の過半数の議決によって却下することができるようになっているのである（77条4項）。フランスにおいても、予算法律に関して国民議会の優位が認められていることはもちろん、通常の法律に関しても、国民議会と元老院の意見の不一致が両院合同委員会で解決できない場合には、政府は国民議会に最終決定権を与えることができるようになっている（45条）[12]。

　以上のような国々に対して、日本の場合には、単一国家であり、連邦制国家ではないことは、憲法上明確である。しかも、参議院は、「全国民の代表」であることに伴って、その権限は衆議院と比較して同等に近い権限をもっていることは、いわゆる「ねじれ国会」において多くの人々が再認識したところである[13]。ドイツの連邦参議院とは異なって、日本では、参議院が否決した法律案を衆議院が再可決するためには、衆議院で出席議員の3分の2以上の多数が必要とされているのである（憲法59条2項）。このハードルの高さを踏まえれば、参議院についても、衆議院と同様の民主的正統性が求められているとするのは、なんら不合理ではないと思われるのである。別の言い方をすれば、参議院について都道府県代表としての性格を付与しようとすれば、参議院の権限に関する憲法規定や地方自治に関する憲法規定を大幅に見直すことが必要になってくるのである。そのような大幅な見直しをしないままに、ただ、「合区」解消のために参議院を「都道府県代表」とすることは、憲法上の整合性を欠いた恣意的な改憲とならざるを得ないのである。

4　地方公共団体に関する改憲案

　たしかに、自民党の改憲案は、現行の憲法92条が「地方公共団体の組織及び

---

[12]　ドイツやフランスなどの両院制については、岡田信弘編『二院制の比較研究』（日本評論社、2014年）31頁以下の諸論文を参照。

[13]　この点については、さしあたり、只野雅人「日本国憲法の政治制度と参議院」岡田編・前掲注[12]163頁、松田浩「議会制と選挙制度」杉原泰雄ほか編『日本国憲法の力』（三省堂、2019年）28頁参照。

運営に関する事項は、地方自治の本旨に基いて、法律でこれを定める。」と規定しているのをつぎのように改めることを提案している。「地方公共団体は、基礎的な地方公共団体及びこれを包括する広域の地方公共団体とすることを基本とし、その種類並びに組織及び運営に関する事項は、地方自治の本旨に基づいて、法律でこれを定める。」

そして、2018年改憲案に関する『Q&A』は、その趣旨を以下のように述べている。「市町村と都道府県の二段階制を基本とする地方公共団体の制度が国民の間に広く定着していることを踏まえ、地方公共団体について、基礎的な地方公共団体と広域の地方公共団体を基本とすることを憲法上明記することは、市町村と都道府県の基盤の安定化につながり、地方自治の強化や分権型社会の構築にも資することになると言えるでしょう」（8頁）。

しかし、この改憲案では、基礎的な地方公共団体と広域の地方公共団体の二段階制を採用するということは明記されているが、都道府県制を採用するということはなんら明記されていないのである。一体どうしてなのか。その理由は、都道府県制を廃止していわゆる道州制を採用することも、憲法上可能とする余地を残しておきたいとする思惑が自民党にはあるからである。ちなみに、自民党の2012年の改憲案の93条1項は、これとほぼ同様の規定を置き、都道府県ではなく、「広域地方自治体」という言葉を用いていたが、その理由として、その解説を書いた『Q&A』は、つぎのように述べていた。「道州はこの草案の広域地方自治体に当たり、この草案のままでも、憲法改正によらずに立法措置により道州制の導入は可能であると考えています」（30頁）。

今回の2018年改憲案でも、「都道府県」について明示することなく、「広域の地方公共団体」という言葉を用いているのも、道州制を採用する可能性をも念頭においたものととらえることができるのである。このように自民党は、都道府県を憲法上必置の地方公共団体とは必ずしも考えていないのである。それなのに、改憲案が「都道府県の基盤の安定化につなが（る）」とするのは、あまりにも矛盾した言い方というべきであろう。

このような曖昧な改憲案では、参議院議員を都道府県代表と位置付ける根拠とすることは到底できないというべきであろう。少なくとも、都道府県を憲法上明記し、しかも、都道府県の権限を連邦制かそれに近いものに強化する改憲

案と一体のものでなければ、都道府県代表の導入は検討に値しないと思われる。
ちなみに、フランスでは、前述したように、「共和国の基本原理」として「フランスは、地方分権的に組織される」（1条1項）と規定し、さらに具体的に「地方公共団体」を規定した72条2項では「地方公共団体は、各段階で最良の権限行使ができる当該諸権限全体について決定する資格をもつ」として、いわゆる補完性原理を明文化し、さらには72条の2では、「地方公共団体は、法律の定める要件に従い、自由に利用可能な財源を得ることができる」（同条1項）として、地方公共団体の財政自主権をも規定しているのである[14]。日本ではアメリカやドイツのように連邦制を採用することはできないとしても、地方自治の規定をフランス並みに抜本的に改正するようなことをも考えないで、ただ92条に「広域の地方公共団体」と書く程度でお茶を濁して参議院議員を都道府県代表とするような改憲案では、あまりにもご都合主義的であり、真面目な改憲案とはみなし得ないのである。

5　「合区」解消と投票価値の平等

　以上のように、「合区」解消のための改憲案が「全国民代表」にも、両院制のあり方にも、さらには地方自治制についても抜本的に手を加えることなしに、上記のような中途半端な提案にとどまる以上は、それは、所詮は、憲法14条や15条が保障する投票価値の平等という主権者にとってもっとも基本的で重要な人権との抵触が問題となってこざるを得ないと思われる。

　投票価値の平等は、あらためて指摘するまでもなく、すべての成人の国民が主権者の一人として主権的権利を行使する上でもっとも基本的な権利である。それは、表現の自由と同様に民主的正統性を支える基本的人権である。しかも、それは、芦部信喜が言うように、徹底的な人格平等の原則を基礎としているので、一般の平等原則の場合の平等よりもはるかに形式化されたものであり、国民の意思を公正かつ効果的に代表するために考慮される非人口的要素（選挙区制など）は定数配分が人口数に比例していなければならないという大原則の範囲内で認められるに過ぎないのである[15]。それを制限して不平等な選挙を許容

14　この点については、大津浩『分権国家の憲法理論』（有信堂、2015年）286頁以下参照。

120

する根拠が憲法上ありうるとすれば、それは、前述したように、参議院議員を「国民代表」ではなく、「地域代表」であることがアメリカやドイツのように憲法上明らかにされている場合だけであり、しかも、そのような参議院の権限を「国民代表」機関である衆議院と異なったものとする場合だけである。そのような問題については不問に付したままで単に「合区」解消の改憲を導入した場合には、そのような選挙制度についても、憲法14条や15条が要請する投票価値の平等が適用されることになるのである。「合区」解消のための改憲がなされたからといって投票価値の平等が不適用になるということはないのである。

　もっとも、改憲案47条は、この問題に対処するために、「両議院の議員の選挙について、選挙区を設けるときは、人口を基本とし、行政区画、地域的な一体性、地勢等を総合的に勘案して、選挙区及び各選挙区において選挙すべき議員の数を定めるものとする。」という規定を設けており、人口以外にも、「行政区画、地域的な一体性、地勢等」をも勘案しうることを定めている。これとほぼ同じ条文案を提案していた2012年の自民党の改憲案について、『Q&A』は、その趣旨をつぎのように説明していた。「選挙区は、単に人口のみによって決められるものではないことを明示したものです。ただし、この規定も飽くまでも『人口を基本と』することとし、一票の格差の是正をする必要がないとしたものではありません。選挙区を置けば必ず格差が生ずるので、それには一定の許容範囲があることを念のため規定したに過ぎません」（21頁）。また、2018年改憲案についての『Q&A』は、つぎのように述べている。「『投票価値の平等と地域の民意の適切な反映との調和』という観点から、両議院議員の選挙について選挙区を設ける場合の原則的な規定として、人口を基本とするものの、単にこれのみによって決められるものではなく、行政区画、地域的な一体性、地勢などの諸要素も総合的に勘案すべきことを明記することとしています」（7頁）。

　たしかに、選挙区を設ける場合には、同一地域に居住する選挙人をとりまとめて選挙区をつくるのが現実的であるし、また、ゲリマンダリングを阻止する

15　芦部・前掲注(7)144頁。なお、伊藤真「自民党が提示した合区解消改憲案」法学館憲法研究所報21号（2019年）56頁も参照。

ためにも、一定の行政区画を選挙区の基本的単位とすることには一定の合理性があることは前述した通りである。しかし、そのような「行政区画」などは、あくまでも、選挙区を定める場合の二次的な要素であって、主権的権利である有権者の投票価値の平等を損なうようなことがあってはならないのである。

　もちろん、参議院の場合は議員の半数改選という憲法上の要請がある（46条）ので、衆議院の場合とまったく同じ程度に投票価値の平等を要求することはできないであろう。しかし、それ以外には、参議院議員の選挙について衆議院議員の選挙と異なって投票価値が不平等でもよいという理由は基本的に存在しないといってよいのである。

　たしかに、投票価値の平等の要請が、議員定数の不均衡をどの程度まで許容するかについては、学説上もいくつかの議論がある。原則は1対1であって、それを超える合理的な理由がない限りは1対2以内であっても違憲となりうるとする有力な見解もあるが[16]、多数の学説は1対2の範囲内であれば合憲としている。「一人一票の原則」に即して説明しやすいからである。参議院については、上述したように、最高裁は、1対3.08の較差があった2016年の参議院選挙について合憲の判断を示したが、これは、国会が最高裁の意向を踏まえて「合区」を含めた公選法の改正をしたことに対するお返しとしての意味もあったものと思われる。しかし、半数改選という憲法上の要請を踏まえた上で、どうしても1対2の範囲内に収めることができないかどうかは、より厳格な審査が必要と思われる[17]。

　ちなみに、「合区解消」以前の2013年の参議院選挙区の選挙では、一票の較差は、前述したように、1対4.77であった。改憲によって「合区」を解消した場合には、またこれに近い投票価値の不平等が生まれてくることはほぼ確実と思われる。このような投票価値のはなはだしい不平等を、「合区」解消の改憲

---

[16]　辻村みよ子『憲法（第6版）』（日本評論社、2018年）326頁。

[17]　ちなみに、この最高裁判決において、鬼丸かおる裁判官と山本庸幸裁判官は、本件定数配分規定は違憲とすべきという反対意見を書いており、特に山本裁判官の場合は、「どの選挙区においても投票の価値を比較すれば、1.0となるのが原則」であり、人口の急激な変動などで格差が生ずるのがやむを得ない場合があるとしても「せいぜい2割程度の較差にとどまるべき」としているのが、注目されよう。

ということで正当化することは到底できないというべきであろう。

　さらに、自民党の「合区」解消のための改憲案には、もう一つの問題点があることも指摘しておくべきであろう。それは、衆議院選挙の小選挙区選挙において投票価値の平等をできるだけ実現するために市区町を分割して小選挙区を確定することもされてきたが（公選法別表第一参照）、それをやめようとしているということである。改憲案の47条は、前引したように、「両議院の議員の選挙について、選挙区を設けるときは、人口を基本とし、行政区画、地域的な一体性、地勢等を総合的に勘案して、選挙区及び各選挙区において選挙すべき議員の数を定めるものとする。」（傍点・引用者）と規定して、「行政区画、地域的な一体性」などを強調しているが、その狙いの一つは、衆議院の小選挙区選挙において市区町村の分割を解消することが憲法上できるようにすることにあると言ってよいと思われる。

　たしかに、これまでにも、一つの市や区の中で、選挙区が異なることについては、候補者や住民の中からも少なからず苦情の声があがっていた。しかし、そのような苦情にもかかわらず、これまで、あえて「市区町」を分割して選挙区を確定してきたのは、いうまでもなく一票の格差をなんとか１対２以内におさえるためであった。かりに憲法上「市区町村」の分割をしなくてもよく、市区町村をひとまとめにして選挙区を確定するということになったならば、議員定数の不均衡は、衆議院においても確実に１対２以上になると思われる。そうなれば、自民党の改憲案でも憲法上かならずしも明記されていない市区町村の存在を理由として憲法上の基本原則である投票価値の平等を損なうということになると思われる。そのような投票価値の不平等は、憲法論としては到底容認することはできないと思われる。

五　「合区」問題解消のための公選法改悪

　2018年７月、自民党は公明党の賛成をも得て、「合区」問題解消のための公選法の一部を改正する法案を国会で成立させた（法律第75号）。公明党は、当初は、参議院を11のブロックに分けて大選挙区制にする案を提案していたが、最終的には自民党の案に賛成したのである。この公選法の改正にともなって、参

議院の定数は248人（従来は242人）となり、そのうち、100人（従来は96人）を比例代表選出議員、148人（従来は146人）を選挙区選出議員とした[18]。

　この改正については、まず議員定数を6名増やすことについて合理的な根拠があるかどうかが問題となるが、その点はしばらく措くとしても、最大の問題点は、「合区」問題を解消するために比例代表選挙に「特定枠」（あるいは「優先枠」）を設けて、「合区」で当選できなかった議員をこの「特定枠」で救うことができるようにしたことである。

　現在の参議院の比例代表選挙は、前述したように、2000年の公選法の改正で拘束名簿式から非拘束名簿式に変更されたという経緯がある。参議院では、比例代表選挙にあっても、党の要素を弱めて人の要素を強めようとする趣旨に基づいてである。ところが、この度の改正は、そのような非拘束名簿式比例代表選挙において、一部に「特定枠」をもうけて「拘束名簿式」の要素を付加しようというのである。まさに木に竹を接いだようなやり方というべきであろう。

　具体的には、参議院比例代表選出議員の選挙における名簿による立候補者の届出等を規定した公選法86条の3第1項に新たに次のような規定を加えて「特定枠」を認めたのである。

86条の3第1項　（略）この場合においては、候補者とする者のうちの一部の者について、優先的に当選人となるべき候補者として、その氏名及びそれらの者の間における当選人となるべき順位をその他の候補者とする者の氏名と区分してこの項の規定により届け出る文書に記載することができる。

　このように木に竹を接いだような改正を一体どのような理屈で正当化することができるのであろうか。この点、自民党の議員は、この改正案を審議する国会で、つぎのように述べたのである。「全国的な支持基盤や知名度を有するとはいえないが国政上有用な人材、あるいは様々な意味での少数意見や多様性を代表する方、あるいは政党が民意反映の役割を果たす上で必要な人材、こうい

---

[18]　この公選法改正の経緯と問題点については、糠塚康江「『全国民を代表する選挙された議員』の多様性と国会」法学教室458号（2018年）43頁、皆川健一「参議院選挙制度に関する公職選挙法の一部改正」立法と調査404号（2018年）3頁参照。

った人が当選しやすくなるように全国比例区の現行の非拘束式の中に一部拘束式の特定枠を導入するということでございます。したがいまして、私どもは、この活用の仕方としましては、一つには地方の声を国政に反映してほしいという切実な声があるわけでございますので、これを反映して、人口的に少数派ともいうべき条件不利地域の声を国政に届けるような活用法を想定している」[19]。しかし、このような説明では、非拘束名簿式の選挙に拘束名簿式を混入させる根拠としては薄弱というべきと思われる。

　しかも、このような特定枠を設けることによって、例えば、非拘束名簿に登載された候補者が名簿上位に置かれた特定枠の候補者よりもたとえより多くの得票があったとしても、議席の配分は後回しになり、場合によっては落選になるという不合理が生じるが、この点についての納得のいく説明は困難というべきであろう。現に、2019年7月の参議院選挙では、自民党とれいわ新選組が特定枠を利用したが、自民党の場合は、特定枠の2名は、16,171票と3,308票で当選したが、特定枠ではなかった候補者では114,596票を獲得した候補者が落選したのである。また、れいわ新選組の場合には、特定枠の2名の候補者は、4,165票と5,211票で当選したが、特定枠ではなかった山本太郎候補は、992,267票で落選したのである。このような結果をそういう制度にしたのだから致し方ないということで正当化することは困難と思われる[20]。

　さらに、改正公選法では、特定枠を利用するかどうか、またどの程度の人数で利用するかも、すべて各政党の判断に委ねられている。したがって、場合によっては、候補者のほとんどについて特定枠を利用するということも可能となっている。そうなれば、非拘束名簿式の選挙は、実質上は、拘束名簿式の選挙へと変質されかねないのである。それでは、非拘束名簿式選挙にした意味その

19　第196回国会参議院政治倫理の確立及び選挙制度に関する特別委員会会議録6号14頁（2018年7月9日）。

20　なお、れいわ新選組で特定枠で当選した2名がALS患者の船後靖彦氏と重度障害のある木村英子氏であったということで、国会に新風をもたらしたことは確かであり、そのこと自体は私も高く評価したい。しかし、できたならば、2人のような議員は衆議院の拘束名簿式の比例代表選挙で立候補するようにすれば、本章で指摘したような矛盾は解消されると思われる。

ものがなくなることになりかねないのである。

　このように多くの矛盾を抱えた公選法の改正は、「合区」問題解消ということで正当化できるものではないであろう。自民党は、「合区」解消のための改憲は、2019年の参議院選挙には間に合いそうもないということで、とりあえずは、その選挙目当てにこのような公選法の改正を行ったが、しかし、そのことは、図らずも、「合区」問題解消のためには、憲法改正は必要ないということを自ら告白したといってもよいのである。

六　小結

　以上において、自民党の4項目の改憲案のうち、「合区解消」のための改憲案について簡単に検討してきた。以上の検討から明らかなことは、この問題については、わざわざ憲法を改正する必要性は基本的にないということである。にもかかわらず、あえて自民党が改憲案を提案するのは、「合区解消」によって参議院においても選挙区選挙については小選挙区制を固定化して自民党に有利になる選挙制度を作るためであるといってよい。しかも、このような「合区」解消のための改憲案は、一方では、参議院議員も「全国民代表」であるという憲法原則をないがしろにするとともに、投票価値の平等という主権者国民の最も基本的な権利をも侵害する可能性が大きいといってよいのである。地方公共団体についての改憲案も、将来における道州制の導入を視野に入れたものとなっているため、首尾一貫しないものとなっている。このように、党利党略に基づき、憲法の基本原則をないがしろにするような改憲案を認めることは到底できないと思われる。

第4章 「教育充実」に関する改憲論について

一 はじめに

　自民党が、2018年3月に「条文イメージ（たたき台素案）」としてとりまとめた4項目の改憲案（以下、2018年改憲案と略称）の4つ目が、「教育充実」についてである。その条文案は、つぎのようなものである。

26条　1項（現行のまま）
　2項（現行のまま）
　3項　国は、教育が国民一人一人の人格の完成を目指し、その幸福の追求に欠くことのできないものであり、かつ、国の未来を切り拓く上で極めて重要な役割を担うものであることに鑑み、各個人の経済的理由にかかわらず教育を受ける機会を確保することを含め、教育環境の整備に努めなければならない。
89条　公金その他の公の財産は、宗教上の組織若しくは団体の使用、便益若しくは維持のため、又は公の監督が及ばない慈善、教育若しくは博愛の事業に対し、これを支出し、又はその利用に供してはならない。

　自民党は、2012年の改憲案においても、現行の憲法26条や89条の規定を以下のように改定することを提案していた。

26条　1項（現行条文の字句修正のみ）

128

> ２項（現行条文の字句修正のみ）
> ３項　国は、教育が国の未来を切り拓く上で欠くことのできないものであることに鑑み、教育環境の整備に努めなければならない。
> 89条　公金その他の公の財産は、第20条３項ただし書に規定する場合を除き、宗教的活動を行う組織若しくは団体の使用、便益若しくは維持のため支出し、又はその利用に供してはならない。
> ２項　公金その他の公の財産は、国若しくは地方自治体その他の公共団体の監督が及ばない慈善、教育若しくは博愛の事業に対して支出し、又はその利用に供してはならない。

　この2012年改憲案と2018年改憲案を比較した場合に明らかなのは、26条に関しては、2018年改憲案では、新たに３項に「教育が国民一人一人の人格の完成を目指し、その幸福の追求に欠くことのできないものであり」という文言、そして「各個人の経済的理由にかかわらず教育を受ける機会を確保することを含め」という文言を付け加えたということである。また、89条に関しては、2012年改憲案では１項と２項を分けて規定していたのを2018年改憲案では改めて、現行の憲法規定にある「公の支配に属しない」を「公の監督が及ばない」と修正するにとどめたということである。

　一体どうして、自民党はこのような改憲案を提示するに至ったのか。以下には、この改憲案について、これが出てきた背景とそのねらい、さらには問題点を検討することにしたい。

二　改憲案の背景

　自民党が、このような改憲案を提案してきた理由は、結論的にいえば、日本維新の会や公明党を自民党の改憲のもくろみの中に取り込むためであるといってよい。まず、日本維新の会は、2016年３月に発表した「憲法改正原案」において憲法26条に「法律に定める学校における教育は、……幼児期の教育から高等教育に至るまで、法律の定めるところにより無償とする」とする規定を設けることを提案していた。2017年の衆議院選挙でも、憲法改正項目の第一に「教育の無償化」を掲げたのである。日本維新の会は、改憲すべき事項として、道

州制の実現を含む統治機構改革や憲法裁判所の設置などをも掲げ、憲法9条に
関しても「国際情勢の変化に対応し、国民の生命・財産を守るための9条改
正」としたが、それは5つある改憲項目の5番目に書かれていたにすぎず、そ
のウエイトはそれほど高いものではなかった。9条改憲を最大の狙いとする自
民党としては、このような日本維新の会を取り込み、9条改憲に積極的に賛同
させるためには、日本維新の会が、改憲項目の第一にあげていた「教育の無償
化」を自民党の重要な改憲項目とする必要があったのである。自民党は、民主
党政権の下で2010年に高等学校の授業料の無償化を実現した時には、「バラマ
キ」政策として批判していたにもかかわらず、あえてその考えを変更したのは、
このような日本維新の会を取り込む必要性があったからといってよいのである。

　また、公明党は、2017年の衆議院選挙における「重点政策」として「教育負
担の軽減」ということを掲げていた。そして、具体的には、「幼児教育無償化
の実現、私立学校の教育費負担の軽減、大学などの教育費負担の軽減」などを
掲げていた。もちろん、公明党の場合には、これらの政策実現のために憲法改
正ということは打ち出してはいなかったのであり、この点で、日本維新の会と
は異なっていた。ただ、公明党が、このように「教育負担の軽減」を掲げたこ
とを踏まえれば、それを実現するために憲法を改正するという提案を自民党が
すれば、公明党は反対はしないのではないかという思惑が自民党にあったであ
ろうことは推察に難くないのである。

　このような動向を踏まえて、安倍首相は、2017年5月3日に読売新聞のイン
タビューで、要旨つぎのように述べた。「子ども達こそ国の未来であり、憲法
で国の未来像を議論する上で、教育は極めて重要なテーマだ。日本維新の会の
積極的な提案（＝教育無償化のための憲法26条の改正）を歓迎する。これまでも安
倍内閣は給付型奨学金の創設や幼児教育の無償化に取り組んできたが、世代を
超えた貧困の連鎖を断ち切り、1億総活躍社会を実現する上で教育が果たすべ
き役割は極めて大きい。中学を卒業して社会人になる場合、高校を卒業して社
会人になる場合、大学を卒業して社会人になる場合、それぞれの平均賃金には
相当の差がある。より高い教育を受ける機会をみんなが同じように持てなけれ
ばならない。維新の提案を受けて多くの自民党員が刺激された。速やかに自民
党改正案を提案できるようにしたい。」

　このような安倍首相の発言を踏まえて、自民党は、2017年の衆議院総選挙においては、自衛隊の明記などと並んで、「教育の無償化・充実強化」を改憲項目として掲げた。2018年3月の改憲案は、このような背景の下に自民党の憲法改正推進本部での議論を踏まえて策定されたのである。

三　教育無償化のために改憲は必要なのか

　このような改憲案に関してなによりもまず問われるべきは、そもそも教育無償化が望ましいとしても、そのために憲法の改正が必要なのかどうかという問題である。結論を先に言えば、憲法の改正は不要ということである。にもかかわらず、憲法を改正すべきであるとする自民党のねらいは、前述したように、日本維新の会などを自民党の改憲論議に取り込むとともに、後述するように、「教育充実」の名の下に教育への国家統制を強化することにあると言ってよいように思われる。

　改めて指摘するまでもなく、日本国憲法26条は、つぎのように規定している。

> 　1項　すべて国民は、法律の定めるところにより、その能力に応じて、ひとしく教育を受ける権利を有する。
> 　2項　すべて国民は、法律の定めるところにより、その保護する子女に普通教育を受けさせる義務を負ふ。義務教育は、これを無償とする。

　この規定は、明治憲法時代においては、教育は兵役の義務や納税の義務と並んで、臣民の三大義務の一つとされていたことを180度転換させて、教育を国民の権利とした点に大きな歴史的意義をもっている。そして、権利としての教育をすべての国民に受けさせるために、2項で、義務教育の無償を規定したのである。

　たしかに、この2項の規定は、義務教育についてのみ無償を定めており、幼児教育や中等教育、さらには高等教育についての無償については何ら規定していない。しかし、そのことは、これらの教育については無償を禁止する趣旨なのかといえば、そのように解釈する学説はほとんどないといってよいと思われ

る[1]。言い換えれば、法律をもってこれらの教育についても無償化することは
なんら禁止されていないのである。のみならず、26条1項が規定している教育
を受ける権利を国民に十分に保障するためには、義務教育以外のこれらの教育
についても無償化することは、憲法の趣旨に反するどころか、むしろ憲法の趣
旨に合致しているとさえ言うことができると思われる。

　そして、そのことは、日本も1979年に批准した「経済的、社会的及び文化的
権利に関する国際規約」（社会権規約）の13条がつぎのように規定していること
からも指摘することができる[2]。

　1　この規約の締約国は、教育についてのすべての者の権利を認める。（以下、
　　略）
　2　この規約の締約国は、1の権利の完全な実現を達成するため、次のことを
　　認める。
　(a)初等教育は、義務的なものとし、すべての者に対して無償のものとすること。
　(b)種々の形態の中等教育は、すべての適当な方法により、特に、無償教育の漸
　　進的な導入により、一般的に利用可能であり、かつ、すべての者に対して機
　　会が与えられるものとすること。
　(c)高等教育は、すべての適当な方法により、特に、無償教育の漸進的な導入に
　　より、能力に応じ、すべての者に対して均等に機会が与えられるものとする
　　こと。
　(d)、(e)（略）

　憲法98条2項は、「日本国が締結した条約及び確立された国際法規は、これ
を誠実に遵守することを必要とする。」と規定しており、この規定に基づいて、
日本は批准したこの条約を誠実に実施する責務を憲法上有しているのである。

1　なお、憲法が規定している義務教育の「無償」の意味については、授業料無償説と就学
　必需費無償説の対立があるが、判例（最大判1964年2月26日民集18巻2号343頁）は、「無
　償とは授業料不徴収の意味と解するのが相当」として、前者の立場を採用している。ただ
　し、そのことは、授業料以外は有料にしなければならないということではない。現に、授
　業料の他にも教科書が無償とされている。
2　この点については、世取山洋介「公教育の無償性と憲法」世取山洋介ほか『公教育の無
　償性を実現する』（大月書店、2012年）455頁参照。

　たしかに、この条約を批准した時点では、日本政府は、上記の2の(c)については、留保する旨の宣言を行ったが、2012年にはこの留保も撤回したのである。そうとすれば、日本は、中等教育や高等教育に関しても「無償教育の漸進的な導入」をすべき義務を負っていると言うべきなのである[3]。

　現に、前述したように、2010年には、民主党政権下で「公立高等学校に係る授業料の不徴収及び高等学校等就学支援金の支給に関する法律」（その後、「高等学校等就学支援金の支給に関する法律」）が制定されて、高等学校における授業料が原則として無償とされたのである[4]。この法律の制定に自民党は反対したが、しかし、その理由は前述したように「バラマキ」ということであって、憲法違反ということではなかったのである。しかも、安倍政権は、2019年には、消費税の値上げの必要性に関連して、幼児教育の無償化のために「子ども・子育て支援法」の改正を行った。そうとすれば、大学などの高等教育に関しても、無償化することについては法律の制定で可能なことであって、そうしたからといって、憲法違反といった議論が出てくる余地は全くないといってよいのである。

　ちなみに、ドイツでは、国立（州立）大学の授業料は、基本的に無償であるが、そのことがドイツの憲法であるボン基本法にはなんら明記されていない。また、デンマークでも憲法（76条）には小学校教育については無償規定があるが、高等教育についての無償規定はない。にもかかわらず、デンマークでは、大学の授業料は無償とされている。たしかに、フランスでは、1946年憲法が、その前文で「国は、子ども及び成人の教育、職業養成及び教養について機会均

3　なお、日本も批准した児童の権利条約28条も、つぎのように教育の無償化を規定している。「1　締約国は、教育についての児童の権利を認めるものとし、この権利を漸進的にかつ機会の平等を基礎として達成するため、特に(a)初等教育を義務的なものとし、すべての者に対して無償のものとする。(b)種々の形態の中等教育の発展を奨励し、すべての児童に対し、これらの中等教育が利用可能であり、かつ、これらを利用する機会が与えられるものとし、例えば、無償教育の導入、必要な場合における財政的援助の提供のような適当な措置をとる。(c)すべての適当な方法により、能力に応じ、すべての者に対して高等教育を利用する機会が与えられるものとする。（以下略）」。

4　ただし、朝鮮高校の生徒については、無償化は実現していない。この問題については、成嶋隆「朝鮮高校無償化訴訟の諸論点」法政理論50巻1号（2018年）10頁参照。

等を保障する。すべての段階での無償かつ非宗教的な公教育の組織化は国の責務である。」と規定しており、これが現行の1958年憲法にも受け継がれているが、ただ、この規定は、フランスではいわゆるプログラム規定と解されており、実際上は法律による規定で対応しているとされているのである[5]。以上のことに照らせば、日本でも教育の無償化のためにわざわざ憲法を改正する必要はないことが明らかであろう。

　なお、付言すれば、日本における政府の教育費負担の割合は、諸外国に比較してもきわめて劣っていることは広く知られているところである。例えば、UNESCO が発表している「公的教育費の対 GDP 比率国際比較」では、154カ国中で日本は107番目に位置付けられている[6]。また、OECD によれば、教育機関に対する公的教育支出の対 GDP 比率は、比較可能な35カ国中最下位に位置付けられているのである（毎日新聞2019年10月7日）[7]。大学についていえば、国立大学法人に対する運営費交付金は、2004年の1兆2,415億円から減少の一途をたどり、2018年には1兆971億円となっている[8]。このように国際的にみても劣悪な教育環境を是正することが先決問題であり、しかも、それは改憲によることなしにも実現可能なことなのである。教育環境の是正のために改憲を口実とすることは許されないというべきであろう[9]。

5　ドイツやフランスの高等教育の無償制度に関しては、斉藤一久・安原陽平・堀口悟郎「高等教育の無償化に向けての憲法改正の是非」季刊教育法195号（2017年）70頁参照。

6　UNESCO Institute for Statistics の HP。なお、Global Note（https://www.globalnote.jp/p6/）参照。

7　日本経済新聞2017年9月13日も参照。

8　ちなみに、国立大学協会は、2018年8月に「平成31年度予算における国立大学関係予算の充実及び税制改正について（要望）」を提出し、その中でも運営費交付金の削減を批判し、その増額を要望している（国立大学協会の HP 参照）。しかし、この要望は現時点でもなお政府に聞き入れられてはいない。

9　中川律「教育の無償化は憲法改正によって実現されるべきものなのか？」阪口正二郎ほか『憲法改正をよく考える』（日本評論社、2018年）121頁、成嶋隆「安倍改憲と『教育無償化』の欺瞞」憲法ネット103編『安倍改憲・壊憲総批判——憲法研究者は訴える』（八月書館、2019年）60頁。

四　改憲案の問題点

　しかも、自民党の上記改憲案に関しては、その内容に関してもいくつかの問題点があることも併せて指摘しなければならないであろう。

1　教育の無償化条項の欠如

　第1は、上記改憲案を見れば明らかなように、そこには教育の無償化ということはなんら明記されていないということである。ちなみに、自民党は、当初は、「経済的理由によって差別されない」という文言を26条の1項に書くことを考えていたという。ところが、それに対しては、党内からも反対意見が出された。「権利を定めた第1項に明記すれば、多額の財源を要する教育無償化に直結するとの異論が噴出。執行部は努力義務にとどまる第3項ならば、問題は生じないと判断した」（毎日新聞2018年3月1日）というのである。

　つまり、日本維新の会や公明党に配慮して、「教育の無償化」を書こうとしたが、結局は、ことは財政問題と不可分に関わり、無償化を憲法に明記することはむつかしいし、しかも、26条の1項に書き込めば、教育の無償化の要求にもつながるので、26条の3項に「経済的理由にかかわらず教育を受ける機会を確保する」という文言を書き込むことでお茶を濁すことになったというのである。これでは、大山鳴動して鼠一匹ということでしかないといわれても致し方ないであろう。このような条文案であれば、わざわざ憲法を改正して書き入れる意味はまったくないといってよいのである。むしろ、このような規定をわざわざ書き込むことは、教育の無償性を加盟国に要請した上記の国際人権規約からは、後退したものと見なされても致し方ないのである。

　なお、付記すれば、自民党が書き加えようとする「各個人の経済的理由にかかわらず教育を受ける機会を確保する」という文言の趣旨は、すでに現行26条1項の「ひとしく教育を受ける権利を有する」という規定の中に含まれていると解することもできるものである。それだけならば、屋上屋を重ねる規定といってもよく、わざわざ改憲によって書き込む必要性はないものといってよいのである。

2　憲法89条改憲の不要性

　自民党の改憲案に関して、第2に指摘されるべきは、改憲案が、現行憲法89条が「公の支配に属しない慈善、教育若しくは博愛の事業」としているのを、「公の監督が及ばない慈善、教育若しくは博愛の事業」と書き換えている点についてである。この点は、2012年の改憲案と同じであるが、当時の自民党は、その改憲理由を、『Q&A』では、次のように説明していた。「現行憲法89条では、『公の支配』に属しない教育への助成金は禁止されています。ただし、解釈上、私立学校においても、その設立や教育内容について、国や地方公共団体の一定の関与を受けていることから、『公の支配』に属しており、私学助成は違憲ではないと考えられています。しかし、私立学校の建学の精神に照らして考えると、『公の支配』に属するというのは、適切な表現ではありません。そこで、憲法の条文を改め、『公の支配に属しない』の文言を国等の『監督が及ばない』にしました」(27頁)。2018年改憲案でも、「現在の文言では、私学助成が禁止されていると読めることから……現行規定の表現を現状に即した表現に改正する」ことにしたというのである。

　しかし、このような説明は、わざわざ89条を改正する理由としては、根拠が極めて薄弱と言うべきであろう。たしかに、現行憲法89条にいう「公の支配」の意味については、従来からいくつかの異なった意見が出されてきた。学説は、概ね次の3説に分けられているといえよう[10]。①「その事業の予算を定め、その執行を監督し、さらに人事に関与するなど、その事業の根本的な方向に重大な影響をおよぼすことのできる権力を有すること」。この説は、「公の支配」を厳格に解釈し、私立学校法59条や私立学校振興助成法12条で定められている程度の監督では「公の支配」に属するかどうかは疑問であるとする。②「公の支配」を「国家の支配の下に特に法的その他の規制を受けている事業」と緩やかに解して、私立学校法などの規制を「公の支配」に属するとして合憲とする。③「公の支配」の解釈にあたっては憲法14条、23条、25条、26条など他の条項、特に26条との総合的解釈を行い、私立学校法59条や私立学校振興助成法12条による監督の程度をもって「公の支配」の要件を満たしていて合憲であるとする。

10　野中俊彦ほか『憲法Ⅱ（第5版）』（有斐閣、2012年）345頁以下。

136

　これらの中では、現在では、③説が有力であり、これが妥当な解釈であるといってよいと思われる。ちなみに、私立学校法59条は、国または地方公共団体は、教育の振興上必要があると認める場合には、法律の定めるところにより私立学校教育に関して必要な助成をすることができると規定しており、これを受けて私立学校振興助成法12条は、助成を受ける学校法人に対する監督権限として、①業務や会計の報告要求・質問・検査、②収容定員を著しく超えて入学させた場合の是正命令、③予算が不適切な場合の変更勧告、④法令などに違反した場合の当該役員の解職勧告を規定している。これらは、私立学校に対するかなり厳しい監督権限であるといってよいのである。

　この点、政府も、「『公の支配』に属するとは、私立学校その他の私立の事業については、その会計、人事等につき、国又は地方公共団体の特別の監督関係の下に置かれていることを意味するものと解される」[11]として、私立学校についてはその意味での「公の支配」がなされているとして私学助成を合憲としてきたのである。

　これらの点を踏まえれば、わざわざ「公の支配」を「公の監督」に改正する実際上の必要性は、きわめて薄いものと言わざるを得ない。ちなみに、『広辞苑』によれば、「支配」とは「仕事を配分し、指図し、とりしまること」を意味するとされ、また、「監督」とは「目をくばって指図をしたり取り締まったりすること」を意味するとされている。その意味は五十歩百歩であり、わざわざ改憲するほどの問題ではないことは明らかであろう。

3　教育の国家統制強化の危険性

　以上のことを踏まえれば、教育条項に関する改憲論の真のねらいは、教育の無償化とか私学助成の促進にあるのではなく、教育に対する国家統制の強化にあることが明らかになってくると思われる。それを明示しているのが、改憲案の26条に挿入された、「（教育が）国の未来を切り拓く上で極めて重要な役割を担うものである」という文言である。この文言は、自民党の2012年改憲案にも書かれていたものであるが、教育が国民のためではなく、国家のために役立つ

11　阪田雅裕『政府の憲法解釈』（有斐閣、2013年）237頁以下参照。

べきものであるという考え方を示したものとして無視できない重大な問題点を含むと言わざるを得ないと思われる。たしかに、2018年改憲案には、2012年改憲案にはなかった文言、すなわち、「教育が国民一人一人の人格の完成を目指し、その幸福の追求に欠くことのできないものであり」という文言も書かれているが、それは、2018年改憲案においては、本当のねらいを隠蔽するためのいわばイチジクの葉としての意味しかもたないといってよいように思われる。改憲案の本音は、まさに、教育は「国の未来を切り拓く上で極めて重要な役割を担うものである」というところにあると言ってよいように思われる。

　そもそも現行憲法の下で、教育の内容や方法を決める権能といった意味での教育権が国家にあるのか、それとも教師や親を含めた国民の側にあるのかについては、周知のように、国家の教育権と国民の教育権の対立という形で長い間争われてきた問題である[12]。政府は、議会制民主主義の下では、それは、主権者国民の意思を体現した議会が法律などで決めてそれを行政府が執行する権限をもっているとして国家の教育権説の立場をとってきたが、それに対しては、学説上は、国民の教育権説も有力に唱えられてきた。なによりも、憲法26条1項は、教育を受ける権利を国民の権利として保障しているし、また憲法23条は、学問の自由も保障し、学問研究の成果発表という側面をも有する教育内容に関しては、国家の介入を否認するのが憲法の趣旨であると捉えることができるからである。

　この点、判例は、下級審では、家永教科書裁判などで見解が分かれた。例えば、東京地裁のいわゆる杉本判決（1970年7月17日行裁例集21巻7号別冊）は、要旨つぎのように述べた。「国家は教育のような人間の内面的価値にかかわる精神活動については、できるだけその自由を尊重してこれに介入するを避け、児童、生徒の心身の発達段階に応じ、必要かつ適切な教育を施し、教育の機会均等の確保と、教育水準の維持向上のための諸条件の整備確立に努むべきことこそ福祉国家としての責務であると考えられる」。「教育は本質的に自由で創造的

12　この問題については、多数の文献があるが、さしあたり、杉原泰雄『憲法と公教育』（勁草書房、2011年）14頁、永井憲一『教育法学の原理と体系』（日本評論社、2000年）199頁参照。

138

な精神活動であって、これに対する国家権力の介入は極力避けられるべきもの
であり、下級教育機関の公教育の画一化の要請にも自ずから限度があるという
べきであるし、また下級教育機関における公教育内容の組織化は法的拘束力の
ある画一的、権力的な方法としては国家としての公教育を維持していく上で必
要最小限度の大綱的事項に限られ、それ以外の面については、教師の教育の自
由を尊重しつつ、これに対する指導助言等の法的拘束力を有しない方法による
ことが十分可能である。したがって、下級教育機関における教育はその本質上
教材、教課内容、教授方法などの画一化が要求されるとの理由で、下級教育機
関における教授ないし教育の自由を否定するのは妥当でないというべきであ
る」。

　これに対して、いわゆる高津判決（1974年7月16日判時751号47頁）は、要旨つ
ぎのように国家の教育権を容認する判断を示した。「国は、福祉国家として憲
法26条により教育の責務を遂行するため、法律に従い諸学校を設置運営する義
務を負い、国民全体に対して教育の機会均等、教育水準の維持向上を図る責務
を有するから、適法に制定された法令による行政権の行使は、それがかりに教
育内容にわたることがあっても、その内容が教育基本法の教育目的に反するな
ど教育の本質を侵害する不当なものでないかぎり、いわゆる不当な支配に該当
せず、許されるものと解するのを相当とする」。

　以上のような二つの相対立する見解について、最高裁は、旭川学力テスト事
件判決（1976年5月21日刑集30巻5号615頁）で、要旨つぎのように折衷的な見解
を打ち出した。「わが国の法制上子どもの教育内容を決定する権能が誰に帰属
するとされているかについては、二つの極端に対立する見解があり、そのそれ
ぞれが検察官及び弁護人の主張の基底をなしているように見受けられる。当裁
判所は、右の二つの見解はいずれも極端かつ一方的であり、そのいずれをも全
面的に採用することはできないと考える」。「親の教育の自由は、主として家庭
教育等学校外における教育や学校選択の自由に現れるし、また、私学教育にお
ける自由や教師の教育の自由も限られた一定の範囲で肯定するのが相当である
けれども、それ以外の領域においては、一般に社会公共的な問題について国民
全体の意思を組織的に決定、実現すべき立場にある国は、国政の一部として広
く適切な教育政策を樹立、実施すべく、またしうる者として、憲法上は、必要

かつ相当と認められる範囲において、教育内容についても決定しうる権能を有するものと解さざるを得ない」。

　このような最高裁の判決に関しては、国が「必要かつ相当と認められる範囲において」教育内容についても決定しうるとした点で問題が少なくないように思われる[13]。また、判決が、その理由として以下のように述べた点に関しても批判は免れがたいと思われる。「大学教育の場合に学生が一応教授内容を批判する能力を備えていると考えられるのに対し、普通教育においては、児童生徒にこのような能力がなく、教師が児童生徒に対して強い影響力、支配力を有することを考え、また、普通教育においては、子どもの側に学校や教師を選択する余地が乏しく、教育の機会均等をはかる上からも全国的に一定の水準を確保すべき強い要請があること等に思いをいたすときは、普通教育における教師に完全な教育の自由を認めることはとうてい許されない」。教育の自由がないところで、生徒達に自由な批判的能力の育成を求めることは到底できないし、また、教育の機会均等の必要性は、教育のいわゆる外的事項に関しては十分肯認できるとしても、教育内容に関して国が介入する根拠とはなりえないからである。

　他方で、この判決が国家の教育権説を全面的に容認したものではないことも、以下のような判旨からも明らかであろう。「もとより、政党政治の下で多数決原理によってされる国政上の意思決定は、さまざまな政治的要因によって左右されるものであるから、本来人間の内面的価値に関する文化的な営みとして、党派的な政治的観念や利害によって支配されるべきでない教育にそのような政治的影響が深く入り込む危険があることを考えるときは、教育内容に対する右のごとき国家的介入についてはできるだけ抑制的であることが要請されるし、殊に個人の基本的自由を認め、その人格の独立を国政上尊重すべきものとしている憲法の下においては、子どもが自由かつ独立の人格として成長することを妨げるような国家的介入、例えば、謝った知識や一方的な観念を子どもに植え

13　例えば、杉原・前掲注⑿37頁以下は、最高裁判決が、「日本国憲法下の公教育につき、知育中心の原則、知育の独立（自由）の原則、選択教科的徳育禁止の原則、宗教的・思想的・政治的中立性の原則等の確認については、憲法・教育基本法等におけるそれら諸原則を求める多様な関連規定の存在にもかかわらず、なお消極的であった」と批判している。

つけるような内容の教育を施すことを強制することは、憲法26条、13条の規定上からも許されないと解することができる」。

しかし、もし憲法26条についての上記のような自民党の改憲案が成立した場合には、国家の教育権説がこの判決の枠組みをも超えて大手を振ってまかり通る事態になり、公教育へのこれまで以上の国家介入が正当化されることは否定しがたいと思われる。そうなれば、憲法23条が保障する学問の自由およびその一環としての教育の自由や26条1項が保障する子どもの教育を受ける権利も少なからず損なわれてくると思われる。そのような役割を果たすことになりかねない改憲案は、到底支持することはできないというべきであろう。

五　改憲先取り的な教育法制の改編

しかも、自民党の上記のような改憲案に関連して見過ごすことができないのは、改憲論を先取りするかのような教育法制の改編が、すでに2000年代から、とりわけ安倍政権になってから進められているということである。自民党の改憲案は、これらの教育法制の改編を正当化するとともに、それらをさらに促進する役割をもつといってよいように思われる。そこで、以下には、そのような教育法制の改編として、①教育基本法の改定、②地方教育行政法の改定、③国立大学法人法の制定と学校教育法の改定についてごく簡単に言及しておくことにする。

1　教育基本法の改定

まず、教育基本法の改定についてであるが、2006年に第一次安倍政権の下でなされた教育基本法の改定は、戦後まもなく制定された教育基本法の基本的性格を少なからず変更して、国家の教育介入を従来にもまして可能とするものとなったのである[14]。

---

[14]　西原博史『教育基本法「改正」』（岩波ブックレット、2004年）、日本教育法学会編『法律時報増刊・教育基本法改正批判』（2004年）、中川律「教育制度の憲法論」佐々木弘通・宍戸常寿『現代社会と憲法学』（弘文堂、2015年）53頁参照。

　第1に、改定教育基本法は、第2条で5つの「教育の目標」を掲げているが、その中には、「伝統と文化を尊重し、それらをはぐくんできた我が国と郷土を愛するとともに、他国を尊重し、国際社会の平和と発展に寄与する態度を養うこと」が書かれている。ここには、「他国を尊重し、国際社会の平和と発展に寄与する態度を養うこと」も書かれているが、しかし、重点は、「我が国と郷土を愛する」ことにあることは否定できないであろう。いわゆる愛国心教育が学校教育の大きな目標の一つとされているのである。そして、これは2015年に学校教育法施行規則の改定によって具体化されることになる。すなわち、同規則の改定によって「特別の教科　道徳」が設けられて、2018年度からは小学校において、また2019年度からは中学校でもそのような授業の中で教えるべき「徳目」の一つに「我が国と郷土を愛すること」が含まれることになったのである。このような動向を踏まえれば、近い将来に「教育勅語」の復活を想定することは決して杞憂とばかりはいえないのである[15]。

　第2に、改定教育基本法は、教育行政に関する従来の条文を変更して、国が教育内容に介入する度合いを強めることにした。ちなみに、従来の教育基本法10条（教育行政）は以下のような条文であった。「①教育は不当な支配に服することなく、国民全体に対し直接に責任を負って行われるべきものである。②教育行政は、この自覚のもとに、教育の目的を遂行するに必要な諸条件の整備確立を目標として行われなければならない」。これに対して、改定教育基本法16条は、以下のような条文となった。「①教育は、不当な支配に服することなく、この法律及び他の法律の定めるところにより行われるべきものであり、教育行政は、国と地方公共団体との適切な役割分担及び相互の協力の下、公正かつ適正に行われなければならない。②国は全国的な教育の機会均等と教育水準の維持向上を図るため、教育に関する施策を総合的に策定し、実施しなければならない。（③、④は省略）」。

---

[15]　ちなみに、政府は、2017年3月31日に「憲法や教育基本法に反しないような形で教育に関する勅語を教材として用いることまで否定されることはない」という見解を明らかにした。「特別の教科　道徳」の時間で、「教育勅語」が教えられる危険性を危惧する所以である。なお、「教育勅語」の問題に関しては、とりあえずは、教育史学会編『教育勅語の何が問題か』（岩波ブックレット、2017年）参照。

　旧教育基本法では、教育行政は教育の目的を遂行するために「必要な諸条件の整備確立」を目標として行われなければならないと規定して、いわゆる教育の「外的事項」についてのみ国は関与して教育の「内的事項」については、基本的に学校や教師に委ねると解しうる規定となっていた。例えば、旧教育基本法に関して文部省の担当者が監修した『教育基本法の解説』（1947年）でも、この条項の趣旨について、「教育行政の特殊性からして、それは教育内容に介入すべきものではなく、教育の外にあって、教育を守り育てるための諸条件を整えることにその目標を置くべきだというのである」と書いていたのである[16]。しかし、改定教育基本法では、たしかに、「教育は、不当な支配に服することなく」という言葉は残ったが、しかし、「必要な諸条件の整備確立」という文言はなくなり、結果的には、国が教育の「内的事項」についても少なからず介入できる可能性を認める規定となったのである。

　第3に、改定教育基本法17条では、「政府は、教育の振興に関する施策の総合的かつ計画的な推進を図るため、教育の振興に関する施策についての基本的な方針及び講ずべき施策その他必要な事項について、基本的な計画を定め（る）」こととされ、地方公共団体は、この政府の施策を踏まえて、地方公共団体における教育の施策に関する基本計画を定めるものとされた。これによって、地方公共団体は、国の教育振興基本計画にしたがって、地域の教育振興策を策定し、かつ実施せざるを得なくなったのである。

2　地方教育行政法の改定

　教育基本法の改定に伴って、2014年には、地方教育行政法が改定されて、教育委員会制度が大幅に改編されることになった[17]。旧教育基本法の下では、教育は「不当な支配」に服さないように、教育行政を一般行政から分離独立させることが要請されて、そのための制度として教育委員会制度が作られたのであった。1948年に制定された教育委員会法では、「教育は国民全体に対し直接に

16　教育法令研究会『教育基本法の解説』（国立書院、1947年）63頁。なお、堀尾輝久『いま、教育基本法を読む』（岩波書店、2002年）184頁参照。

17　石崎誠也「教育の地方自治と教育委員会制度の改変」日本教育法学会年報44号（有斐閣、2015年）70頁。

責任を負って行われるべきものである」という教育基本法10条の趣旨を踏まえ
て、教育委員は、都道府県または市町村の住民による公選制が採用されていた。
それが、1956年に教育委員会法の廃止と地方教育行政法の制定に伴って公選制
は廃止されたが、ただ、教育委員会制度は維持された。

　ところが、2014年の地方教育行政法の改定は、この教育委員会のあり方に大
幅な改編を加えることになった。第1に、教育長の任命は、従来の教育委員会
委員の互選から、地方公共団体の長が議会の同意を得て行うことになり（4条
1項）、そのように任命された教育長は、事務局の統括者であるとともに、教
育委員会の代表の役割をも兼ねることになった（13条1項）。これによって、地
方公共団体の長による教育長および教育委員会への統制が強化されたのである。
第2に、地方公共団体の首長は、国の教育振興基本計画を参酌して、地方公共
団体の教育・学術・文化に関する総合的な施策の「大綱」を定める権限をもつ
ことになった（1条の3第1項）。第3に、地方公共団体の長が「大綱」の策定
や教育振興の重点施策に関して教育員会と協議する場として「総合教育会議」
が設置されることになった（1条の4）。そして、そこで調整された事項に関し
ては、地方公共団体の長と教育委員会は尊重しなければならないとされたので
ある。これもまた、地方公共団体の長による教育委員会に対する統制の強化を
もたらす意味合いをもつものであることは明らかであろう。このようにして、
国の意向が地方公共団体の長を通して教育長そして教育委員会へと伝えられ、
地方教育行政を国が統制するシステムが制度化されたのである。

3　国立大学法人法の制定と学校教育法の改定

　さらに、教育法制の改編は、大学に関してもなされてきた。国立大学法人法
の制定と学校教育法の改定がそれである。

　まず、2003年には小泉内閣の下でいわゆる行政改革の一環として国立大学法
人法が制定されて、大学の組織運営が、簡単に言えばボトムアップ方式からト
ップダウン方式へと変更された[18]。すなわち、従来は、国立大学における意思
決定は、教授会自治を基本として、それを踏まえて評議会そして学長へという
形でボトムアップ式になされていたのが、国立大学法人法では、新たに役員会
（10条）、経営協議会（20条）、教育研究評議会（21条）が設置されて、それぞれ

について学長が議長として会議を主宰して大学の意思決定の最高責任者としての地位を与えられ、その意思決定がトップダウン式に教員集団に伝えられるという運営方式に変更されたのである。

そして、このような権限をもつ学長の選考については、従来は、評議会が行うとされていたが（教育公務員特例法3条2項）、新たな国立大学法人法では、経営協議会と教育研究評議会の代表からなる「学長選考会議」で選考されることになった（国立大学法人法12条）。ここにおいて、留意されるべきは、経営協議会は、その委員の「総数の二分の一以上」が「当該国立大学法人の役員又は職員以外の者」（いわゆる学外委員）で占めなければならないとされたことである。大学の経営が広く社会に開かれたものにするためと言えば、聞こえがいいが、本音はとりわけ経済界の意向が大学の経営にも反映するように考えてのことと思われる。

もっとも、このような国立大学法人法の下でも、例えば、学長の選考に関しては、多くの国立大学では教員によるいわゆる意向投票がなされて、その意向投票を踏まえて、学長選考会議が学長を選考するという方式をとってきたので、実質的には、さほどの実害はなかったところが多かったようにみえる。そのことをも踏まえてか、2014年には、次に挙げるような学校教育法の改定と並んで、国立大学法人法の改定もなされて、トップダウン方式をより強化する制度作りがなされた。その要点は、学長の選考に関して「学長選考会議が定める基準により」（12条7項）行うようにするとともに、経営協議会の委員の「過半数」はいわゆる学外委員が占めなければならないとされたこと（20条3項）である。

そして、学校教育法の改定に関していえば、従来の学校教育法では、教授会は、「重要な事項を審議するため」の機関と位置づけられ（93条）、いわゆる教授会自治が認められていた。ところが、2014年の学校教育法の改定によって、教授会は、つぎのような事項に関して「学長が決定を行うに当たり意見を述べる」ためのいわば諮問機関とされたのである。「1　学生の入学、卒業及び課

18　国立大学法人法に関しては、多数の文献があるが、とりあえずは、中村睦男「学問の自由と大学の自治の新たな課題」憲法理論研究会編『憲法と自治』（敬文堂、2003年）85頁、常本照樹「大学の自治と学問の自由の現代的課題」公法研究68号（2006年）1頁、市橋克哉「国立大学の法人化」同号160頁参照。

程の終了、2 学位の授与、3 前2号に掲げるもののほか、教育研究に関する重要な事項で、教授会の意見を聴くことが必要なものとして学長が定めるもの。（3項は略）」。しかも、上記の1および2以外の教育研究に関する重要事項に関しては、学長が教授会の意見を聞くことが必要なものと定めたものについてのみ教授会の意見を聞くというように教授会の諮問事項も限定されたのである[19]。

　憲法23条は学問の自由を保障するとともに、いわゆる制度的保障として大学の自治をも保障していることは一般的に認められてきたところである。そして、そのような大学の自治の中心には、教授会の自治が存在していることもまた一般的に認められてきたところである[20]。ところが、この学校教育法の改定によって教授会自治は条文上は少なからず骨抜きにされたと言わざるを得ないのである。

　このように、とりわけ安倍政権の下で進められてきている教育法制の改編は、自民党の改憲案が考えている教育への国家介入の強化を先取りするような内容をもったものといってよいと思われる。上記のような教育法制の改編が、憲法23条や26条の趣旨に合致しないとすれば、それを容認し、かつそれ以上の国家介入を促進することになるような国家主義的な26条の改憲を認めることは到底できないというべきと思われる。

六　小結

　以上、自民党の4項目の改憲案のうち、「教育充実」についての改憲案を簡単に検討してきた。以上の検討から明らかなことは、教育の無償化のためには、

19　中富公一「学校教育法および国立大学法人法の一部改正」『法律時報増刊・改憲を問う』（日本評論社、2014年）197頁および丹羽徹「教育」『法律時報増刊・改憲を問う』（前掲）104頁、光本滋「学校教育法等改正と大学の自治」日本教育法学会年報45号（2016年）36頁。

20　大学の自治と教授会の自治に関しては、松田浩「『大学の自律』と『教授会の自治』」憲法理論研究会編・前掲注(18)113頁、広田照幸「ポスト『教授会自治』時代における大学自治」世界2019年5月号80頁。

146

わざわざ憲法を改正する必要性は基本的にないということである。にもかかわらず、あえて自民党が改憲を提案するのは、日本維新の会や公明党の歓心を買うと共に、教育への財政援助を餌にして、教育への国家介入をさらに強化するためであるといってよい。

　おりしも、2019年5月には、大学等就学支援法（「大学等における就学の支援に関する法律」）が成立して、大学等高等教育機関に就学する低所得者世帯の学生に対する授業料の減免と給付型奨学金の支給が制度化された。この法律に関しても留意すべきは、まずこの法律は一部に大学無償化法と言われているが、決してすべての学生の授業料を無償化したものではないということである。しかも、この法律では大学についても「学問追究と実践的教育のバランスの取れている大学等」[21]とするために、①実務経験のある教員による授業科目が標準単位数の1割以上配置されていること、②法人の「理事」に産業界等の外部人材を複数任免していること、③授業計画（シラバス）の作成、GPAなどの成績評価の客観的指標の設定、卒業の認定に関する方針の策定などにより、厳格かつ適正な成績管理を実施・公表していることなどが要件とされていることである[22]。

　しかし、学生に就学援助を促進するために、学生が通う大学に対してこのような厳しい要件を課すことに一体どのような意味があるというのであろうか。教育への財政援助を餌にして大学教育への国家介入を強化する端的な事例と言わざるを得ないのである。このような教育への国家介入をさらに促進することになりかねない教育条項の改憲は、決して認めるべきではないのである。

---

[21]　文科省「高等教育無償化の制度の具体的に向けた方針の概要」（2018年12月28日）4頁。
[22]　この法律について、小林雅之「大学無償化法の何が問題か」世界2019年8月号229頁は、「明らかにここには、学生支援という巨費を投じるプロジェクトによって、高等教育機関を変えようとする政策意図がある。つまり大学改革が政策の実質的な目的となっている」と述べている。また、前川喜平は、「GDP上昇に貢献するなど国に役立つ人間にはカネを出すが、そうでない人には出さないという発想です」（毎日新聞2019年12月3日）と述べているが、いずれも的を射た指摘と思われる。

第5章 「護憲的改憲論」または「立憲的改憲論」についての疑問

一 はじめに

　安倍首相が、2017年5月3日に憲法9条のいわゆる加憲論を提唱してから、自民党では、改憲への取り組みを加速させて、2018年3月には、①自衛隊の9条加憲、②緊急事態条項、③合区解消と地方公共団体、④教育充実の4項目についての改憲条文案をまとめた。

　このような自民党の動きに対抗して、一方では、改憲反対の動きが野党や市民運動の中から強く出されるとともに、他方では、いわゆる「護憲的改憲論」または「立憲的改憲論」が一部に提唱されることになった。「護憲的改憲論」とは、一言で言えば、現憲法の基本的精神を護りながら憲法の改正を行うべきといった主張であり、また、「立憲的改憲論」とは現憲法の立憲主義を維持した上で、立憲主義を活かす形で憲法を改正すべきであるといった主張である。これらの議論も改憲論であることは明らかであるが、その理由付けが、立憲主義や憲法の精神を護るためという形でなされている点が、自民党の改憲論とは異なるとされているのである。

　もっとも、この種の議論は、なにも今に始まったことではなく、すでに2000年代の初めから出されてきたものである。ただ、当時は、この種の議論はさほど大きな影響力をもつことはなかったが、近年においては、マスコミなどでも取り上げたり、また野党の一部議員が唱えたりして、一定の影響力を持ち始め

ている。そこで、以下には、このような議論の主だった提唱者である大沼保昭、
井上達夫、加藤典洋、今井一、阪田雅裕、山尾志桜里の見解を取り上げて、こ
のような議論が果たして説得力をもつのか否か、そのような改憲論が真に憲法
を護ることになるのか、あるいは立憲主義を活かすことになるのかどうかを検
討することにしたい。なお、「護憲的改憲論」とか「立憲的改憲論」という表
現は、論者によっては必ずしも同じ意味で用いられているわけではないようで
あるが、本章では、特に両者を厳密に区別することなく検討することにしたい。

二　大沼保昭の「護憲的改憲論」

1　大沼説の要旨

　「護憲的改憲論」という言葉をもっとも早い時点で論文のタイトルに用いた
のは、おそらくは、大沼保昭だと思われる。大沼は、すでに1993年に「『平和
憲法』と集団安全保障(1)(2)」[1]という論文を学会誌に発表して、「国際公共価値」
の実現に寄与できる憲法へと従来の解釈を変更するか、またはそのための憲法
改正が望ましい旨を示唆していたが、2004年には、「護憲的改憲論」と題する
論文[2]を発表して、その趣旨をより明確に展開したのである。大沼によれば、
その趣旨は以下のようなものである。

　まず、「護憲的改憲論」とは、どのようなものかといえば、大沼によれば、
「現憲法が有する積極的意義を十分に評価し、現憲法の前文と9条その他に示
された理念を尊重し、継承しつつ、憲法を改正するという点に尽きる」（158
頁）とされる。そして、それは、政治的にみて3つの積極的な意義があるとさ
れる。第1は、護憲的改憲論は、時代錯誤的な復古的な改憲論やもっぱら日米
同盟を強調する対米追随的な改憲論に対して、現憲法の意義を強調し、現憲法
の理念を継承するリベラルで未来志向的な改憲論となりうる。こうした改憲論

1　大沼保昭「『平和憲法』と集団安全保障(1)(2)」国際法外交雑誌93巻1号1頁、同2号44
　頁（1993年）。
2　大沼保昭「護憲的改憲論」ジュリスト1260号（2004年）150頁。なお、大沼は、中央公
　論2018年5月号の鼎談「激変する安保環境　9条といかに向き合うか」30頁以下でも同種
　の「護憲的改憲論」を説いている。

は、21世紀の広範な国民の期待に応えるものでありうる。第2に、9条の改正に対して生じるであろう中国、韓国などのアジア諸国の反発を和らげ、国際的文脈で改憲がもたらす摩擦を最小限に抑えることができる。第3に、護憲的改憲論を基礎に国民的議論を尽くすことにより、憲法改正をめぐる国論の深刻な亀裂を和らげ、9条の文言と自衛隊、日米安保体制の乖離が国民の間に生じさせている憲法へのシニシズムを克服し、多くの国民に祝福された形で21世紀の新たな憲法を生み出すことができる。

　大沼によれば、たしかに、憲法9条は、制定以来半世紀にわたって十分にその歴史的役割を果たした大変優れた憲法であった。しかし、1980年代以降の日本と日本を取り巻く国際社会の変化に対応できなかった。9条の精神を説き続けることは尊いが、しかし、それを説くだけでは、各国の武力行使を止めさせることはできない。そのためには、日本も、侵略や人道法の大規模な侵害を阻止・鎮圧する国連の軍事行動には、それが武力行使を伴うものであっても、できるだけ参加して悲惨な事態を終わらせるべきである。

　9条に関して政府は、日本の軍事力、安全保障政策という実態とあまりにも乖離した憲法の理念を「解釈」で取り繕う手法を重ねてきており、それはすでに憲法という国家の基本法の軽視とシニシズムを生み出す危険水域に入っている。

　大沼は、このように述べて、「護憲的改憲論」を説いているが、具体的に、改憲論の条文案は示していない。ただ、大沼によれば、「国連安保理の決定、要請、授権のある国際公共的な安全保障行動には積極的に参加することができること、またそうした積極的国際協調主義を明文で示す改憲が望ましい」（158頁）としている。

2　大沼説についての疑問

　第1に、「護憲的改憲論」という場合、「護憲的」の意味をどのように理解するかという問題があるが、この点、大沼は、上述したように、「現憲法が有する積極的意義を十分に評価し、現憲法の前文と9条その他に示された理念を尊重し、継承しつつ、憲法を改正するという点に尽きる」と述べているだけで、それ以上は、必ずしも明らかではない。「現憲法の前文と9条その他に示され

た理念を尊重し、継承しつつ」といっても、その具体的な中味は定かではないのである。たしかにかつての復古的な改憲論とはちがうという趣旨はわかるが、具体的に憲法前文と9条の理念や内容をどのように理解して、継承するのかが必ずしも定かではないように思われる。これでは、自民党的な改憲論との違いも不明確なままである。「護憲的」という言葉が、単に「改憲」の実態をカモフラージュするために用いられているというのは、言いすぎであろうか。

　第2に、この点とも関わって、大沼は、現在の憲法においても、「国連の平和維持活動はもちろんのこと、武力行使権限を有する国連の部隊として自衛隊を派遣することは合憲的になし得るはずである」と述べ、さらには「集団的自衛権の行使も個別的自衛権とともに認められていると変更することも、不可能ではないだろう」(157頁)と述べているのである。ここで大沼は、政府さえも認めていない国連軍への自衛隊の参加とかフルスペックの集団的自衛権の行使をも容認しているようにみえるが、それをも現憲法の理念を尊重した解釈であるとは私には到底思われないのである。それこそ、憲法の理念を「解釈」で取り繕うことになるのではないかと思われる。

　第3に、かりにそのような解釈が可能だとすれば、憲法の理念と日本の軍事力や安全保障政策との間の乖離に伴う憲法の軽視とシニシズムはさほど生じないはずである。また、そうだとすれば、あえて「護憲的改憲論」を提唱する現実的な意味はさほどないはずである。大沼の憲法解釈論と「護憲的改憲論」の主張との間には少なからざる乖離があるように思われる。あるいは、現在の憲法の下でも国連軍への参加や集団的自衛権の行使が可能だけれども、あえてそれらが明示的に可能なように改憲するから「護憲的改憲論」となるということであろうか。

　第4に気になるのは、大沼が、国連の武力行使や集団的自衛権の行使を「国際公共価値」の実現という名の下にややもすれば安易に正当化する嫌いがあるようにみえることである。例えば、アメリカや旧ソ連などによって行使された集団的自衛権の行使は、基本的に大国の利害のための武力行使ではあっても、「国際公共価値」の実現のための行動とは到底いえないものであった[3]。国連の名の下に行われる武力行使も、安保理事会が拒否権をもつ大国の利害によって左右されて必ずしも「国際公共価値」という名にふさわしいものばかりではな

かったのである。たしかに、国連の PKO 活動はそれなりに国際紛争の停戦合意とその後の平和維持のために積極的な役割を果たしてきたし、それを「国際公共価値」の実現に資する活動と評価することはできると思われるが、日本がそれに参加するについては、必ずしも武力行使を伴う参加である必要はないと思われる。憲法の非軍事平和主義の趣旨に則った参加も可能なのだから、あえて、そのための 9 条の改憲は不要だと思われるのである[4]。

　以上、大沼の「護憲的改憲論」については、その形容矛盾的なネーミングを解消するだけの説得力をもつとは言えず、それ自体の中に矛盾をはらむ議論であると言わざるを得ないように思われる。

三　井上達夫の「9 条削除論」

1　井上説の要旨

　井上は、2005年に「九条削除で真の『護憲』を」という論文[5]を発表して、9 条削除論を提唱したが、その後、2015年には、「九条問題再説」と題する論文[6]を発表し、さらに、『リベラルのことは嫌いでも、リベラリズムは嫌いにならないでください』(2015年)や『憲法の涙』(2016年)など[7]の著書を刊行して9 条削除論を主張している。そして、最近では、上記の論文などをも収録した著書『立憲主義という企て』(2019年)[8]で、改めて 9 条削除論を展開している。そこで、同書に即して、井上の主張の要旨を記せば、次のようになると思われる。

3　この点については、さしあたりは拙著『「安全保障」法制と改憲を問う』(法律文化社、2015年)27頁以下。また、国際法の観点からする詳細な検討については、松井芳郎『武力行使禁止原則の歴史と現状』(日本評論社、2018年)32頁以下参照。

4　なお、大沼に対する批判としては、奥平康弘「第九条における憲法学説の位置」法律時報76巻 7 号(2004年)27頁、愛敬浩二『改憲問題』(ちくま新書、2006年)143頁参照。

5　井上達夫「九条削除で真の『護憲』を」論座2005年 6 月号17頁。

6　井上達夫「九条問題再説」『法の理論』33号(2015年) 3 頁。

7　井上達夫『リベラルのことは嫌いでも、リベラリズムは嫌いにならないでください』(毎日新聞出版、2015年)、同『憲法の涙』(毎日新聞出版、2016年)。

8　井上達夫『立憲主義という企て』(東京大学出版会、2019年)。

　まず、井上によれば、立憲主義とは「『法の支配（rule of law）』の理念を憲法に具現して発展させる企てである」（3頁）。そして、「法の支配」とは、一言で言えば、「どの政治勢力が政治的闘争に勝とうとも、政治的決定の『正当性』についての自己の信念を他者に押しつける欲動を、他者にとっての『正統性』への配慮によって自制することを要請する〈公正な政治的競争のルール〉」である。「立憲民主主義体制」とは、「このような法の支配の理念を現実化・具体化する制度装置である」（242頁）。

　そして、「改正要件を加重厳格化した成文硬性憲法によって通常の民主的立法過程を通じた修正から保護さるべき憲法規範は、民主的政治競争の公正性と被差別少数者が侵害されやすい基本的人権を保障することにより政治的決定の『正統性』を確保するルール（およびかかるルールを運用し担保する諸機関の権限配分ルール）に限定され、『正当な政策』が何かをめぐる論争は通常の民主的政治過程で裁断され、かかる裁断もこの民主的政治過程における再検討・修正に開かれるべきである」（243頁）。

　このような観点からすれば、「正しい安全保障政策」が何かは、「まさに、通常の民主的な政治過程で争われるべき政策課題である。これについて対立競合する政治勢力がそれぞれの政治的選好を憲法規範化して『固定』ないしは『凍結』させようとする一方で、敵にそれをやられたら逆に憲法を無視・曲解するのは、憲法を〈公正な政治的競争のルール〉から『政争の具』へと堕落させるものである」（244頁）。

　ところで、井上自身は、国際社会で戦争あるいは武力行使がいかなる場合に許されるかについて、①積極的正戦論、②無差別戦争観、③絶対平和主義、④消極的正戦論の4つの考え方があるとする（222頁以下）。ここにおいて、①積極的正戦論とは、戦争主体の価値観に基づいて世界を道徳的に改善することを正当な戦争原因とみなす「攻撃的な戦争への正義・権利」の原理に立つ考え方であり、②無差別戦争観とは、戦争原因の正・不正を不問にして、国家が国益追求手段として戦争に訴えることを容認する考え方であり、③絶対平和主義とは、自衛戦争を含めてあらゆる戦争を不正とみなす考え方であり、④消極的正戦論とは、戦争主体の価値観に基づく世界の道徳的改善のための手段としての戦争に訴えることを排除し、正当な戦争原因を侵略に対する自衛に限定する考

え方をいうとされる。これらの考え方の中で、井上自身は、④の消極的正戦論の考え方をとるとされるが、ただ、それを憲法典に明記することは、上記のような理由で望ましくないというのである。

このような観点から、井上は、自衛隊や日米安保条約を違憲と主張する「原理主義的護憲派」と、自衛隊や日米安保条約は合憲としつつも集団的自衛権の行使や明文改憲に反対する「修正主義的護憲派」の双方を批判する。井上によれば、「原理主義的護憲派」は自衛隊や安保条約は違憲といいながら、それを変える努力をせずに、その現実の便益だけを享受して居直っているとされるし、また、「修正主義的護憲派」は従来の政府見解と同じ解釈改憲を採用しながら、安倍政権の解釈改憲は批判するというご都合主義、政治的欺瞞を働いているとされる。そして、護憲派の一番の罪は、その政治的欺瞞を、憲法を使ってごまかそうとしていることであるとされる。改憲派も護憲派も、ともに欺瞞に耽っているが、護憲派の場合は、「自らの政治的ご都合主義を、憲法を利用して隠蔽しようとしている点で、政治的欺瞞に加えて憲法的欺瞞を犯している。その意味で、護憲派の欺瞞の方が、立憲主義の精神を腐食させる点で、一層危険である」。安倍政権が安保法制を解釈改憲で実現したのは、「改憲派が護憲派の欺瞞を『より便利な方法』として模倣してきたことを意味する。これを護憲派が立憲主義の蹂躙と批判するのは、『天に唾する』行為であり、その唾は自らに降りかかってくる」（239頁以下）。要するに、「憲法９条は立憲主義にとって異物であるばかりか、それがはびこらせる政治的欺瞞は立憲主義の精神を蝕んできた。憲法の本体を救うために、この病巣を切除することこそ、真の護憲の立場である」（207頁）。

井上は、このように９条削除論を主張した上で、具体的に改憲案をも提案している（300頁以下）。その中身は、９条については、もちろん、１項と２項をともに削除するというものであるが、それに加えて「戦力統制憲法規範」としていくつかの条文を書き加えるものとなっている。そのすべてはここで引用する必要はないであろうが、例えば、「安全保障のために戦力を保有するか否か、又、戦力の編成と運営および軍事裁判に関わる事項は、法律により定める。（以下、略）」（59条の２）とか、「安全保障のために戦力の保有を法律で定めた場合は、兵役に服する能力のある国民はすべて、法律の定めるところにより、一

定期間兵役に服する義務を負う。(以下、略)」(30条の2)といった条項の加筆
修正を提案しているのである。

　もっとも、井上は、このように9条削除論を提案しつつも、それが「最善
案」ではあるが、ただ、それは、「戦後70年以上にわたって9条問題に欺瞞の
封印を捺してきた日本の政治家・国民にとっては、いまはまだ『ラディカルす
ぎる』と思われるだろう」(306頁)とする。そして、それが簡単には実現出来
ないとすれば、「次善案」としては、専守防衛・個別的自衛権の枠内で戦力の
保持・行使を承認する憲法9条2項の明文改正などをすべきだし、あるいは
「三善策」としては、憲法9条2項削除または明文改正による自衛戦力の保
有・行使の承認などをすべきであるとする。

2　井上説に対する疑問

　このような井上の議論に対しては、つぎのような疑問あるいは批判を提示す
ることが可能と思われる。

　まず第1に、世界の多くの憲法はなんらかの形で平和や安全保障に関する規
定あるいは軍隊の統制に関する規定を設けている。軍事力や戦争をいかに統制
するかは、近代立憲主義の最大の課題の一つであった。例えば、イギリスの権
利章典（1689年）第6項は、「平時において国会の承認なくして国内で常備軍を
徴集してこれを維持することは法に反する」と規定していたし、また、アメリ
カのヴァージニア権利章典（1776年）13項は、「平時における常備軍は自由にと
り危険なものとして避けなければならない。いかなる場合においても、軍隊は
文権に厳格に服し、その支配を受けなければならない。」と規定していた。さ
らに、フランスの1791年の憲法は、第6編で侵略戦争の放棄をつぎのように規
定していた。「フランス国民は、征服を行うことを目的とするいかなる戦争を
企てることをも放棄し、かついかなる人民の自由に対してもその武力を決して
行使しない」。

　軍隊や戦争に関する規定は、このように近代憲法において国家権力を統制す
るための当然の規定であった。そして、そのことは、現代の世界の憲法におい
ても同様である。というよりは、二度の世界大戦を経て制定された諸国の憲法
には、戦争違法化の国際的潮流を踏まえて侵略的戦争を放棄する旨の規定が少

なからず取り入れられているのである（1946年フランス憲法前文、1947年イタリア憲法11条、1949年（西）ドイツ基本法26条など）。日本国憲法も、まさに「政府の行為によって再び戦争の惨禍が起ることのないやうにすることを決意し（て）」（前文）制定されたものなのである。9条の1項と2項をともに削除すべきとする井上の議論は、このような世界の憲法の常識そして日本国憲法の制定の趣旨を無視したものであり、あえてそのような議論を説く意味はまったく見当たらないというべきであろう。

井上は、このような9条削除論が憲法の常識からはずれた議論であることを内心では自覚しているからであろうか、「次善策」や「三善策」をも提案している。あるいは、これが井上の本心なのかもしれないが、しかし、これらの策は、9条削除論とは論理的にも相容れないものである。9条削除論が、井上の「法哲学的根拠」に支えられものであるとすれば、「次善策」とか「三善策」といったあいまいな策を提示していることは、9条削除論の法哲学的破綻を自ら示しているようにもみえるのである。

第2に、井上の上記のような議論は、立憲主義、そしてそれと結びついた「法の支配」についての井上の独自の理解とも密接に結びついている。一般に「法の支配」とは、「専断的な国家権力の支配（人の支配）を排斥し、権力を法で拘束することによって、国民の権利・自由を擁護することを目的とする原理」（芦部信喜）とされているし[9]、ここで「法」を憲法に言い換えたものが簡単にいえば「立憲主義」ということになると思われるが、井上の「法の支配」の定義には、したがってまた立憲主義の定義にはいかなる国家権力も人権を保障した憲法に服さねばならないという側面が希薄であるようにみえる。9条削除論を安易に説いているのも、そのような人権を保障した憲法が国家権力を統制するという視点が弱いことと関連があるように思われる。

第3に、9条削除論が今日の憲法政治状況の中でどのような政治的役割を果たすのかについて、井上の認識はきわめて甘いものといえる。9条削除論はもしそれが実現したならば、野放図な集団的自衛権の行使容認への道を開くことになることは明らかであろう。それは、井上自身がよかれと考える「消極的正

---

9 芦部信喜（高橋和之補訂）『憲法（第七版）』（岩波書店、2019年）13頁。

156

戦論」とも相反することになると思われるが、そのようなことを井上は、きちんと考えていないのではないかと思われる。政治的な感覚においてあまりにもナイーヴというべきであろう。

　第4に、井上は、自衛隊や日米安保を違憲とする「原理主義的護憲派」が自らは違憲と言いながらも、手をこまねいていて、その現実の便益だけを享受するという欺瞞を働いていると批判しているが、しかし、「原理主義的護憲派」はこれまで何もしてこなかったわけでは決してない。まさにそのような「原理主義的護憲派」の護憲運動があったからこそ、戦後70年間自衛隊は必要最小限度の自衛力として専守防衛の枠内に留まり、自衛隊が海外での戦争に出兵して戦死者を出すこともなく、他国の人々を殺戮するようなこともしてこなかったのである。「原理主義的護憲派」がいなかったならば、おそらくは、自衛隊員にも少なからざる戦死者を出していたであろうことと思われる。「原理主義的護憲派」の果たしてきたそのような役割を認めようとしないとすれば、それは、あまりにも一面的な事実認識と言わざるを得ないと思われる。

　第5に疑問というべきは、井上が、もし戦力の保持を法律で定めた場合には、徴兵制をも合わせて導入すべきだという議論を（良心的兵役拒否制度の導入と合わせて）展開していることである。この点に関して、井上は、つぎのように述べている。「自衛戦争に伴う犠牲を社会の周辺的少数者に集中転嫁せず、国民の誰もが平等にこれを負うことは、無責任な好戦感情の暴走を抑止するために必要であるだけでなく、自衛戦力行使の犠牲とコストを他者に転嫁して、自らは自衛戦力がもたらす安全保障上の便益だけを享受するというフリー・ライディングを排除する公平性の要請でもある」（232頁）。このような議論は、井上が支持するというリベラリズムとはどのように整合するのであろうか、疑問というほかはない。国民は、自分の生死についての最終的な判断権を国民自らがもつべきだというのが、日本国憲法13条が規定している自己決定権であるし、またそれと不可分に結びついた平和的生存権の考え方である[10]。それは、日本国憲法が基本原理とする人権尊重の最低限の条件である。井上の徴兵制導入論

<hr>

10　とりあえずは、拙著『人権・主権・平和——生命権からの憲法的省察』（日本評論社、2003年）95頁参照。

は、それと真っ向から対立するものである。どちらが個人の尊厳と自由を尊重するリベラリズムの思想に適合的かは明らかであると思われる。

　最後に、たしかに、憲法9条の非軍事平和主義と現実との間には大きな乖離がある。しかし、この点については、丸山真男がかつて「憲法第9条をめぐる若干の考察」(1965年)[11]の中で述べた要旨つぎのような指摘が基本的に妥当すると思われる。

　合衆国憲法修正14条と15条は人種などを問わず一切の市民の平等を規定しているが、100年近くの間それに反する現実が行われてきた。にもかかわらず、この条項を改正して人種不平等を規定しようとする提案はなされてこなかった。これらの規定は、政府の政策決定を方向づけてきたのである。憲法9条も、それを現実の政策決定への不断の方向づけと考えてはじめて、本当の意味でオペラティヴになるということだ。つまり、自衛隊がすでにあるという点に問題があるのではなくて、どうするかという方向づけに問題がある。したがって憲法遵守の義務をもつ政府としては、防衛力を漸増する方向ではなく、それを漸減する方向に今後も不断に義務づけられている。したがって主権者たる国民としても、一つ一つの政府の措置が果たしてそういう方向性をもっているかを吟味し監視するかしないか、それによって第9条はますます空文にもなれば、また生きたものにもなるのだと思う(37頁以下)。

　なお、丸山にならって合衆国憲法についていえば、第1条8節11項が連邦議会の権限として「戦争を宣言する」と定めていることも参考にされるべきであろう。この規定は、アメリカの歴史において多くの場合守られてこなかったが、しかし、それにもかかわらず、この規定を改廃しようとする動きがアメリカにあるという話を、私は寡聞にして知らない。文民統制のいわば要の規定を改廃するわけにはいかないし、この規定が、丸山のいうところの「方向付け」の役割を果たしてきたことを、米国国民は認めてきたからであろう。

　憲法9条と「現実」との間に矛盾があるとしても、だからといって「現実」に合わせて9条を削除したり、改編したりすることが立憲主義にかなうという

---

[11]　丸山真男「憲法第9条をめぐる若干の考察」同『後衛の位置から』(未来社、1982年)37頁。

短絡的な発想をとることはできないのである[12]。むしろ、「現実」を9条に合わせる努力を真摯に行うことこそが、立憲主義の精神にかなうし、それこそが真に護憲的な対応というべきと思われる。

四　加藤典洋の「9条強化案」

1　加藤説の骨子

　加藤は、憲法9条についてしばしば発言をしてきたが、その内容は必ずしも一貫したものではない。まず、1997年に刊行した『敗戦後論』[13]では、9条の「選び直し」が必要だとして要旨つぎのように述べていた。

　「わたし達は、やはり現行憲法を一度国民投票的手段で『選び直す』必要がある。私たちは、その条項（憲法96条）に訴えて、たとえば平和条項を手に取るのか、捨てるのか、選択すればよい。その選択の結果、たとえ第9条の平和原則が日本国民により、捨てられたとしても、構わない。私は個人的にはこの平和原則を私たちにとり、貴重なものと考えるから、こういう事態は好ましくないが、しかし、憲法がタテマエ化し、私たちの中で生きていない現状よりはましである」（73頁以下）。

　それから10年経過した2007年には、「戦後から遠く離れて」と題する論文[14]を発表して、憲法9条と自衛隊の共存をつぎのように述べた。

　「筆者は、10年前の著書では、憲法9条の理念を自分の価値観に照らし、よきものと考え、それが自己欺瞞なく活かされるよう、これを現在の自衛隊から『切り離す』道を探ろうとしたのだが、憲法9条は、『理念』だけで国民の間に生きている存在ではなかった。そうではなくそれは、憲法の理念と自衛隊の存

12　なお、井上の見解に対する批判的検討としては、愛敬浩二・前掲注(4)148頁および同「政治問題としての憲法九条・再説」法の理論34（成文堂、2016年）147頁参照。また、大塚茂樹『心さわぐ憲法九条』（花伝社、2017年）118頁や郭舜「憲法第9条削除論」滝川裕英ほか編『逞しきリベラリストとその批判者たち——井上達夫の法哲学』（ナカニシヤ出版、2015年）179頁も参照。

13　加藤典洋『敗戦後論』（講談社、1997年）73頁以下。

14　加藤典洋「戦後から遠く離れて」論座2007年6月号28頁。

在からなる『理念と現実』のシャム双生児として……存在していた。」「われわれは憲法を自衛隊から『切り離す』のではなく──切り離せばいまある意味での両者は、死んでしまう──この憲法と自衛隊のシャム双生児的ありようから、憲法 9 条の生命と意思を、受け取るべきだったのである。」（39頁）。

ところが、2015年に刊行した『戦後入門』[15]では、つぎのような 9 条改憲案を提案するに至っている（551頁以下）。

> 9 条　日本国民は、正義と秩序を基調とする国際平和を誠実に希求し、国権の発動たる戦争と、武力による威嚇又は武力の行使は、国際紛争を解決する手段としては、永久にこれを放棄する。
> 2　以上の決意を明確にするため、以下のごとく宣言する。日本が保持する陸海空軍その他の戦力は、その一部を後項に定める別組織として分離し、残りの全戦力は、これを国際連合待機軍として、国連の平和維持活動及び国連憲章第47条による国連の直接指揮下における平和回復運動への参加以外には、発動しない。国の交戦権は、これを国連に移譲する。
> 3　前項で分離した軍隊組織を、国土防衛隊に編成し直し、日本の国際的に認められている国境に悪意をもって侵入するものに対する防衛の用にあてる。ただしこの国土防衛隊は、国民の自衛権の発動であることから、治安出動を禁じられる。平時は高度な専門性を備えた災害救助隊として、広く国内外の災害救援にあたるものとする。
> 4　今後、われわれ日本国民は、どのような様態のものであっても、核兵器を作らず、持たず、持ち込ませず、使用しない。
> 5　前 4 項の目的を達するため、今後、外国の軍事基地、軍隊、施設は、国内のいかなる場所においても許可しない。

　加藤が、このような提案をする理由は、要約すれば、以下のようなものである。第 1 に、戦後日本は、対米従属関係の下にあった。しかし、この従属関係は、現在の憲法 9 条をそのままにした状態では断ち切ることができない。それ

15　加藤典洋『戦後入門』（ちくま新書、2015年）。なお、加藤は、その後、『9 条入門』（創元社、2019年）を刊行しているが、この本では、9 条改憲論については正面からは論じておらず、伊勢崎賢治が提示している国連の集団安全保障を基調とした改憲論を紹介して、「私の憲法 9 条案は、この伊勢崎案と両立が可能です」（279頁）と述べるにとどめている。

160

を断ち切るためには、外国の基地は置かない旨を憲法に明記する必要がある。第2に、その代わりに日本の安全保障は、国連中心主義をとることによって確保することが必要であり、そのことをはっきりとさせるために、国連の指揮下におかれる国連待機軍を創設することを憲法に明記する。第3に、国家の自衛権と国民の自衛権をはっきりと区別し、国土の防衛用に高度に専門性をもった必要最小限度の軍事組織をもつと共に、そのような軍事組織は治安出動はしない旨を明記する。第4に、非核三原則を憲法で明記することで、日本の非核の立場を鮮明にする。

2　加藤説の問題点

　加藤は、以上のような提案を「9条強化案」と呼び、「憲法9条の大原則——国の自衛権を含め、交戦権を放棄する——は、理念上、崩していない」（451頁）としているが、果たしてそのようにとらえることができるのであろうか。私は、いくつかの疑問を禁じ得ないのである。

　第1に、憲法9条2項は、戦力の保持を禁止しているが、加藤は、この規定を削除して、その代わりに、自衛隊を改編して「軍事組織としての国土防衛隊」の創設を定めた新たな規定を置いている。それは、いわば「陸海空軍その他の戦力」の保持を認めることになると思われるが、それがどうして9条の精神を生かす「9条強化案」になるのであろうか。私には理解できないのである。

　第2に、加藤は、「国土防衛隊」として再編成された戦力は、国民の自衛権の発動であり、国家の自衛権の行使は禁止されているので、治安出動はできない旨を憲法に明記するとしている。しかし、治安出動の可否は、国家の自衛権と国民の自衛権を区別する根拠にはなり得ないのではないか。たしかに、現在の自衛隊法で認められている治安出動を否認して、より国民に近い軍事組織にしようとする意図は理解できるが、ただ、そのことによって国家の自衛権が国民の自衛権になるということは必ずしも言えないと思われる。

　第3に、加藤は、積年の対米従属関係を断ち切るために、外国軍隊の基地を日本の国内には一切許可しない旨を憲法に書き込むことを提案している。その気持ちは、理解できなくはないが、ただ、憲法9条は、一切の戦力の保持を禁止しているので、この9条の趣旨からすれば、本来外国の軍隊の基地を日本国

内に設置することは違憲であって認められないはずである。米軍の駐留の合憲
性が問題となった砂川事件で東京地裁の伊達判決は、そのような憲法9条の趣
旨を踏まえて米軍の駐留を違憲としたが、最高裁は、9条がその保持を禁止し
た戦力は日本自身が指揮権管理権をもつ軍隊であって、外国の軍隊は9条では
禁止されていないとした。このような解釈そのものが間違ったものであって、
憲法9条の解釈を伊達判決のように改めて、日米安保条約を同条約10条に従っ
て破棄すれば、米軍の駐留はなくなるはずである。わざわざ憲法9条に外国軍
隊の基地の設置を禁止する規定を設ける必要はなく、あえて設けるとすれば、
それは憲法9条の趣旨を明確にするために法律レベルでの規定を設ければよい
のである。

　第4に、加藤は、日米安保条約に変えて日本は国連中心主義をとるべきだと
して、そのために現在の自衛隊の一部を「国連待機軍」へと改編して、国の交
戦権を国連に委ねることを提案している。加藤は、その理由の1つとして、日
本の安全保障を国連に委ねる考え方は、1951年の対日講和条約の当時から存在
していたことを指摘している。たしかに、そのこと自体は間違いではないが、
ただ、現実には、国連軍が創設される可能性は極めてすくないと思われる。し
かも、現在の国連は安保理事会が核大国の常任理事国の拒否権によって左右さ
れるという非民主的な運営がなされているので、そのような現状の下において
は、国連軍の創設に積極的になることにも疑問があると思われる。現在のとこ
ろ、国連のPKOが国際社会の平和の維持回復のために一定の積極的な役割を
果たしているので、日本としては、自衛隊の一部を国際救助隊として改編して、
非軍事のPKO活動に参加することで国際社会の平和の維持回復に努力する途
を選んだ方がよいと思われる。

　最後に、加藤が非核三原則を憲法に明記すべきだと提案している点について
は、その気持は理解できなくはない。日本は初の被爆国として核の残酷さをど
この国よりもよく分かっているはずであることからすれば、非核三原則をはっ
きりと憲法に掲げるということは、それなりに国際社会に対しても強力なメッ
セージにはなると思われる。しかし、現在の憲法9条は一切の戦力の保持を禁
止しているので、その規定からすれば、核兵器の保持も当然に禁止されている
はずである。そのことが必ずしも明確ではないとすれば、まずは「非核三原則

法」といった法律の制定を行うことが重要ではないかと思われる。同様の法律
は、例えば、ニュージーランドで1987年に制定されているし、それにならった
法律を制定することで日本の非核の姿勢を内外に明らかにすることができると
思われる。

　以上、加藤の「９条強化案」には、たしかに、９条の理念をより現実化する
側面もあるが、しかし、他方では、９条の非軍事平和主義を損なう側面も少な
くない。このような改憲案は、結局は、自民党などの９条改憲案と合わせて、
９条改憲の雰囲気作りに資することになる点も注意することが必要だと思われ
る。

五　今井一の９条改憲論

1　今井説の骨子

　今井は、2003年に『「憲法９条」国民投票』[16]という本を出して、そこで、憲
法９条について国民投票を行うべきだという提案をしている。その趣旨は、憲
法９条と現実との乖離が甚だしくなっているので、それを放置することはでき
ないので、国民投票で、軍隊不保持・戦争放棄の「９条の本旨」を護るのか、
それとも９条を改正して自衛隊や日米安保の存在を認めるかを決めるべきだと
いうものである。今井によれば、この国民投票で、９条の改正が認められたな
らば、自衛隊は日本軍になり、集団的自衛権の行使も可能となり、そして、条
文と実態との乖離がほぼ完全に解消されることになる。他方で、９条改正案が
承認されなかった場合にはどうなるのか。その場合に、自衛隊や日米安保がそ
のまま残るというのでは「公平性に欠ける」ので、国会は、あらかじめ自衛隊
を国境警備隊などに段階的に解消し、日米軍事同盟体制も段階的に解消すると
いう「約束」をして、その上で国民投票に臨み、国民投票の結果、９条改正が
否認されたならば、その「約束」を護るようにするというのである[17]。

　その後、今井は、『「解釈改憲＝大人の知恵」という欺瞞』(2015年)[18]という
著書においては、以下のような９条改正案をまとめている（149頁）。

16　今井一『「憲法九条」国民投票』（集英社新書、2003年）19頁。

日本国民は、正義と秩序を基調とする国際平和を誠実に希求し、侵略戦争は、永久にこれを放棄する。

二　わが国が他国の軍隊や武装集団の武力攻撃の対象とされた場合に限り、個別的自衛権の行使としての国の交戦権を認める。集団的自衛権の行使としての国の交戦権は認めない。

三　前項の目的を達するために、専守防衛に徹する陸海空の自衛隊を保持する。

四　自衛隊を用いて、中立的立場から非戦闘地域、周辺地域の人道支援活動という国際貢献をすることができる。

五　76条 2 項の規定にかかわらず、防衛裁判所を設置する。ただし、その判決に不服な者は最高裁に上告することができる。

六　他国との軍事同盟の締結、廃棄は各議院の総議員の 3 分の 2 以上の賛成による承認決議を必要とする。

七　他国の軍事施設の受け入れ、設置については、各議院の総議員の 3 分の 2 以上の賛成による承認決議の後、設置先の半径10キロメートルに位置する地方公共団体の住民投票において、その過半数の同意を得なければ、これを設置することはできない。

　このような 9 条改正案をまとめた背景にあるのは、基本的には、その著書のタイトルにもあるように、 9 条の下でも自衛隊や日米安保を合憲とする「解釈改憲」を改憲派も護憲派も「大人の知恵」として「暗黙の了解」をしてきたが、それはまさに「欺瞞」であるという認識である。今井は、つぎのように言う。「60年安保以降、護憲・改憲両派の暗黙の了解により、 9 条の本質的議論はほ

17　しかし、今井のような「約束」が憲法改正の発議に際して行われるということは非現実的な想定であり、また仮にそのような「約束」がなされたとしても、それはなんら法的な拘束力をもつものではない。したがって、このような「約束」を前提として憲法改正の発議を提案すること自体、公正さを欠いたものと思われる。

18　今井一『「解釈改憲＝大人の知恵」という欺瞞』（現代人文社、2015年）149頁。なお、今井は、護憲派が 9 条の字句にとらわれていると批判するが、しかし、今井の方こそ、立憲主義を憲法の文言が現実と一致しているべきだという意味にとらえて、両者が離反している場合には、現実に合わせて憲法を改正すべきだと主張する。しかし、立憲主義は、単に現実と憲法の文言が合致しているかどうかが問題となるだけではない。憲法の中味がまさに問題となる。憲法が基本的人権や平和主義を内容としているかどうか、あるいはそのような志向をもった内容かどうかがまさに問題となるのである。

とんどなされなくなった。政府や国会議員および国民がそろって、『日米安保は違憲なのか、自衛隊は軍隊なのか、我々は軍隊をもつのか、自衛戦争をするのか』といった問題についてわざと曖昧にし、触れてこなかったのだ。」（12頁）。

　また、今井は、自衛隊や日米安保を違憲とする人達と合憲とする人達が9条の明文改憲反対ということで一致して「護憲」として運動をすること自体についても、それは「条文護持」にすぎず、自衛戦争を認めるか否かという9条問題の本質を回避するものであって、欺瞞的であると批判する。今井は、そのような運動を展開している団体として、具体的に「九条の会」の名前をあげて批判している。そして、そのような「欺瞞」を止めて立憲主義を取り戻すためには、①9条を維持して、自衛隊や日米安保を違憲とする主張を堅持してその廃棄を主張するか、②それとも自衛隊や日米安保を容認するのならば、現在の9条を改正して、上記のような専守防衛の自衛隊の設置を認めるようにするか、それとも、③自民党の改憲草案にあるように集団的自衛権の行使を認めるように憲法を改正するか、それらのいずれかの案を国民は国民投票で決めるべきであるとする。

　もっとも、現在の国民投票法では、3択の投票の仕方は想定されていないので、今井は、まず予備的な国民投票を提案する。そこで3つの案の中でどれを国民の多数が選ぶかを決めて、そこで多数を得た案を国会は発議して正式の国民投票にかけて改正案の是非を主権者として国民が最終決定するというのである。そうすることで、立憲主義をとり戻すことができるというのである。

2　今井説に対する疑問

　今井の以上のような見解についても、いくつかの疑問が提起されうると思われる。まず、疑問点の第1は、事実認識に関する疑問である。自衛隊も日米安保も合憲とする「解釈改憲」について護憲派と改憲派との間に「暗黙の了解」があったとする今井の認識は歴史的な事実に必ずしも合致していないと思われる。しかも、今井は、60年安保以降にそのような「暗黙の了解」があったというが、60年安保以降に、例えば、恵庭事件や長沼訴訟、さらには百里訴訟などの自衛隊違憲訴訟が提起されたことを今井はどう考えているのであろうか。こ

れらの訴訟を護憲の立場で闘った人達は、改憲派とはいかなる意味でも「暗黙の了解」などはしてこなかったのである。学説上も、自衛隊や日米安保を違憲とする護憲派は多数存在し、「解釈改憲」を批判してきたのである。政党や論壇レベルでも、そのような批判の声は少数かもしれないが決してないわけではなかった。ただ、そのような声が、必ずしも国民の多数の支持を得ることができずに、政府による「解釈改憲」がなされてきたということであって、そのことは「暗黙の了解」があったということでは決してないのである。

　第 2 に、今井は、「九条の会」を具体的にあげて、自衛隊や日米安保を違憲とする護憲派とそれらを合憲としつつも明文改憲には反対する護憲派が一緒に明文改憲反対の運動を展開するのは、「条文護持」の運動であって、本質的な問題を隠蔽する運動だと批判しているが、しかし、この批判はあたらないと思われる。たしかに、「九条の会」には、今井のいうように自衛隊や日米安保を違憲とする人達と合憲とする人達がともに 9 条の明文改憲や集団的自衛権行使反対ということで結集していると思われるが、それは、「九条の会」が設立された2004年の時点から現在に至るまでの最大の緊急課題が、憲法 9 条の明文改憲を阻止し、また集団的自衛権の行使容認を阻止することにあるという認識を「九条の会」の呼びかけ人の人達やそれに賛同する人達が共有してきたからである。そのような認識を共有している人達が一緒になって運動を展開することは、なんら不思議なことでも、「欺瞞的」なことでもない。今井は、自衛戦争を認めるか否かが本質的な問題であって、その問題について意見が一致しない人達が一緒に運動をするのはおかしいというが、しかし、明文改憲の是非や集団的自衛権の行使の是非がより現実的で差し迫った問題であると考えることは、なんらそれ自体まちがったことではない。自衛戦争を認めるか否かという問題は、その当面の問題と共に、あるいは、その問題が解決した後でじっくりと運動体の内外で協議していくということで、なんら批判するにはあたらないのである。

　第 3 に、たしかに、憲法 9 条と現実に存在する自衛隊や日米安保との間には大きな矛盾が存在している。安倍政権の下で集団的自衛権の行使までも限定的とはいえ容認されることになって、その矛盾はまさに極限まできているといってよいと思われる。まさに立憲主義の危機といってよいと思われる。しかし、

その責任は他ならぬ政府の側にあるのであって、護憲派の側にあるのではない。護憲派の側には力量不足があったとしても、危機を招いた責任があるような言い方は決して正しいとはいえないのである。

　もちろん、憲法規範と現実との乖離は、決して望ましいものではないが、しかし、そのような乖離は他の憲法規範でも少なからず見られる現象である。例えば、憲法25条の生存権の保障規定がその一例である。憲法はすべての国民に健康で文化的な最低限度の生活を保障しているが、しかし、この規定は、憲法施行以来70年以上の間、きちんと守られてきた試しがない。のみならず、安倍政権は、一方では、アメリカの要請をも受けて軍事費を増大させつつも、他方では、生活扶助費の削減を図っている。生活困窮者の間には、飢餓者もいるし、また飢餓寸前の人達もいる。このように憲法25条の規範と現実との間には大きな矛盾が存在しているが、しかし、これは立憲主義に反するから、憲法25条の規定を改正しようとする声はほとんど上がっていないのである。憲法25条が、個人の尊厳を実現する上で重要な目標を定めた規定であるという認識が国民にはもちろんのこと、政府の側にもあるからだと思われる。

　第4に、今井の9条改憲論自体にみられる矛盾も指摘せざるをえない。今井は、上記のように、9条3項に「専守防衛に徹する陸海空の自衛隊を保持する」という規定を設けることを提案しているが、他方で、同条6項では、「他国との軍事同盟の締結、廃棄は各議院の総議員の3分の2以上の賛成による承認決議を必要とする」と規定して、各議院の特別多数があれば、「他国との軍事同盟の締結」も可能だとしている。つまり、専守防衛はたしかに原則ではあるけれども、軍事同盟の締結、つまりは、集団的自衛権の行使も場合によっては可能とされているのである。これでは、自民党の9条改憲論とどうちがうのか、定かではない。違憲の現実に憲法規範をすりあわせることが立憲主義だというのでは、立憲主義が泣くというものだと思われる。

　最後に疑問と言うべきは、今井が提案する予備的国民投票の実施とその後の正式の国民投票というやり方である。かりに予備的な国民投票で現在の9条をそのまま維持するという案が多数を占めた場合には、それを国会は憲法96条の手続で改憲の発議を行うというのであろうか。そのような改憲の発議はそもそもできない相談なのである。現在の9条をそのまま維持するという提案は、改

憲の提案でもなんでもないからである。予備的国民投票制を設けること自体が
憲法上不可能だとは、私も必ずしも思わないが、しかし、今井のように憲法改
正の国民投票の前段階として予備的国民投票を考えるのであれば、予備的国民
投票の対象となるのは、憲法改正の対象となりうるものでなければならないし、
現在の9条をそのまま維持するという案をも予備的国民投票の対象とするとい
う今井の提案は、この案が、そのまま予備的国民投票で多数を占めることはな
いという想定があってのことなのであろうか。かりにそうであるとすれば、そ
れこそ、主権者国民をないがしろにした「欺瞞的」な提案と言うべきだと思わ
れる。このような予備的国民投票は、認めるべきではないのである。

六　阪田雅裕の9条改憲論

1　阪田説の要旨

　元内閣法制局長官の阪田は、2015年の安保法制（戦争法制）の制定の際には、
この法制が従来の政府解釈の核心的部分の変更を意味するものであって憲法論
としては疑問があるとする議論を展開したが、その議論は従来の政府見解を熟
知した元内閣法制局長官によるものであっただけに一定の説得力をもつもので
あった[19]。ところが、2017年5月以降に安倍首相が9条加憲論を主張しだして、
9条改憲論が焦眉のテーマとなるに及んで、阪田は、雑誌「世界」掲載の論文
「憲法九条改正の論点」[20]で以下のような9条加憲論を提起するに至ったのであ
る（77頁）。

---

　③　前項（＝第2項）の規定は、自衛のための必要最小限度の実力組織の保持
　　を妨げるものではない。
　④　前項（＝第3項）の実力組織は、国が武力による攻撃を受けたときに、こ
　　れを排除するために必要な最小限度のものに限り、武力行使をすることがで
　　きる。
　⑤　前項の規定にかかわらず、第3項の実力組織は、わが国と密接な関係にあ

19　阪田雅裕『憲法9条と安保法制』（有斐閣、2016年）17頁以下参照。
20　阪田雅裕「憲法九条改正の論点」世界2018年1月号72頁。

> る他国に対する武力攻撃が発生し、これにより我が国の存立が脅かされる明
> 白な危険がある場合には、その事態の速やかな終結を図るために必要な最小
> 限の武力行使をすることができる。

　阪田がこのような提案をした理由は、一つには、政府サイドから提案されて
いるような9条加憲論に対する批判がある。阪田によれば、例えば、「前項の
規定は、自衛（又は日本国の防衛）のための必要最小限度の実力組織を保持する
ことを妨げるものではない」といった条文案では、「『自衛』の意味内容があい
まいで一義的でない点で、憲法規範としては致命的な欠陥がある」とするので
ある。阪田によれば、「そもそも法令中の用語は、その概念が一義的であるこ
とが必須の要件であり、解釈に争いがあり得る用語を定義なしで用いるような
ことは許されない」。「この改正案の『自衛』のように重要で、多義的な用語の
理解をもっぱら立案者の意図に委ねるようなことは立法の作法としてあっては
ならないのである」(77頁)。

　他方で、阪田によれば、「安保法制に多くの国民が反対した大きな理由の一
つが、限定的な集団的自衛権の行使容認は現在の9条に違反するという、いわ
ゆる立憲主義の視点からのものであった」。したがって、「立憲主義を理由とし
た反対があり得ない」ような改正案であればよいことになるので、上記のよう
な改正案を提案するというのである。これによって、「9条の改正が仮に『違
憲な安保法制』を合憲化する結果になったとしても、違憲の法律が効力を有し
ている立憲主義違反の状態は是正される」。「そして何よりも、安保法制に体現
されたわが国の防衛政策の是非について、私たち有権者が改めて一票を投じる
機会を得られることは大いに歓迎するべきであろう。正直に、そして正確に現
在の自衛隊を明記した憲法改正案を発議することこそが、法的にも、政策の当
否という面でも、この問題を決着させるための王道であると考えている。」(78
頁)。

2　阪田説についての疑問

　上記のような阪田の9条改憲案も、立憲主義違反を是正するための改憲案で
あるという点では、安倍首相などの改憲案とはそのねらいが異なっているとい

うことができるが、しかし、このような改憲案についても以下のような疑問が提起されざるを得ないと思われる。

　第1に、安保法制に多くの国民が反対した理由の一つが立憲主義違反という点であったことは確かであるが、しかし、そうであるとすれば、なおさらのこと、まずは、その立憲主義違反の状態を糺すことが先決問題であるはずである。立憲主義違反の状態を糺すということは、安保法制を一旦は廃止するということであって、安保法制を追認するような改憲案を提案することではないはずである[21]。阪田のような提案は、結局は、立憲主義違反を正当化することにつながると言わざるを得ないのである。

　第2に、安保法制に多くの国民が反対した理由は、それが立憲主義に違反するというだけではなく、それがたとえ限定的であれ、集団的自衛権の行使を容認する内容をもつものだという点にあったことは明らかであろう。従来の専守防衛の政策を捨ててアメリカなどの戦争に軍事的に協力することに対する批判が反対のもう一つの大きな理由であったのである。このような反対論の立場からすれば、限定的な集団的自衛権の行使を容認する阪田提案には到底賛成できないことになるのである。

　第3に、阪田は、「正直に、そして正確に現在の自衛隊を明記した憲法改正案を発議することこそが、この問題を決着させるための王道である」とするが、しかし、かりに阪田の提案するような改憲案が国民投票で否決された場合に、政府は、安保法制を廃止する措置を確実にとるという保障はあるのかといえば、その保障はないように思われる。たしかに、その時点で政権が交代していれば、安保法制が廃止される可能性は高くなるが、しかし、自公政権が続いた場合には、国民投票で阪田案が否決されたとしても、安保法制はそのまま存続し、この問題についての決着は付けられないままに残る可能性が高いように思われる。その意味では、阪田案は、決して「この問題を決着させるための王道」とはなり得ないのである。

21　内田雅敏「自衛権の根拠は何に求めうるか」世界2018年3月号94頁参照。

七　山尾志桜里の「立憲的改憲」論

1　山尾説の要旨

　山尾は、『立憲的改憲』（2018年）[22]の中で、現在の9条では権力に対する立憲的歯止めにはなっていないので、その歯止めを明確にするためとして、現行の9条はそのままにした上で、「9条の2」としてつぎのような条文を追加することを提案している（375頁）。

1項　前条の規定は、我が国に対する急迫不正の侵害が発生し、これを排除するために他の適当な手段がない場合において、必要最小限度の範囲内で武力を行使することを妨げない。

2項　前条第2項後段の規定にかかわらず、前項の武力行使として、その行使に必要な限度に制約された交戦権の一部にあたる措置をとることができる。

3項　前条第2項前段の規定にかかわらず、第1項の武力行使のための必要最小限度の戦力を保持することができる。

4項　内閣総理大臣は、内閣を代表して、前項の戦力を保持する組織を指揮監督する。

5項　第1項の武力行使に当たっては、事前に、又はとくに緊急を要する場合には事後直ちに、国会の承認を得なければならない。

6項　我が国は、世界的な軍縮と核廃絶に向け、あらゆる努力を惜しまない。

　山尾が、このような改憲案を提案した理由としては、「憲法の本質的役割は権力統制にあるにもかかわらず、最も権力が先鋭化する『自衛権』という実力を現状の憲法9条で統制することができなかった」（18頁）という認識がある。そのような認識を踏まえて山尾は、上記のような改憲案を提示するのであるが、その趣旨はつぎのようなものであると、山尾自身は説明している（376頁以下）。

　まず、「国民と国際社会の納得に支えられる観点から、9条1項2項は存置

---

[22]　山尾志桜里『立憲的改憲』（ちくま新書、2018年）374頁以下。なお、山尾「『立憲的改憲』とは何か」小林よしのり他『ゴー宣〈憲法〉道場Ⅰ』（毎日新聞出版、2018年）10頁も参照。

する。その上で、追加条項において、旧 3 要件を明記して自衛権の範囲を統制する」。そして、「現行安保法制のように集団的自衛権の一部を解除する解釈を厳に禁ずるため、『我が国に対する急迫不正の侵害』と明記する」。さらに、「旧三要件下での個別的自衛権行使のための必要最小限度の戦力保持を憲法上明文で許容することで、組織としての『自衛隊』の根拠規定とする。しかし、その時々における『自衛隊』が『旧三要件下での個別的自衛権行使のための必要最小限度の戦力』として合憲であるかどうかは、不断の検証にさらされるべきであるという立場に立つ」。「『自衛隊』を記載するより、『自衛権』の統制が本質であり、その手続き的統制については、現時点では最低限『国会の原則事前承認を要し』かつ『内閣を代表する内閣総理大臣による指揮命令権に服する』ことを明記する」。以上のように、自衛権の範囲と手続きを統制した上で、「それらは究極的には前文及び憲法 9 条の非戦平和の理想に近づくための手段であることを確認し、唯一の被爆国として核廃絶と国際平和を呼びかける平和国家としての精神は戦後一貫して変わらないことを宣言するため、『軍縮』と『非核』の精神を書き込む」。

2　山尾説に対する疑問

　以上のような山尾説に対する疑問の第 1 は、山尾が、9 条の戦力不保持規定はそのままにした上で、「9 条の 2」で、「戦力」の保持を容認するというあからさまな矛盾を犯しているということである。たしかに、「9 条の 2」でその保持を認められる「戦力」は、「第 1 項の武力行使のための必要最小限度の戦力」とされているが、しかし、このように「戦力」の保持が認められる以上は、9 条 2 項の戦力不保持規定は、完全に無意味なものとされるのである。9 条 2 項の戦力不保持規定を無意味にする規定の導入を提案しつつ、なお 9 条 2 項の規定を残そうとする趣旨は「国民と国際社会の納得に支えられる観点から」と山尾はいうが、しかし、それこそ、国民と国際社会を惑わすものと言わざるを得ないであろう。自民党の 2018 年 3 月の改憲案でも、「戦力」の保持は規定していなかったことを考えれば、山尾の改憲案は、自民党の改憲案以上に、9 条 2 項の戦力不保持規定をないがしろにするものと言えなくもないのである。

　たしかに、山尾案では、上述したように、保持できる「戦力」に一定の限定

が付されているが、しかし、それは、実際に「戦力」の内容を限定する規範的な意味をもつのかといえば、ほとんどないと言ってよいと思われる。そのことは、前引したように、「自衛のための必要最小限度」といっても、「『自衛』の意味内容が曖昧で一義的ではない点で、憲法規範としては致命的な欠陥がある」と阪田雅裕が述べていることからも、また、山尾自身が、後述するように、さらなる「自主防衛力の強化」を主張していることからも明らかであろう。自衛隊は、このような改憲案によって、大手を振って軍事力の拡大を行うことが可能となるのである。

　第2に、山尾が武力行使の旧三要件を憲法に明記しようと提案している点についても、問題が存している。これは、たしかに、集団的自衛権の行使を否認する意味合いをもたされているようであるが、しかし、他方で、個別的自衛権の行使に限定したものかといえば、必ずしもそうとも読み取れないのである。なぜならば、第一要件にある「急迫不正の侵害」という言葉はそれ自体多義的で広い意味内容をもっており、必ずしも武力攻撃に限定されているわけではないからである。かくして、このような要件の下では、わが国に対する直接的な武力攻撃以外の「侵害」、例えば、警察力による侵害やサイバー攻撃などに対しても、強力な戦力で対抗することが可能になっているのである。さらに言えば、かりに「急迫不正の侵害」を「急迫不正の武力攻撃」と言い換えたとしても、それが厳格に守られるという保証はなんらないのである。樋口陽一は、つとに、「立憲主義を援用しつつ唱えられる改憲主張には、『護憲』的明文改憲論として機能するための保証が大幅に欠けている」と述べているが[23]、この言葉は、ほぼそのまま山尾の改憲案についても妥当すると思われる。

　第3に、山尾の改憲案では日米安保条約の違憲性については何らの言及もなく、その存続が前提とされているということである。そのことは、山尾が、「もちろん今すぐ日米安保を根本的に変えるということではないのです。まずは理路整然と日米地位協定の正常化を進めながら一方で自主防衛力を強化し、

23　樋口陽一「立憲主義に敵対する改憲論と、改憲論の論拠としての立憲主義」全国憲法研究会編『法律時報増刊・憲法改正問題』（2005年）6頁。なお、清水雅彦「『立憲的改憲論』の問題点」法と民主主義2018年4月号23頁も参照。

漸進的に日米関係の再構築を図っていく」(346頁)(傍点・引用者)と述べていることからも明らかであろう。言い換えれば、山尾の個別的自衛権とは日米安保条約による米国の集団的自衛権の行使にバックアップされたものでしかないということである。しかし、立憲主義違反ということでいえば、自衛隊の存在に勝るとも劣らない程度に日米安保条約による米軍の駐留の問題があると思われるが、山尾は、前者については立憲主義を理由として自衛隊の存在を改憲によって認知する一方で、後者に関しては目をつぶって不問に付そうとしているのである。立憲主義という言葉の恣意的な利用と言われても致し方ないと思われる。

　第4に、山尾は、9条の改憲案と合わせて憲法裁判所の導入論も提唱していて、これらを「立憲的改憲」のための「車の両輪」であるとしている。山尾によれば、「憲法裁判所」構想は、「政権の違憲的ふるまいに対して、裁判所が中立的専門的立場から『違憲か合憲か』を判定し、違憲であればそれを是正させる権能を強化する」(27頁)ためのものであるとされるが、しかし、憲法裁判所を設置すれば、9条違反の国家行為が是正されると考えるのは、あまりにもナイーブな発想と思われる。これまでの日本の裁判所では、長沼訴訟や砂川事件などのように9条に忠実な判決は下級審で出されていて、そのことが、9条の形骸化に一定の歯止めの役割を果たしてきたが、憲法裁判所が設置されたならば、違憲審査権は下級審から剥奪されて憲法裁判所に専属することになる。そのような制度の下で、憲法裁判所が、9条に関して「政権の違憲的ふるまい」に対して違憲判断を言い渡すことを期待することはきわめて困難であると思われる。むしろ、「政権の違憲的ふるまい」を正当化する可能性が少なくないと思われる。そのような危険性をはらむ憲法裁判所の導入を「車の両輪」とした9条改憲論は、立憲主義の実を挙げることには決してつながらないといってよいと思われる[24]。

---

[24] 憲法裁判所導入論に対する批判については、拙稿「付随的違憲審査制の課題」樋口陽一ほか『新版・憲法判例を読みなおす』(日本評論社、2011年)278頁参照。

八　小結

　以上、いわゆる「護憲的改憲論」または「立憲的改憲論」を提唱している人達に関して、それらの見解の要旨を紹介すると共に、それら見解に対する疑問を述べてきた[25]。本章のまとめとして、以下の3点ほどのことを述べておくことにする。

　その第1は、立憲主義の意味についてである。立憲主義の意味については、上記の論者の間でも必ずしも一致した理解がなされているわけではないように思われるので、ここでは、まず、その点を明確にしておきたい。近代以降に用いられてきた立憲主義（constitutionalism）とは、国家権力も憲法規範に拘束されて、その下で国政を担当し、憲法規範は制限規範として機能することを、その基本的特色としているということである[26]。そして、ここで憲法規範という場合、その内容は、典型的には、1789年のフランス人権宣言に示されている。同宣言は、第16条で、承知のように、「権利の保障が確保されず、権力の分立が規定されないすべての社会は憲法をもつものではない」と規定して、権利の保障と権力分立が近代的憲法の基本的な内容をなすととらえていた。ただ、このような人権宣言は、まさに絶対王政を打倒して国民主権が確立することで発せられたことを踏まえれば、国民主権もその基本的内容をなしていることは明らかである。したがって、近代立憲主義とは、人権保障、権力分立および国民主権を基本的内容とする憲法規範に国家権力も拘束されて、その下で国政を運

---

[25]　なお、本章で「護憲的改憲論」または「立憲的改憲論」として取り上げた議論は、マスコミなどで「新9条論」といった形で紹介されている議論とほぼ重なっている。この種の議論については、渡辺治「日本の平和のために憲法改正が必要なのか――新九条論批判」渡辺ほか編『日米安保と戦争法に代わる選択肢』（大月書店、2016年）164頁、青井未帆「『新九条論――リベラル改憲論』の問題点」木村草太ほか『「改憲」の論点』（集英社新書、2018年）45頁参照。

[26]　芦部・前掲注(9)13頁以下参照。なお、マクヮルワイン（森岡敬一郎訳）『立憲主義　その成立過程』（慶応通信、1966年）29頁は、「立憲主義の最古の、又最も恒久的な特質は、法による統治権の制限であり、このことは初めから現在まで変わることがない」と述べている。

営する原理ととらえられることになる。

　ところが、憲法規範がなによりも国家権力に対する制限規範であるという特質は、しばしば権力担当者によって軽視されてきた。自民党の2012年の改憲案は、それを顕著に示すものであるが、安倍首相の憲法観にもその点が否定しようもなく見受けられる。上記の論者の中では、井上の立憲主義の理解の中にもそのような傾向を見ることができる。これでは、立憲主義のための改憲ということの意義そのものが疑わしいことになりかねないのである。しかも、憲法規範と現実との間に大きな乖離があるので、違憲な現実に憲法規範を合わせるということは、立憲主義を取り戻すというよりはむしろ立憲主義の軽視や無視を正当化することになる点に留意する必要があると思われる。

　第2は、立憲主義と平和主義の関係についてである[27]。この問題については、従来、大きく分けて以下の4つほどの見解が出されてきた。①両者を整合的に捉える見解、②両者を緊張関係にあるとする見解、③絶対平和主義と立憲主義は相容れないが、憲法の平和主義を「温和な平和主義」と捉えることで、両者の調和的な理解を図ろうとする見解、④憲法の平和主義は立憲主義と矛盾するので、憲法9条は削除すべきだとする見解。これらの見解の中で、最後の④は井上達夫の見解であり、これに対する批判はすでに述べた通りであるので、ここでは繰り返さない。③の見解は、長谷部恭男の見解であるが[28]、長谷部は、立憲主義とは異なる価値観をもつ人々が平和的に共存し、公平に社会的コストと便益を分かち合う仕組みを築くための考え方で、そのために公私を区別して、「善き生」については私的領域に封じ込める考え方であるとする。そして、絶対平和主義は人々の「善き生」を外部からの侵略によって否定することになりかねないので、立憲主義とは相容れないが、憲法の平和主義を自衛力の保持を認めて人々の「善き生」を守る「温和な平和主義」と解することで、立憲主義との矛盾を解消しようとする。ただ、この見解に関して言えば、まず立憲主義の理解の仕方として、権力に対する統制という立憲主義の核心部分をもっと強

調すべきだし、また非軍事平主義が個々人の「善き生」をないがしろにするわけでは決してなく、むしろ人々の「平和的生存権」を保障することに配慮していることに留意すべきだと思われる。また、②の見解は、高橋和之の見解であるが[29]、たしかに、現実にそのような緊張関係があることは事実であるが、問題はその緊張関係を解消するためにどうすべきかということである。道は二つに一つであり、私見では、まずは安全保障関連法を廃止し、自衛隊の縮小を図ることで、憲法の平和主義の理念に現実を近づけるように努めることが必要と思われる。以上のように考えれば、立憲主義と平和主義の関係については、①の見解が妥当といってよく、学説上も、深瀬忠一、奥平康弘、杉原泰雄、樋口陽一など、多数の学説がこの見解を採用しているといってよいと思われる[30]。

　たしかに、諸外国の立憲主義は、上述したように、人権保障、権力分立そして国民主権を基本的内容とするもので、平和主義はその中味には通常入れられてこなかったといってよい。しかし、日本国憲法の場合には、まさに「政府の行為によって再び戦争の惨禍が起ることのないやうにすることを決意し（て）」制定されたものであり、憲法9条に示された非軍事平和主義は日本国憲法の核心的な内容をなすといってよいと思われる。このようにとらえれば、日本国憲法の示す立憲主義は平和主義と一体のものとして理解することが適切であろう。学説上も、そのことを言い表すために「立憲平和主義」という言い方が、深瀬忠一、上田勝美、浦田賢治などによってなされてきたが[31]、私も、このような言葉を日本国憲法の立憲主義の特色を示す言葉として用いることができると考えている。このような立場からすれば、憲法の非軍事平和主義を形骸化する形での改憲は、決して立憲主義の回復に資するものとはいえないことに留意すべきであろう。

29　高橋和之『立憲主義と日本国憲法（第4版）』（有斐閣、2017年）67頁。

30　深瀬忠一「恒久世界平和のための日本国憲法の構想」深瀬ほか編『恒久世界平和のために』（勁草書房、1998年）35頁、奥平康弘『憲法を生きる』（日本評論社、2007年）182頁、杉原泰雄『憲法Ⅰ　総論』（有斐閣、1987年）396頁、樋口陽一「戦争放棄」樋口編『講座憲法学2』（日本評論社、1994年）109頁など。

31　深瀬・前掲注(30)38頁、上田勝美『立憲平和主義と人権』（法律文化社、2005年）81頁、浦田賢治編『立憲主義・民主主義・平和主義』（三省堂、2001年）43頁。

　第3に指摘しておくべきは、いわゆる専守防衛を憲法9条に書き込むことで立憲主義を取り戻すことができるという議論に関してである。井上の「次善案」がそれだし、また今井や山尾の改憲案も基本的には専守防衛のための改憲案であろう。しかし、井上の「次善案」については、それが「9条削除論」と論理的に矛盾することを指摘したし、また今井の改憲案については、専守防衛に徹したものではなく、集団的自衛権の行使を容認するものであることを指摘したところである。さらに、山尾の改憲案は、日米安保による米国の集団的自衛権の行使に裏打ちされたものであることも指摘したところである。

　それでは、集団的自衛権に裏打ちされない形で専守防衛に徹した改憲案が提唱された場合には、どう考えるべきかという問題がある。そのような改憲論に関して問題となるのは具体的にどのような条文をこのような案の提唱者は考えているのかということである。一般的には、専守防衛という言葉をそのまま書き込むということもありうるであろうが、しかし、この言葉は、多義的で使う人によって様々であることは、政府自身が安保法制の下でも専守防衛は維持されているとしていることによっても示されている。あるいは、専守防衛という言葉を用いないで、「自衛のための必要最小限度の実力組織またはその限度での武力行使」という言葉を使うことも考えられるが、しかし、このような案については、阪田雅裕が、前述したように、「『自衛』の意味内容があいまいで一義的でない点で、憲法規範としては致命的な欠陥がある」と述べていることが、基本的には、そのまま妥当するといえるのである。

　このようなことを踏まえれば、専守防衛を憲法典に書き込む改憲の試みは、立憲主義の回復に資することはなく、むしろ専守防衛の名の下で立憲的統制を弱化させることに道を開くことになると思われる。結局のところは、軍事力およびその行使に関する立憲的統制ということであれば、現在の憲法9条がまさに究極の統制のあり方を規定しているといってよく、これを為政者に遵守させるように務めることこそが、立憲主義の回復と発展に資するように思われるのである。

第6章　憲法9条の意義と東北アジア非核化の課題

一　はじめに

　安倍9条改憲を阻止し、憲法9条を護り活かしていくためには、まずは、安倍9条改憲の危険性を訴えていくことが必要であるが、それとともに、憲法9条がこれまで果たしてきた役割、また今後とも果たしうる積極的な役割を明らかにすることも重要であろう。ここでは、それを、①戦後日本の平和に貢献してきた9条、②「不戦の誓い」と戦後補償の指針としての前文・9条、③国際平和に寄与する9条、④自由と民主主義を下支えする9条、⑤「大砲よりバター」を下支えする9条、⑥環境保護の指針としての9条、⑦平和的生存権の役割の7点にわたって明らかにすることにしたい。

　そして、それとの関連で、憲法9条を護り活かすためには、朝鮮半島をめぐって現在起きている非核化のための話合いの動きに日本も積極的に関わっていき、日本をも含めた東北アジアを非核化するために積極的に努力していくことも必要ではないかと思われる。そうすることによって、東北アジアを戦争の脅威がない地域にして、9条改憲の必要性がないようにするとともに、9条を東北アジアにも活かしていくことができるのではないかと思われる。以下には、そのことを具体的に明らかにすることにしたい。

二　憲法9条の積極的意義

1　戦後日本の平和に貢献してきた9条

　まずはじめに、戦後70年余りの間、日本が戦争を行うことがなく、まがりなりにも平和を維持することができたのは、憲法9条があったからであることを確認したい。もし憲法9条がなかったならば、日本は日米安保体制の下で海外での戦闘に自衛隊は出動して内外に多数の戦死者を出していたであろうことはほぼ明らかと思われる。そのことは、韓国がアメリカの要請にしたがってベトナム戦争に出兵して約5千人の戦死者を出したことや、またドイツがNATOの要請にしたがってアフガニスタンに出兵して50人ほどの戦死者を出したこととの対比においても明らかであろう。

　また、2018年には明治維新150年ということがいわれたが、前半の77年（1868年〜1945年）と後半の73年（1945年〜2018年）とを比較したら、前半の77年間ではほとんど10年に一度は戦争をしてきたことと対比して、後半の73年間では憲法9条の下で一度も戦争をしてこなかったことによっても、明らかであろう。

　アメリカで「九条の会」を作ったチャールズ・オーバビーは、そのことをつぎのように述べている。「朝鮮戦争以来、たしかに憲法9条が貶められ空洞化されたのは事実である。でもほとんどの人が気づいていないのは、第2次大戦の終結このかた、主としてこの73文字の金言のおかげで、日本以外の土地で日本兵によって殺された人間がただの一人もいない、という点である。アメリカやソ連それに他の大国と較べて、これは日本人たるもの大いに誇ってよいみごとな実績である」[1]。また、日本文学の代表的研究者であるドナルド・キーンもその晩年に言っている。「憲法9条のすばらしさは、戦後の日本が一人の戦死者も出してこなかったことに表れています。70年の長きにわたって平和であったことは、歴史を振り返っても、とても珍しいことです」（朝日新聞2019年3月

1　チャールズ・オーバビー（国弘正雄訳）『地球憲法第九条』（講談社インターナショナル、1997年）86頁。

16日）。

　ちなみに、2018年4月の共同通信の世論調査では、「日本が戦後海外で武力行使をしてこなかったのは、9条があったからだと思うのか」という質問に対して、そうだと回答したのが69％で、他の要因もあったからという回答が29％であった（東京新聞2018年4月26日）。国民の多数も、憲法9条のそのような役割を認めているのである。

　このような見方に対しては、承知のように、戦後日本の平和は日米安保体制によって守られてきたという考え方が政府当局者などによって出されているが[2]、しかし、その考え方は基本的に間違っていると思われる。第1に、日米安保体制が戦争を抑止する役割を果たしてきたという見方が誤りであることは、「核抑止」論が幻想であることによっても示される。この点について詳しくは後述するが、日本や韓国がアメリカの「核の傘」の下にあることでロシアや中国は核装備を強化し、また、北朝鮮も核開発を進めているのである。北朝鮮の核開発が日本にとって脅威であるとすれば、それは、アメリカの「核の傘」が北朝鮮にとって脅威であることの、いわば映し鏡なのである[3]。そのことを踏まえれば、日米安保体制はいわば脅威のスパイラルの源泉ともなっていることに留意すべきだと思われる。第2に、日本は、日米安保体制の下で、アメリカのベトナム戦争やイラク戦争、アフガニスタン戦争などに多かれ少なかれ加担する役割を果たしてきたのである。これらの戦争への加担によって、日本は、戦死者こそ出さなかったものの、戦争の一方当事者と見なされても致し方ない状態に置かされたのである。そして、そのような危険性は、日米安保体制が続く限りは今後とも存続することになるのである。第3に、日米安保体制は、日米地位協定に端的に示されるように、日本の対米従属的な関係を固定化する役割を果たしてきた[4]。そのことは、とりわけ沖縄の人達の人権と自治の重大な侵害をもたらしてきたことにも示されている。現在、辺野古基地の建設を巡って沖縄県民の民意は基地建設反対ということで明らかであるにもかかわらず、

2　例えば、『防衛白書平成30年版』258頁は、「巨大な軍事力を有する米国との安全保障体制を基調として、わが国の平和と安全を確保してきた」と述べている。

3　都留重人『日米安保解消への道』（岩波書店、1996年）65頁が、「『核の傘』の存在が、『核の傘』を必要とする事態を生みえた」と指摘しているのも、同趣旨と思われる。

182

政府は、日米合意を盾にとって沖縄県民の意志を無視している。しかし、このような状態が続く限りは、沖縄に平和は訪れることはないし、沖縄の人々の平和的生存権が保障されることもないと思われる[5]。第4に、日米安保体制は、日本とロシアの北方領土問題の解決と平和条約の締結にも支障をもたらしていることにも留意されるべきであろう。ロシアのプーチン大統領は、北方領土が日本に引き渡された場合には、そこに米国軍隊が駐留する危険性があるということを指摘しているが（毎日新聞2019年6月7日）、それは、日米地位協定がいわゆる「全土基地方式」をとり、アメリカ側が希望する日本の地域に米軍基地を建設することができるようになっていることを踏まえたものなのである。

　以上、戦後70年間日本が戦争を行うことのない状態で過ごしてこられたのは、憲法9条があったからであって、日米安保体制があったからではないということをごく簡単に述べてきたが、なお付け加えれば、日本がこれまで国際的なテロの標的になってこなかったことも、9条の存在が少なからず作用しているということができる。たしかに、日本がこれまでテロの標的になってこなかったことについては、さまざまな見方がありうると思われる。例えば、宗教的にキリスト教とイスラム教との厳しい宗教的対立が日本にはないことも、その一つの要因といってよいと思われる。しかし、それだけではなく、日本が9条の下で、武力行使を日本の側からは行わないという9条に対する信頼感（「9条ブランド」）がある中で、日本に対するテロを行う正当性を見いだすことができないということも少なからず影響してきたといってよいと思われる。

4　日米安保条約の対米従属的性格については、沖縄県の『他国地位協定調査報告書（欧州編）』（沖縄県、2019年）、古関彰一・豊下樽彦『沖縄　憲法なき戦後』（みすず書房、2018年）、伊勢崎賢治・布施祐仁『主権なき平和国家』（集英社、2017年）参照。なお、トランプ米大統領は、最近、日米安保条約は、米国が日本を守る義務があるが、日本が米国を守る義務はなく、その点で「不公平な条約」だと述べたが（朝日新聞2019年6月30日）、トランプ大統領には、日米地位協定の不公平性については眼中にないのであろうか。そのことをきちんと米側に言わない日本政府の態度も、疑問という他ない。

5　辺野古問題については、紙野健二・本多滝夫編『辺野古訴訟と法治主義』（日本評論社、2016年）、山城博治・北上田毅『辺野古に基地はつくれない』（岩波ブックレット、2018年）参照。また、より広く沖縄問題に関しては、憲法ネット103編『安倍改憲・壊憲総批判──憲法研究者は訴える』（八月書館、2019年）所収の石村修、小林武、笹沼弘志、飯島滋明の諸論文参照。

2　「不戦の誓い」と戦後補償の指針としての前文・9条

　憲法9条は、「政府の行為によって再び戦争の惨禍が起ることのないやうにすることを決意」してこの憲法を確定したという前文の言葉と併せて、アジアなど国際社会に対して「不戦の誓い」としての意味合いをもってきた。日本は、かつてのアジア太平洋戦争で国の内外に多数の犠牲者を出すという侵略戦争の過ちを犯したが、そのことに対する反省を上記の憲法前文と第9条の戦争放棄の条項は、国の内外に示しているのである。そのことは、日本が第2次大戦後に国際社会で再び生きていく上で、不可欠の前提条件でもあった。その意味は、戦後70年以上が経過した今日でも基本的に変わりはないといってよい[6]。

　というよりは、現在でもなお、過去の侵略戦争を認めたがらない勢力が日本国内に少なからず存在しているだけに、一層のことその意味を繰り返し確認していくことが必要と思われる。例えば、東条英機などを「英霊」として祀る靖国神社では、かつての戦争を侵略戦争と位置付けないばかりではなく、むしろアジア諸国の独立に役立ってきたといった評価がなされているし、そのような靖国神社に、春と秋の例大祭や8月15日に多数の国会議員らが参拝している状況に、かつての侵略戦争を反省している姿を見ることは困難といってよいのである。しかも、「戦後レジームからの脱却」を掲げて登場した安倍政権の下で「戦争ができる国家」つくりが進められていることは、憲法前文と第9条の「不戦の誓い」の意味をないがしろにする危険性をはらむものといってよい。そういう状況だけになお一層のこと、憲法前文と第9条のそのような意味を再確認することが必要と思われる。

　そして、そのことと関連して留意されるべきは、憲法前文は、過去の侵略戦争に対する反省を単に言葉の上での反省にとどめることなく、過去の戦争の惨禍に対する戦後補償を行うことをも政府や国会に要請していると解することが

6　古賀誠『憲法九条は世界遺産』（かもがわ出版、2019年）44頁は、「平和憲法は、日本の国が再びああいう戦争を起こしてはいけないということと同時に、世界の国々に与えた戦争の傷跡に対するお詫びをも世界の国々に対して発信をしているのです」と言う。また、李京桂『アジアの中の日本国憲法』（勁草書房、2017年）11頁は、憲法9条は、「日本の安全」の保証であるとともに、「日本に対する安全」の保証としての意味合いをももってきたとする。

できるということである。古川純は、この点についてつぎのように言っている。「憲法前文は、政府の行為による『戦争の惨禍』がもたらした過去のあらゆる損害の責任を認め、『人間相互の関係を支配する崇高な理想』に基づきそれらの損害に対する補償を誠実に行うことで『名誉ある地位』を占める意思を表明したと解釈でき（る）」[7]。戦後70年以上が経過した現在、ドイツなどでは戦後補償の問題は基本的に解決しているのに対して、日本ではまだ元従軍慰安婦や元徴用工の問題など戦後補償の問題が未解決のままでいることは、戦後がまだ完全には終わっていないことを示している。

　例えば、元徴用工の問題に関していえば、日本政府は、1965年の日韓請求権協定によってすべて解決した問題であるとしているが、韓国の大法院判決（2018年10月30日）によれば、日韓請求権協定で放棄された請求権の中には植民地支配と直結した不法行為による慰謝料請求権は含まれていないので、新日鉄住金はその支払の責任を負うとしているのである[8]。この問題が契機となって日本と韓国との関係は戦後最悪とも言われる状態に陥っていて、関係改善の糸口はなおつかめない状態にある。この点に関して、戦時中に鹿島建設で強制労働に従事させられた中国人が鹿島建設を訴えた花岡事件で和解を成立させた東京高裁の元裁判官の新村正人は、「国家間の条約、協定で個人の請求権を一方的に消滅させ、裁判上請求することができないとするのが自明の理なのか、この辺りの基本に立ち返って考えるべきではないか」[9]と述べているし、また、内田雅敏は、ドイツが政府と企業で「記憶・責任・未来」の基金を設立してナチス時代に強制連行・強制労働させられた人たちに対する補償を行った事例に学ぶべきことを提言している[10]。傾聴に値する提言といってよいであろう。

　いずれにしても、このような戦後補償問題を解決する上でも、導きの糸とな

7　古川純「憲法と戦後補償」『公法の諸問題Ⅳ』（専修大学法学研究所、1995年）55頁。なお、同旨の文献として、石村修「戦後補償の実現に向けて」山内編『日米新ガイドラインと周辺事態法』（法律文化社、1999年）215頁、内藤光博「戦後補償裁判と日本国憲法」内藤・古川編『東北アジアの法と政治』（専修大学出版局、2005年）25頁参照。

8　韓国大法院の判決については、山本晴太ほか『徴用工裁判と日韓請求権協定』（現代人文社、2019年）138頁以下参照。

9　新村正人「戦後補償管見」世界2019年2月号223頁。

10　内田雅敏「強制労働問題の和解への道すじ」世界2019年2月号211頁。

るのは憲法前文と第 9 条の精神であると思われる。そこに示された「不戦の誓い」と過去の戦争に対する反省を指針としてアジアをはじめとして国際社会に対応していくことが肝要であると思われる。

3 国際平和に寄与する 9 条

　以上の点と並んで同時に留意されるべきは、憲法 9 条はより積極的に国際平和の維持確立に寄与しうるということである。憲法 9 条は、改めて指摘するまでもなく、一切の戦争の放棄と戦力の不保持を規定しており、国際紛争を武力によって解決することなく、あくまでも平和的な話し合いによって解決するという非軍事平和主義を採用している。それは、1928 年の不戦条約を経て 1945 年の国連憲章へと至った武力不行使原則の確立という国際的潮流を踏まえつつも、それをさらに一層前進させ、徹底させたものであって、国際社会でも 1949 年のコスタリカ憲法 12 条と並んで、先進的な意義をもつものと言ってよいのである。

　もっとも、常備軍の廃止については、承知のように、長い思想史的背景があり、決して目新しいものではない。ここでその詳細を述べることはできないので[11]、その代表例としてカントを挙げれば、カントは、『永遠平和のために』において「常備軍は、時と共に全廃されなければならない」として、その理由をつぎのように述べていた。「常備軍はいつでも武装して出撃する準備を整えることによって、ほかの諸国をたえず戦争の脅威にさらしているからである。常備軍が刺激となって、たがいに無際限の軍備の拡大を競うようになると、それに費やされる軍事費の増大で、ついには平和の方が短期の戦争よりも重荷になり、この重荷を逃れるために、常備軍そのものが先制攻撃の原因となるのである。そのうえ、人を殺したり、人に殺されたりするために雇われることは、人間が単なる機械や道具としてほかのものの（国家の）手で使用されることを含んでいると思われるが、こうした使用は、われわれ自身の人格における人間性の権利とおよそ調和しないであろう」[12]。

---

11 この点について詳しくは、深瀬忠一『戦争放棄と平和的生存権』（岩波書店、1987 年）、拙著『平和憲法の理論』（日本評論社、1992 年）、河上暁弘『日本国憲法第 9 条成立の思想的淵源の研究』（専修大学出版局、2006 年）、山室信一『憲法 9 条の思想水脈』（朝日新聞社、2007 年）参照。

　つまり、第1は、常備軍は軍拡競争をやめさせることができず、結果として戦争を誘発するということであり、第2は、常備軍は人間を単なる道具や手段として用いるものであって、人間性に反するということである。これらの理由付けは、簡潔に常備軍の本質を突いているものであって、基本的には現代にも通用するものといってよいと思われる。特に第2の理由は、人間を目的として扱い、決して手段として扱ってはならないというカントの道徳哲学の根幹とも結びつくものである。これらに、さらに現代における常備軍の問題点として付け加えれば、核兵器の登場ということが指摘できるであろう。核兵器の登場は、カントが想定していた以上に核兵器を保有する軍隊そして「核の傘」の下にある軍隊を人間性に反するものとしたと言ってよいと思われる。

　日本国憲法9条は、このような思想的背景と国際的潮流を踏まえて成立しているものであって、その意義は、今日の国際社会できわめて大きいものといってよい。それは、軍拡競争がとどまることなく、核戦争の危機が一向になくならない今日の国際社会において、各国に完全軍縮と戦争放棄を要請する意味合いをもち、そのような意味合いで国際平和に寄与するものとなっているのである。

　そして、留意されるべきは、第9条の役割についてのこのような評価は、実際にも国際社会の間で少なからず受け入れられてきているということである。例えば、1999年には、ハーグ世界平和市民会議で「公正な世界秩序のための10の基本原則」が採択されたが、その第1原則には「各国議会は、日本国憲法第9条のような、政府が戦争を禁じる決議を採択すべきである」と書かれて、9条が国際平和のために果たす積極的役割を確認したのである[13]。また、2008年5月に日本で開催された「9条世界会議」には、海外の41の国と地域から約200名が参加したが、そこで採択された「戦争を廃絶するための9条世界宣言」でも、「いまこそ地球市民社会は、9条の条項とその精神に着目して、その主

---

12 カント（宇都宮芳明訳）『永遠平和のために』（岩波書店、1985年）16頁。なお、カントの『永遠平和のために』に関する最近の文献としては、寺田俊郎『どうすれば戦争はなくなるのか』（現代書館、2019年）参照。

13 浦田賢治「ハーグ市民社会会議の憲法学的課題」杉原泰雄先生古稀記念論文集刊行会編『21世紀の立憲主義』（勁草書房、2000年）225頁。

要な原則を強化し、地球規模の平和のためにそのメカニズムを生かしていこう」、「日本の憲法9条やコスタリカ憲法12条のような平和条項を憲法に盛り込むことなどを通じて、戦争及び国際紛争解決のための武力による威嚇と武力の行使を放棄すること」が謳われたのである[14]。

さらに、NGOの一つである「武力紛争予防のためのグローバル・パートナーシップ」（GPPAC）は、2005年2月に、つぎのような決議を採択した。「私たちは、日本国憲法9条が、地域的平和を促進するための不可欠な要素の一つであると認識している。日本国憲法9条は、日本の軍事主義を封じ込めることで地域の民衆の安全を確実なものにするための規範であるとされてきた。とくに、紛争解決の手段としての戦争及びそのための戦力の保持を放棄した9条の原則は、普遍的価値を有するものと認識されるべきであって、東北アジアの平和の基礎として活用されるべきである」[15]。

また、近年では、アジアの人たちから9条がそのような役割を果たしてきたことの指摘がなされている。例えば、韓国の金泳鎬・慶北大学名誉教授は、2014年に開かれた「九条の会」の集会で、「平和憲法は、アジアの平和と発展に大きく寄与した点において東アジアの共有資産である」と述べているし[16]、また、マレーシャのマハティール首相も、つぎのように述べている。「殺し合いによって問題を解決すべきではありません。私たちは、争いを交渉や仲裁裁判所で解決すべきです。私からみれば、憲法9条は、素晴しいものです。世界のすべての国の憲法に9条があるべきだと私は思います」[17]。

また、最近では、2019年11月に来日したローマ・カソリック教会のフランシスコ教皇が、長崎と広島でつぎのように述べたことも、重要であろう。「今日の世界では、武器の製造、改良、維持、商いに財が費やされ、築かれ、日ごと

14　「9条世界会議」日本実行委員会編『9条世界会議の記録』（大月書店、2008年）220頁以下。

15　GPPACについては、君島東彦「グローバルな立憲主義の現段階」深瀬忠一ほか編『平和憲法の確保と新生』（北大出版会、2008年）322頁以下参照。

16　金泳鎬「東アジア市民平和憲章をつくろう」梅原猛ほか『憲法九条は私たちの安全保障です』（岩波ブックレット、2015年）6頁。

17　2019年5月2日テレビ朝日「報道ステーション」での発言。

武器は一層破壊的になっています。これらは途方もない継続的なテロ行為です」。「軍備の均衡が平和の条件であるという理解を、真の平和は相互の信頼の上にしか構築できないという原則に置き換える必要があります」。「より正義にかなう安全な社会を築きたいと真に望むならば、武器を手放さなければなりません。真の平和とは、非武装の平和以外にはあり得ません。」（東京新聞2019年11月26日）。フランシスコ教皇のこのような言葉は、直接憲法9条に言及したものではないが、しかし、その中身は、憲法9条の非軍事平和主義の国際的な意義を教皇の言葉で的確に語ったものといってよいと思われる。

　このように、9条は、単にアジア諸国に対する日本の「不戦の誓い」としての意味をもつだけではない。9条の基本精神、つまり国際紛争を決して武力によっては解決しないで平和的な外交手段によって解決するという非軍事平和主義の精神は、アジアを初めとして国際社会の平和の維持のためにも貴重な指針として寄与し得ると思われるのである。

4　自由と民主主義を下支えする9条

　戦争時においては、あるいは「軍事の論理」がまかり通るところでは、市民的自由が大幅に制限されることは、軍事独裁国家の例をまつまでもなく、多くの国々で普遍的に見られてきた現象である。承知のように、アメリカのヴァージニア権利章典（1776年）は、そのことを「平時における常備軍は、自由にとり危険なものとして避けなければならない」（13項）という形で表現していた。また、フランスのパリ・コミューンの宣言（1871年）では、「市民の自由にとって危険であり、市の経済財政にとって負担の大きい常備軍は廃止する」と謳われていた。戦前の日本社会でも、軍部ファシズムの下で市民的自由は治安維持法などによって徹底的に制限されていた。渡辺治もいうように、「戦前の日本社会とは、戦争の継続と統制による自由の欠如が合体したものであり、戦争と治安維持法による自由の欠如は一体のもの、メダルの裏表として国民のなかに観念されていた」[18]のである。第2次大戦後においても、東西冷戦下において旧ソ連で市民的自由が保障されていなかったことはもちろんのこと、アメリカ

18　渡辺治『戦後史のなかの安倍改憲』（新日本出版社、2018年）40頁。

でもマッカーシズムが吹き荒れて市民的自由が少なからず制限されたことは承知の通りである。

　それに対して、日本国憲法の9条は、まさに戦争を放棄し、「軍事の論理」を否認することで市民的自由をも保障する役割を果たしてきたということができる。樋口陽一は、「自由の問題としての第9条」という視点を強調して、9条の存在が「日本社会における批判の自由を下支えする展望をひらくものであったはずである」と指摘しているが[19]、9条が果たすこのような役割を認識することは、戦前の日本のみならず、現在の日本の状況をも踏まえれば、きわめて重要であろう。

　具体的にみても、例えば、9条があったことで徴兵制は違憲とされてきたし、また、表現の自由に関しても、1980年代における国家秘密法の制定が一頓挫したのは、9条の存在が大きく影響していた。安倍政権の下で、特定秘密保護法や共謀罪法が制定されて表現の自由が大幅に制限されることになったが、そのことは、「軍事の論理」が浸透するにつれて市民的自由が制限されていくことを端的に示している。2014年にさいたま市で「梅雨空に9条守れの女性デモ」と詠んだ俳句が公民館だよりで不掲載になったことも、まさに9条と市民的自由の密接な関係を示しているといってよい。幸いにも、不掲載の不当性を訴えた市民の側が最高裁（2018年12月20日）で勝訴したことは、まだ完全には市民的自由が、そして9条が死んではないことを示している。

　そもそも「軍事の論理」は（仮想）敵国に対してのみならず、自国民に対しても秘密の保持を要請するものである。それ故に、それは、とりわけ知る権利や表現の自由に対して抑圧的になる性向を内在させている。そうであるだけに私たちは、市民的自由の確保のために9条が果たす役割をきちんと評価することが重要だと思われる。

　また、9条は、民主主義を下支えする役割をも果たしてきたということができる。そのことは、軍事力が支配する国家（軍事独裁国家）では民主主義が存在しないことによっても示される。戦前のわが国でも軍部の台頭（軍部ファシズム）につれて、大正デモクラシーが崩壊していったことは、改めて指摘する

19　樋口陽一「戦争放棄」樋口編『講座・憲法学2』（日本評論社、1994年）120頁。

190

までもないところであろう。

　「軍事の論理」とは、まさに武力によって紛争を解決しようとするものであるのに対して、民主主義とは話し合いによって内外の紛争を解決しようとするものである。両者は、その意味では、対極にある発想であるといってもよい。武力による紛争の解決を否認した憲法9条は、話し合いによる紛争の解決を要請している。その意味でも、憲法9条は、民主主義を下支えする意味合いをもっているということができるのである。

　もちろん、現代の民主主義国家は、軍事力の保持を認めているのが通例である。そして、民主主義と軍事力とを「文民統制」によって両立させようとしている。しかし、例えば、「文民統制」の代表例ともいうべきアメリカにおいて、文民統制が十分に確保されてきたのかといえば、そうとは必ずしもいえないのが現状であろう。第2次大戦後に限ってみても、ベトナム戦争、湾岸戦争、イラク戦争、アフガン戦争と、自衛戦争とは決して言えない戦争をアメリカはその世界第一の軍事力によって行ってきたのである[20]。もちろん、そうだからといって、文民統制が全く不要だというのではない。ただ、文民統制は、「民軍関係として軍拡のかくれみのにも、軍縮のための文民的指導力発揮のメカニズムにもなり得る」のであって、「日本国憲法は、後者の方式の憲法規範化にほかならない」[21]ことに留意されるべきと思われる。

　なお、この点とも関連して触れておくべきは、国際政治学の領域で唱えられてきた「民主的平和論（democratic peace theory）」である[22]。この理論は、一言で言えば、民主主義国家相互の間では、戦争を行わないで平和が維持されるというものである。たしかに、そのことは、ブルース・ラセットが検証したように、大筋においては妥当しているといってよいであろう。ただ、この理論は、民主主義国家と必ずしも民主的とはいえない国家との間で、民主主義国家の側から戦争を仕掛けた事例がかつてのイギリスや現代のアメリカのようにあるこ

20　ジョン・W・ダワー（田中利幸訳）『アメリカ　暴力の世紀』（岩波書店、2017年）参照。
21　北海道比較憲法研究会「文民統制をめぐる比較憲法学的考察」法律時報臨時増刊『憲法と平和主義』（日本評論社、1975年）182頁。
22　その代表例がブルース・ラセット（鴨武彦訳）『パクス・デモクラティア』（東大出版会、1996年）である。

とを軽視している点で限界をもつといってよいであろう。民主主義国家である
ことは、たしかに戦争をしないことの必要条件ではあるが、しかし、十分条件
とはいえないのである。民主国家が戦争をしないためには、やはり憲法9条の
精神が有用であることを銘記すべきであろう。その意味で、憲法9条と民主主
義とはともに下支えし合う関係にあるいうこともできるのである。

5　「大砲よりバター」を下支えする9条

　「大砲かバターか」という選択命題、つまり、国家予算を軍事支出に優先的
に使うか、それとも福祉政策に優先的に使うかは、どこの国にあっても、限ら
れた財源の中での二者択一的な選択命題である。戦前の日本は、膨大な軍事支
出によって国家財政を破綻に陥れるとともに国民を貧困のどん底に陥れたが、
戦後の平和憲法は軍事支出を基本的に否認することで国民の生存権の保障を図
ろうとした。その意味で、憲法9条と国民の生存権を保障した憲法25条は、密
接不可分な関係にあるということができる[23]。もちろん、1954年の自衛隊の発
足以降、一定の軍事支出はなされてきたが、ただ、それは憲法9条の下で相対
的に低く抑えられてきた。そして、そのことが、戦後日本の経済発展を大きく
下支えしてきたことは間違いのない事実といってよいと思われる。
　軍事支出と経済発展との関係については、さまざまな経済学者が論じている
が、例えば、アメリカの経済学者のディグラスは、その著書『アメリカ経済と
軍拡』において、国内総生産高（GDP）に対する軍事支出の割合が高い国ほど
国内総生産高に対する経済投資率が低くなり、投資の停滞が生産性の向上を妨
げ、経済の成長を抑えると指摘している[24]。宮崎勇も、軍事支出が、国民経済
にとって負担になるのは、①軍事支出をまかなうために国民の租税負担率が高
く、②物的・人的資源が軍事目的にさかれる結果、非軍事的用途への資源の供
給が不足するということによるとしている。宮崎によれば、「軍需に支えられ
た経済は一時的には繁栄することができても、それは麻薬を吸っているような

23　二宮厚美『憲法25条＋9条の新福祉国家』（かもがわ出版、2005年）、渡辺治『憲法9条
　と25条・その力と可能性』（かもがわ出版、2009年）参照。

24　R・ディグラス（藤岡惇訳）『アメリカ経済と軍拡』（ミネルヴァ書房、1987年）62頁。

もので、軍事経済は知らず知らずに経済社会の深部をむしばみ、経済の成長力
を奪っている。このことは資本主義国にとっても社会主義国にとってもそうで
ある」[25]。ノーベル賞を受賞した経済学者のジョセフ・ステイグリッツはイラ
ク戦争を分析した共著の中で、つぎのように述べている。「今日では、不真面
目な例外を除くと、戦争は経済を上向かせるなどど信じるエコノミストは一人
もいない。……軍備に金を費やすことは、どぶに金を捨てることと同じ。兵器
でなく、投資——工場投資、設備投資、インフラ投資、研究投資、健康投資、
教育投資——に金を回しておけば、将来的に経済の生産性が向上し、より大き
な成果を獲得できるかもしれないのだ」[26]。杉原泰雄は、これらの経済学者の
指摘をも受けて、①軍事費の非生産的な性質、②軍事費の経済効率の悪さ、③
多額の赤字国債の経済的効果が健全財政を破壊していくことを指摘している[27]。

　たしかに、例えば、兵器生産が戦争に使われたり、海外に輸出されて海外で
の戦争に使われたりした場合には、一時的にはそれになりの経済的利潤や経済
成長を生むことはできると思われる。かつての朝鮮特需がその一例であるし、
また現在のトランプ政権がサウジアラビアや日本に高額な兵器を売って利潤を
得ているのもそうである。しかし、それは、まさに「死の商人」が行うことで
あって、決して健全な経済活動とはいえないのである。のみならず、それは、
世界の各地に戦争を助長して国際社会の経済活動そのものをやがては停滞させ
ることにつながるのである。憲法9条は、そのような軍事費に対する支出を抑
えて人々の生存や福祉のために国の予算を費やすことを要請することによって、
世界の福祉と持続可能な経済開発に資する意味合いをももっているのである。

6　環境保護の指針としての9条

　環境保護の問題は、日本においてのみならず、地球規模でも重要な現代的問
題となっていることは改めて指摘するまでもないところであろう。1972年にス

25　宮崎勇『軍縮の経済学』（岩波書店、1964年）18頁および135頁。

26　ジョセフ・E・ステイグリッツ／リンダ・ビルムズ（楡井浩一訳）『世界を不幸にする
　アメリカの戦争経済』（徳間書店、2008年）148頁。

27　杉原泰雄『平和憲法』（岩波書店、1987年）101頁、同『憲法と資本主義』（勁草書房、
　2008年）293頁。

トックホルムで開催された「国連人間環境会議」は「人間環境宣言」を出した
が、その中では、つぎのようなことが謳われていた。「人は、環境の創造物で
あると同時に、環境の形成者である。環境は人間の生存を支えるとともに、知
的、道徳的、社会的、精神的な成長の機会を与えている。自然の環境と人間に
よって作られた環境は、ともに、人間の福祉、基本的人権、ひいては生存権そ
のものの享受のために不可欠である」。「人間環境を保護し、改善することは、
世界中の人々の福祉と経済発展に影響を及ぼす主要な課題である。これは、全
世界の人々が緊急に望むところであり、かつすべての政府の義務である」[28]。

　良好な環境を享受する権利を憲法上の権利として認めるかどうかについては、
日本においても、また諸外国においても議論のあるところである。例えば、ド
イツの基本法20a条は「国は、来たるべき世代に対する責任を果たすためにも、
憲法的秩序の枠内において立法を通じて、また法律及び法の基準に従って執行
権及び裁判を通じて自然的生存基盤（natürliche Lebensgrundlagen）及び動物を
保護する」と規定しているが、ここには自然的生存基盤＝環境の保全は直接的
には国の責務とされている。日本国憲法では、環境権についての明示的な規定は
存在していないが、憲法13条および（または）憲法25条で保障されているとす
るのが、学説の多数であるといってよい[29]。このような環境（権）の重要性を
踏まえれば、環境破壊から人間および地球社会を保護することは、日本におい
てのみならず、まさに地球規模の課題であるといってよい。

　そして、このような意味をもつ環境を破壊するさまざまな要因の中で、最大
の要因が戦争であることもあらためて指摘するまでもないところであろう[30]。
戦争が国土や環境を破壊し尽くすことは、広島、長崎、さらには沖縄を見るだ
けでも明らかであろう。また、ベトナム戦争における米軍の枯れ葉作戦がいか
にベトナムの民衆のみならず、自然環境を破壊したかも、広く知られている通
りである。また。湾岸戦争でも、原油の流出や油田の破壊などがもたらした環
境破壊への影響は甚大なものがあった。現在存在する核兵器だけでも地球を何

28　岩沢雄司編『国際条約集（2019年版）』（有斐閣）573頁参照。
29　芦部信喜『憲法（第7版）』（岩波書店、2019年）281頁。
30　拙稿「平和憲法と地球環境」軍縮問題資料1991年6月号8頁。

194

回も破壊し尽くすことができるということは、核兵器が地球環境にとって最大の敵であることを示している。前述したストックホルムの「人間環境宣言」が、「人と環境は、核兵器その他すべての大量破壊の手段の影響から免れなければならない。各国は、関連する国際的機関において、このような兵器の除去と完全な廃棄についてすみやかに合意に達するように努めなければならない」と述べたことは、当然のことであった。

　このようなことを踏まえれば、一切の戦争を放棄し、戦力の保持を禁止した憲法9条が、地球環境の保護のための貴重な指針となることは明らかであろう。憲法9条は、「軍事の公共性」から「環境の公共性」への価値転換を要請しているということもできるのである[31]。たしかに、現状は、国際社会においてはもちろんのこと、日本においても、この憲法9条の精神が必ずしも十分に活かされているとはいえない状態にある。国際社会においては、核兵器や大量破壊兵器の保持や戦争はなくなっていないし、また日本においては、とりわけ米軍基地の存在が地域住民の生活環境や自然環境を少なからず損なうものとなっている。そのことは、全国各地で起きている基地公害訴訟や沖縄の辺野古基地建設をめぐる沖縄県民の反対闘争によっても示されている。これらの訴訟や反対運動に関して政府や裁判所の対応は、必ずしも環境保護の立場に立ったものとはいえないものである。例えば、横田基地訴訟や厚木基地訴訟などで、最高裁（1993年2月25日判時1456号32頁、53頁など）は、住民の騒音被害について過去の損害賠償は認めても、夜間の航空機の運航差止めについては認めていないし[32]、辺野古訴訟においても、最高裁（2016年12月20日民集70巻9号2281頁）は、沖縄県の主張を退ける判断を示している。しかし、現状がそうであるだけに、これらの訴訟や運動において、憲法9条は、憲法13条や25条と並んで環境保護の指針

---

31 林公則『軍事環境問題の政治経済学』（日本経済評論社、2011年）153頁参照。

32 最高裁が米軍機の差止めを認めない理由は、日本政府には米軍機の運航を制限する権限が条約や法令上ないので、そのような米軍機の離着陸等の差止めを求めることは、日本政府に対して「その支配の及ばない第三者の行為の差止めを請求するものというべき」というものである。しかし、米軍機の日本領域内での運航を認めたのは、他ならぬ日本政府の意志に基づくものである以上は、このような判決の理由は、憲法上の根拠を欠いたものというべきと思われる。

としての意味を持ち続けるであろうし、また持ち続けるべきであると思われる。

7　平和的生存権の役割

　日本国憲法は、前文で、「われらは、全世界の国民が、ひとしく恐怖と欠乏から免かれ、平和のうちに生存する権利を有することを確認する。」と規定している。この平和的生存権の規定は、平和の問題を単に国の安全保障政策の問題として捉えるのではなく、基本的人権として捉えるという意味で、世界の憲法史上においても画期的な意義をもつといってよいと思われる。たしかに、この平和的生存権の意味については、これまでにも、その享有主体、権利内容、さらにはその法的性格についてさまざまな理解の仕方がなされてきた[33]。例えば、その享有主体に関しては、①個々の国民の基本的人権そのものとする見解、②一方では民族あるいは全体としての国民＝国家を主体とする対外的基本権であるとするとともに、他方では、国民の国家に対する人権であるとする見解、③民族的な基本権とする見解などが出されてきた。ただ、今日では、①の個々の国民の基本的人権そのものと捉える見解が多数説といってよいであろう。また、権利内容に関しては、9条と連動させた形で「戦争と軍備及び戦争準備によって破壊されたり侵害ないし抑制されることなく、恐怖と欠乏から免かれて平和のうちに生存する権利」[34]と捉えられてきた。私自身は、平和的生存権を狭義と広義に分けて、前者の意味では、平和的生存権は、平和のうちに文字通り生存する権利あるいは生命を奪われない権利を意味し、後者の意味では、戦争の脅威と軍隊の強制から免れて平和のうちに諸々の人権を享有しうる権利と捉えてきた[35]。裁判上では、長沼訴訟札幌地裁判決（福島判決）（1973年9月7日判時712号24頁）がはじめて平和的生存権を人権として承認したが、その後も、自衛隊イラク派遣違憲訴訟で、名古屋高裁判決（2008年4月17日判時2056号74頁）が同様に平和的生存権を「憲法上の法的な権利として認められるべきである」とし、しかも、この権利は、「裁判所に対してその保護・救済を求め法的強制

33　平和的生存権については、深瀬・前掲注(11)、小林武『平和的生存権の弁証』（日本評論社、2006年）、拙著・前掲注(11)、後藤光男『人権としての平和』（成文堂、2019年）参照。

34　深瀬・前掲注(11)227頁。

35　拙著・前掲注(11)292頁。

措置の発動を請求しうるという意味で具体的権利性が肯定される場合がある」と判示した[36]。

　たしかに、このように平和的生存権を基本的人権として、しかも、裁判上救済可能な人権として承認した判決はこれまでのところごく少数であるが、しかし、このような判決の根拠を日本国憲法の前文と9条が提示しているということは、国際的にみても十分に意味のあるところといってよいのである。

　そして、そのことは、国連総会でも、2016年に「平和への権利宣言」が131カ国の賛成で採択されたことによっても示されている[37]。この宣言では、「すべての人は、すべての人権が促進され保護され且つ発展が十分に実現されるような平和を享受する権利を有する」（1条）と述べられていて、平和を享受する権利がすべての個人の権利であることが確認されているのである。このことは、前述したように、従来、平和の問題は国の安全保障政策の問題であって、人権の問題ではないとする考え方が一般的であった（アメリカなどは、そのように考えてこの権利宣言に反対した）ことに対する画期的な転換を意味しているといってよいのである[38]。たしかに、この「平和への権利宣言」は、日本国憲法が規定するような平和的生存権とその権利内容が必ずしも同じではないことは指摘されなければならないであろう。「平和への権利宣言」では、日本国憲法の平和的生存権のように戦争の脅威や軍事力の強制から免れる権利といった点が必ずしも明記されていないからである。「平和への権利宣言」は、その意味ではなお発展途上の宣言といってよいのかもしれない。そうであるだけに、日本国憲法の平和的生存権は、国際社会において「平和への権利宣言」をさらに実り豊かなものにしていくための指針としての役割を有しているといってよいと思われる。

---

[36]　これらの判例については、とりあえずは、拙稿「平和主義」樋口陽一ほか『新版・憲法判例を読みなおす』（日本評論社、2011年）14頁参照。

[37]　A/RES/71/189.

[38]　「平和への権利宣言」については、前田朗・笹本潤「平和への権利が国際法になった（上・下）」法と民主主義2017年4月号48頁、同5月号44頁、笹本潤「武力行使に対する人権アプローチの規制の可能性——平和への権利国連宣言の議論から」平和研究51号（2019年）95頁参照。

三　核不拡散条約体制と核兵器禁止条約

1　核不拡散条約（NPT）体制の問題点

　1945年8月にアメリカが広島と長崎に原爆を投下して、少なく見積もっても広島では約14万人、長崎では約7万人の人々の生命が奪われた。それ以来、アメリカのみならず、ソ連（現在、ロシア）、イギリス、フランス、中国といった国連の常任理事国のすべてが核兵器をもつようになり、核戦争の脅威が世界に広がった。しかも、これらの国以外の国でも核開発の可能性が出てきたので、核拡散を防止するために1968年に締結されたのが、核不拡散条約（NPT）である。2018年現在、このNPTに加入している国と地域は、192カ国に及んでおり、世界の大多数の国がこれに加入している（日本は、1976年に加入）。

　この条約は、米、ソ連、英、仏、中の5カ国を「核兵器国」として、その核保有を容認するとともに、それ以外の国への核兵器の拡散を防止することを内容としている。たしかに、この条約が、核拡散を防止する上で一定の役割を果たしてきたことは評価することができるが、しかし、この条約にも一定の限界があることも明らかになってきたといえよう[39]。その最大の限界は、この条約は、核兵器国に対して、「核軍備の縮小に関する効果的な措置」に関して「誠実に交渉する」ことを義務づけているが（6条）、しかし、この義務に関しては、強制力がないことである。そのために、核兵器国、とりわけ米国とロシアは、核軍縮を真剣に行おうとはせず、むしろ「核抑止論」に基づいて核軍拡を促進してきたのである。また、この条約は、インド、パキスタン、イスラエルなどの条約に加盟していない国が核保有することを阻止することもできなかった。

　たしかに、アメリカとソ連は、あまりにも多すぎる核兵器開発に対する内外の批判にこたえるべく、1987年には、中距離核戦略廃止条約（INF）を締結し

---

[39]　NPTについては、藤田久一『軍縮の国際法』（日本評論社、1985年）、黒沢満『軍縮国際法の新しい視座―核兵器不拡散体制の研究』（有信堂高文社、1986年）、川崎哲『核拡散』（岩波書店、2003年）等参照。

198

て、核弾頭を搭載できる射程500キロ〜5,500キロのミサイルの廃棄を取り決めた。さらに、1991年には、第1次の戦略兵器削減条約（START）を締結した。そして、この条約が2009年に失効したことを受けて、2010年には、米露両国は新START条約に署名した。これは、条約の発効から7年以内に核弾頭の上限を米露ともに1,550発にして、運搬手段の上限を800基にするというものである。

　これらの米露の核軍縮は、一定の意義をもつものではあったが、しかし、決して十分なものではなかった。非核兵器国からすれば、米露ともに、1,550発もの核弾頭を持つこと自体、到底納得できるものではなかったからである。かくして、2000年に開催されたNPTの再検討会議の最終文書では、「核兵器国は、保有核兵器の全面的な廃絶を達成するという明確な約束を行う」という文言が書かれたが、しかし、この文言は、いまだ核兵器国によって実行されるには至っていない。のみならず、2019年2月には、トランプ大統領は、INF条約から、ロシアがそれを遵守していないという理由で、離脱する旨を明らかにし、2019年8月2日には、この条約は失効したのである。

2　核抑止論の問題点

　核兵器の全面廃棄が今日でもなお実現できていないのは、核兵器国が、多かれ少なかれ「核抑止」論を採用し続けているからである。しかし、この議論は、「核兵器国」のエゴに基づくものであり、理論的にも実際的にも間違った議論というべきだと思われる[40]。

　「核抑止論」とは、一言で言えば、相手国が武力攻撃を行ってきた場合には、核兵器による反撃で相手国を殲滅させることができるので、相手国は殲滅を恐れて戦争を仕掛けることはない、つまり、核兵器は戦争を抑止する力をもっているというものである。

　しかし、もしこの議論が正しいのであれば、NPT条約そのものも不要なは

---

[40]　核抑止論については、湯川秀樹ほか編『核軍縮への新しい構想』（岩波書店、1977年）、山田浩『核抑止戦略の歴史と理論』（法律文化社、1979年）、ロバート・グリーン（梅林宏道・阿部純子訳）『検証「核抑止論」』（高文研、2000年）、浦田賢治編著『核抑止の理論』（日本評論社、2011年）など参照。

ずである。各国が核兵器をもてば、それだけ戦争は抑止することができ、国際平和は確保できるという理屈になるはずだからである。ところが、NPTは、非核保有国の核開発や核保有については平和に対する脅威として阻止しているのである。米露などの核超大国の核保有だけは戦争に対する抑止力をもつが、その他の非核保有国の核保有は平和に対する脅威となるという議論は、どう考えても核大国のエゴ以外のなにものでもなく、筋が通らないと思われる。

　また、この議論は、核抑止によって戦争を回避することができるとするが、しかし、核抑止論は、一方では、核兵器を使う可能性があることを、つまりは核戦争をする可能性があることを前提としている。一切使うことがない核兵器であれば、そもそも抑止論そのものが成り立たないからである。しかし、一旦核戦争が起きれば、その大惨事は、計り知れないものとなることは明らかであろう。ローマ・カソリック教会のフランシスコ教皇は、広島でのスピーチでつぎのように述べているが、核使用の持つ意味についての的確な指摘というべきであろう。「戦争のために原子力を使用することは、現代において犯罪以外の何ものでもありません。人類とその尊厳に反するだけでなく、私たちの共通の家の未来におけるあらゆる可能性に反します。原子力の戦争目的の使用は、倫理に反します」。そのような結果をもたらす核戦争を想定した核抑止論は、それ自体非人道的な議論と言わざるを得ないのである。

　また、核抑止の議論は、相手国が核攻撃をしてきた場合には、それに反撃して、逆に相手国に壊滅的な破壊をもたらすことができるような核装備をすることを必要とするので、不可避的に核軍拡を伴う危険性をもつと言わざるを得ない。その意味でも、それは、核不拡散条約の趣旨とも相矛盾するものと思われる。

　さらに、核抑止論の一種として、いわゆる「核の傘」によって自国の安全を確保できるとする「拡大抑止」の考え方が、日本や韓国、さらにはNATO加盟国などで流布しているが、しかし、この考え方もまた、その根拠は、危ういものと言わざるを得ないと思われる。ロバート・グリーンが言うように、そもそも核保有国が核戦争の危険を冒してまでも、同盟を守る意欲をもつかどうかが問題となるし、さらには、核同盟の仲間に入ったために核攻撃を引き寄せるという危険性を持つことになるからである。「核の傘が『傘』ではなく、核を

吸い寄せる『避雷針』になる」[41]危険性が少なからずあるのである。

　しかも、核抑止論は、非国家主体に対しては、大した効果を持たないということも、留意されなければならないであろう。核保有国が大量の核を持ち続ける限りは、人、物、技術などが容易に移転することが可能となった今日のグローバル化した国際社会では、核兵器なり核技術が独裁的な国家や非国家主体に移転することを最終的に阻止することは困難と思われる。そうなった場合に、核抑止論によって、非国家主体であるテロリストが核兵器を使用することを阻止することはきわめて困難となってくると思われる。そのことを踏まえれば、結局は、核保有国を含めた核の完全軍縮に進むか、それとも際限ない核拡散を承認するか、道は、いずれか二つに一つである。後者の道はまさに核戦争への道であり、また人類滅亡への道であるとすれば、選択すべき道は前者でしかないのである[42]。

　すでに、1978年の国連軍縮特別総会は、「核兵器の存在及び軍備競争の継続が人類の生存そのものに脅威を与えていることを危惧して」、つぎのような決議を採択していたのである。「兵器の蓄積、特に核兵器の蓄積は、今日、人類の将来にとって防護というよりは、脅威を構成している。今やこうした状態に終止符をうち、国際関係における武力の行使を放棄し、そして軍備の現在のレベルの削減から始まる漸進的で実効的な過程を通して軍縮に安全保障を求めるときがきた」[43]。

　また、2007年1月に、アメリカの核抑止政策に大きくコミットしてきたキッシンジャー元国務長官、ペリー元国防長官、シュルツ元国務長官、ナン元上院軍事委員会議長の4名が、ウオールストリート・ジャーナルに「核兵器のない世界（A World Free of Nuclear Weapons）」という論考を発表して、要旨つぎのように核兵器の完全廃絶を訴えたが、それは、以上のことを踏まえれば、当然のことであった。「冷戦終結に伴い、米ソ相互抑止の理論は、時代遅れとなった。抑止は、多数の国にとってはいまなお他国からの脅威との関連で考慮の対象と

41　ロバート・グリーン・前掲注(40)30頁。

42　坂本義和「核拡散の挑戦にどう応えるか」世界別冊『北朝鮮核実験以後の東アジア』（2007年）62頁も同旨。

43　藤田久一・浅田正彦編『軍縮条約・資料集（第三版）』（有信堂、2009年）20頁。

なっている。しかし、このような目的の核兵器への依存はますます危険なものとなりつつあり、またその有効性を弱めつつある。北朝鮮の最近の核実験やイランのウラン濃縮計画は、世界がいまや新しい危険な核時代の断崖に立っていることを示している。しかも、きわめて憂慮すべきは、非国家テロリストが核兵器を手にする可能性が増えてきているということである。テロリストによってなされる現代戦争においては、核兵器は、大量破壊の究極の手段である。しかも、核兵器をもつ非国家テロスト集団は、概念的にも（conceptually）抑止戦略の枠外にあり、新たな安全保障上の難問を提起している」。「このような状況の下で、核兵器のない世界のビジョン及びこの目標の達成に向けての実際的な諸措置を主張することは、アメリカの道徳的遺産と合致する大胆なイニシアティブであり、またそのようなものとして受け取られるであろう」[44]。2009年4月にオバマ大統領が、「核なき世界」を目指すという演説をプラハで行ったのは、このようなキッシンジャーなど4名の提言をも背景としたものといってよいと思われる。

　ただ、このように「核抑止論」の破綻が明確になっているにもかかわらず、現実には米露などの核超大国は「核のない世界」に向けた具体的な政策を打ち出すには至っていない。このような憂慮すべき事態に対して、多くの非核兵器国や市民社会が打ち出したのが、2017年の「核兵器禁止条約」の採択という具体的な方策であった。

3　核兵器禁止条約の意義

　国連総会は、2017年7月7日に122カ国・地域の賛成によって核兵器禁止条約を採択した[45]。このような条約が国連加盟国の6割以上の多数で採択された

---

[44]　A World Free of Nuclear Weapons, Wall Street Journal, 4 Jan.2007. なお、キッシンジャーなどの4名は、2018年1月15日の Wall Street Journal にも、「核のない世界に向けて（Toward a Nuclear-Free World）」と題する論考を寄稿して、同様の主張を行っている。なお、日本平和学会編『「核なき世界」に向けて』（早稲田大学出版部、2010年）も参照。

[45]　A/CONF.229/2017/8.この条約については、川崎哲『核兵器はなくせる』（岩波書店、2018年）、冨田宏治『核兵器禁止条約の意義と課題』（かもがわ出版、2017年）、山口響監修『核兵器禁止条約の時代』（法律文化社、2019年）参照。

ことは、歴史的にみても画期的なことといってよいであろう。この条約の締結には、日本の被爆者団体の長い間の努力を背景とした上で、コスタリカやオーストリアなどの中小の非核兵器国の努力、そして、ICAN（核兵器廃絶国際キャンペーン）などの NGO の努力があった。そして、ICAN は、その功績によって、2017年には、ノーベル平和賞を授与された。ただ、日本政府はこの決議に参加せずに、賛成票も反対票も投じることをしなかった。史上初の核被害を受けた国の対応として、誠に嘆かわしい対応と言うべきであった[46]。

　この条約は、まず前文で、「核兵器のあらゆる使用がもたらす破壊的な人道的結果」を深く憂慮し、「核兵器使用の被害者（ヒバクシャ）及び核実験の被害者にもたらされた容認しがたい苦難と損害」に留意し、「核兵器のいかなる使用も武力紛争に適用される国際法の規定、特に国際人道法の原則と規定に反していることを考慮し、核兵器のいかなる使用も人道（humanity）の諸原則及び市民的良心の命ずるところに反することを再確認」している。そして、「核軍縮が遅々として進まないこと、軍事上、安全保障上の概念及びドクトリン・政策における継続的な核兵器への依存、並びに核兵器の製造、維持及び近代化計画のための経済的及び人的資源の浪費を憂慮し」、「核兵器の法的拘束力をもつ禁止は、不可逆的で、検証可能な、かつ透明性のある核兵器の廃棄を含めて、核兵器のない世界の実現と維持に向けた重要な貢献となることを認識して」、締約国は、以下のことを約束することとした。

　すなわち、締約国は、いかなる場合においても、①核兵器またはその他の核爆発装置の開発、実験、生産、製造、取得、保有、貯蔵、②核兵器またはその他の核爆発装置の管理の直接間接の移転・受領、③核兵器またはその他の核爆発装置の使用または使用の威嚇、④これらの行為の援助、奨励、勧誘、⑤自国

---

[46]　日本政府は、『外交青書2018年』157頁で、この条約に反対する理由として、この条約が「米国による核抑止力の正当性を損ない、国民の生命、財産を危険に晒すことを容認することになりかねず」、また、核兵器国のみならず、非核兵器国からの支持を得られておらず、「核軍縮に取り組む国際社会に分断をもたらしている」ことを挙げている。しかし、核抑止論が正当な根拠のないものであることは本文で指摘したところであるし、後者の点は、日本政府が米国に気兼ねして真面目に核廃絶に取り組もうとしていないことの単なる言い訳でしかない。

内での配備、設置を行わないことを約束する（1条）。また、締約国は、この条約が発効する前に、核兵器を保有していたか否か、保有していたが廃棄したか否か、他国の核兵器を配置していたか否かを30日以内に国連事務総長に申告することとした（2条）。さらに、この条約は、検証についても定めている（4条）。すなわち、①この条約の調印以前に核兵器を保有していたが、その後廃棄した場合には、そのことの検証について国際機関に協力する。②核兵器保有国は、可及的速やかに不可逆的な廃棄の計画を策定し、それを実施する。③他国の核兵器を保持している国は、当該兵器の早急な撤去を確保する。なお、この条約（6条）は「被害者援助と環境回復」についても規定している。締約国は核兵器の使用や核実験によって被害を受けた人たちに対して、医療、リハビリおよび心理的支援を含めて、年齢や性別に配慮した支援を提供するとともに、核兵器の使用または実験の結果として汚染された環境の改善に向けた適切な措置をとるものとされている。

　この条約の意義は、第1に核兵器の保持、使用を国際人道法に違反するとしてその禁止を明確に定めたことである。1996年に国際司法裁判所の勧告的意見[47]が、核兵器の使用は原則的には国際人道法に違反するが、例外的に国家の存立に関わる場合には、その使用も必ずしも違法とはいえないとしたこととの対比においても、その意義は、画期的といってよいであろう。ノーベル平和賞の授賞式で、サーロー節子が「核兵器は必要悪ではなく、絶対悪（ultimate evil）です」[48]と述べたが、この条約は、そのような観点に立っているといってよいのである。

　第2に、この条約は、核兵器の使用のみならず、使用の威嚇をすること（threaten to use）をも禁止したことである。この点については、条約の作成過程において異論もあったが、しかし、最終的にはこのように使用の威嚇も禁止されたことは、いわば、核の抑止論そのものをも否認するものと解することが

47　ICJ Reports,1996(1) p.66.なお、この勧告的意見については、ジョン・バロース（浦田賢治監訳）『核兵器使用の違法性——国際司法裁判所の勧告的意見』（早稲田大学比較法研究所、2001年）参照。
48　サーロー節子のノーベル賞授賞式での演説は、サーロー節子・金崎由美『光に向かって這っていけ』（岩波書店、2019年）巻末に掲載されている。

204

できるのであって、重要であろう。これとの関連で指摘できるのは、この条約は、単に核兵器の保持のみならず、いわゆる「核の傘」政策についても、その見直しを迫るものとなっていることも無視できないであろう。

　第3に、この条約は、もちろん、核兵器保有国がこの条約に加入することを歓迎しているので、その場合の具体的な手続と検証を定めている点でも、重要であろう。現在の時点で、核兵器保有国は加盟していないが、しかし、この条約が発効した場合には、核兵器保有国に対して大きな圧力となってくることは間違いないであろう。核兵器保有国が参加しない条約は無益だといった批判も出されているが、しかし、世界の多数の非核兵器国がこの条約に参加すれば、それが世界の世論となり、核兵器国もその態度を改めることが期待できるのである。

　この条約は、50カ国が批准書を寄託すれば、その後90日で効力を発生することとされているが（15条）、2020年1月の時点では、批准国は35となっている。早期に批准国が50カ国になって発効することが待たれるが、そのためにも、日本がこの条約に加盟することは、憲法9条の精神を国際的に活かしていくためにも是非とも必要かつ有益であろう。ちなみに、田上富久・長崎市長も、2018年8月の「長崎平和宣言」で、「日本政府には、唯一の戦争被爆国として、核兵器禁止条約に賛同し、世界を非核化に導く道義的責任を果たすことを求めます」と述べているし、2019年8月の広島の「平和記念式典」では、松井一実市長も、「日本政府には唯一の戦争被爆国として、核兵器禁止条約への署名・批准を求める被爆者の思いをしっかりと受け止めていただきたい」と述べている。このようにまさに被爆者のためにも、世界から核兵器を廃絶するためにもこの条約に加盟することが日本政府の責務であると言ってよいと思われる。

四　東北アジアの非核化の課題

1　米朝首脳会談と日本の対応

　米国のトランプ大統領と北朝鮮の金正恩委員長との第1回の首脳会談が2018年6月12日にシンガポールで開催された。このような会談が開催された背景には、一つには、北朝鮮の核開発（弾道ミサイルを含めて）が放置できない程度ま

でに進行して、アメリカもこれに何らかの形で対処せざるを得なくなったということがあったが、もう一つには、韓国の文在寅大統領の事態打開のための努力があったことが指摘されなければならない。文大統領と金委員長との板門店での首脳会談は、2018年4月27日に開催されて、そこでは、①南北関係の改善と発展を達成することによって共同繁栄と自主統一の未来を早める、②軍事的緊張状態を緩和し、戦争の危険を解消するための努力をしていく、③南北は朝鮮半島の恒久的で強固な平和体制の構築のために積極的に協力していくことが取り決められ、そして、「南と北は、完全な非核化を通じた核のない朝鮮半島を実現するという共通の目標を確認した」とされたのである[49]。

このような南北首脳会談を受けて、シンガポールで開催された米朝首脳会談では、以下のことが合意文書で取り決められた。まず、トランプ大統領は、朝鮮に安全の保証を提供することを誓約し、金正恩委員長は朝鮮半島の完全な非核化に取り組む断固とした揺るぎない決意を再確認して、以下のことを宣言した。①米国と朝鮮は、平和と繁栄を求める両国民の望みに沿い、新たな関係の確立に全力を挙げる。②米国と朝鮮は、朝鮮半島の永続的かつ安定した平和体制の構築に向けて、共に努力する。③朝鮮は2018年4月27日の板門店宣言を再確認し、朝鮮半島の完全な非核化に全力で取り組む。④米国と朝鮮は、戦争捕虜・行方不明兵の遺骨の収容について、身元特定済みの者の即時返還を含め、全力で進める。

そして、この会談の後、2018年9月19日には再び南北の首脳会談が開催されて、「平壌共同宣言」が出された。この宣言では、「朝鮮半島を核兵器や核の脅威のない平和の地としていかなければならず、そのために必要な実質的な進展を速やかに成し遂げなければならない」ことが確認された。具体的な措置としては、北朝鮮の東倉里のミサイル実験場とミサイル発射台の永久的廃棄や米国が「相応の措置」をとることを条件として、寧辺の核施設の永久的廃棄などの追加措置をとることが決められた。

そして、このような南北会談をも踏まえて、非核化に関する具体的な取り決

---

[49] 李鐘元・平井久志「米朝首脳会談後の東アジア」世界2018年8月号39頁、李京桂「南北首脳会談と東アジアの平和」法と民主主義2018年10月号16頁など参照。

めが米朝間でなされることが期待されて、2019年2月27日と28日にハノイで第2回米朝首脳会談が開催された。しかし、そこでは、大方の期待に反してなんらの共同声明も発表されることもなく、話し合いは物別れに終わってしまった。その理由については米朝の当事者の説明は必ずしも同じではないが、北朝鮮は、その後、2019年5月には短距離ミサイルの発射実験を行って、アメリカに対話の圧力をかけてきた。このような中で韓国の文大統領による仲介も手詰まり状態になっているように見えたが、2019年6月30日には電撃的に（トランプ大統領の前日のツイターを契機として）板門店で第3回目の米朝首脳会談が短時間開催される事態となった。そして、7月以降に改めて米朝間で非核化についての実務者協議が開かれることが取り決められた。ただ、その後開かれた実務者協議は物別れに終わり、2019年末時点で米朝の首脳会談開催のめどはまだ立っていない。

　たしかに、このような状況を踏まえれば、朝鮮半島の非核化は必ずしも簡単ではないことが明らかであるが、ただ、そうであるだけに、このような状態を打開するために日本が果たすべき役割は大きいと思われるのである。従来、安倍首相の北朝鮮政策は、「対話なき圧力」であった。北朝鮮に対しては、圧力をかけ続ければ、北朝鮮の側が折れてきて交渉に応じてくるであろうというものであった。しかし、米朝首脳会談が開催されて、米朝間で話し合いがなされてくるに及んで、また、拉致問題も「圧力」だけでは解決出来ず、日朝間の直接の話合いが必要なことを安倍首相も認めざるを得なくなり、2019年5月頃からは、「条件をつけないで北朝鮮と話し合いをしたい」という方針に転換したのである。このような方針転換について、安倍首相はその理由を明確には述べていないが、ただ、話し合いをしたいというだけでは、北朝鮮が簡単に応じてくることはないと思われる。拉致問題ももちろん重要であるが、それと並んで、朝鮮半島の核問題に日本としてどのような姿勢で向かうかについて、明確な方針を打ち出すことが今まさに求められているのである。

　そのような方針として日本として具体的に打ち出すべきは、朝鮮半島と日本を含めた東北アジアの非核化であり、そのための東北アジア非核地帯条約の締結であると思われる。なぜならば、北朝鮮は、さしあたっては韓国を含めた朝鮮半島の非核化を要求しているが、しかし、日本がアメリカの「核の傘」の下

にある以上は、北朝鮮がアメリカの核の脅威の下に晒されていることには変わりがないからである。北朝鮮がアメリカの核の脅威から自由となり、北朝鮮の安全が保証されてはじめて、朝鮮半島の非核化が実現するとすれば、それとの関連で、日本もアメリカの「核の傘」から離脱して、東北アジア全体の非核化を推進するということで、朝鮮半島の非核化に協力することが肝要となるのである[50]。

　この点、河野洋平も、つぎのように言っている。「日本はもう一度核兵器廃絶を目指す姿勢を再確認すべきだ。相手国には非核化を要求するが、自国は核兵器禁止条約に賛成しないという姿勢はいかがなものか。北東アジアに非核地帯を作り、この地域に核攻撃をしないという約束を米中露など核保有国から取り付けるくらいのことを考えるべきです」(毎日新聞2018年6月11日夕刊)。また、田上富久・長崎市長も、「長崎平和宣言」(2018年8月9日)の中でつぎのように述べている。「日本政府には、この絶好の機会を生かし、日本と朝鮮半島全体を非核化する『北東アジア非核兵器地帯』の実現に向けた努力を求めます」(毎日新聞2018年8月10日)。日本としては、すでに世界の各地域に存在する非核兵器地帯条約をも参考にしながら、いまこそアメリカの「核の傘」から離脱して東北アジアに非核兵器地帯条約を作るように働きかけることで、東北アジアの平和の確立に貢献することが必要であると思われる。

2　世界の非核地帯条約

　現在、世界には、非核地帯条約としては、南極条約(1959年署名、1961年発効、53カ国)、中南米のトラテロルコ条約(1967年署名、1968年発効、33カ国)、南太平洋地域のラロトンガ条約(1985年署名、1986年発効、13カ国・地域)、東南アジア非核兵器地帯条約(1995年署名、1997年発効、10カ国)、アフリカ地域におけるペリンダバ条約(1996年署名、2009年発効、41カ国)、中央アジア非核地帯条約(2006年署名、2009年発効、5カ国)などがある。これらの条約の簡単な内容を記

50　これとほぼ同様の指摘は、和田春樹「朝鮮半島の非核化と日本海・日本列島・沖縄の非核化」原水爆禁止2018年世界大会・科学者集会実行委員会編『東アジア非核化構想』(本の泉社、2018年)17頁以下および梅林宏道「北東アジア新秩序へ」世界2018年9月号189頁参照。

208

せば、以下のようになる[51]。

　まず、南極条約では、5つの核保有国を含む53カ国が加盟している。第5条で「南極地域におけるすべての核の爆発及び放射性廃棄物の処分を禁止する」と規定している。南極をめぐる領有権をめぐる争いと、南極の核利用への米ソの危惧の念を打開すべく締結されたものであり、非核地帯条約としてはもっとも早い時点で締結されたものである。

　つぎに、トラテロルコ条約には、中南米およびカリブ海のすべての国が加盟している。5つの核兵器国も、消極的な安全保障を定めた議定書に署名、批准している。この条約の締結は、1962年のキューバ危機が契機となった。そして、コスタリカの提案とそれに賛同したメキシコの積極的な働きが条約の締結に大きく寄与した。

　ラロトンガ条約にはニュージーランド、オーストラリアなど13の国と地域が加盟している。消極的安全保障と核実験禁止を定めた議定書には、アメリカを除く核兵器国が署名、批准している。南太平洋地域におけるフランスの核実験による海汚染や核搭載米艦船に対する反対などが契機になっている。ちなみに、ニュージーランドでは、1987年に非核地帯法が制定されている。ニュージーランドは、アメリカ、オーストラリアとANZUS条約を締結していたが、この一連の非核化政策によってニュージーランドは、ANZUS条約から事実上離脱することとなった[52]。

　東南アジア非核兵器地帯条約には、インドネシア、フイリピンなど10カ国が加盟している[53]。従来から非同盟政策を採ってきたインドネシアの積極的な働きかけと、東西冷戦後の核軍縮の流れを受けて、また、ラロトンガ条約の影響などを受けて条約締結が実現した。ただし、条約の適用地域に大陸棚や排他的経済水域を含めたこと、条約未締結国を含めて非核地帯全体での核兵器不使用

[51]　世界の非核兵器地帯条約については、藤田ほか・前掲注(43)267頁以下参照。See, R.Thakur（ed.), Nuclear Weapons-Free Zones（Macmillan Press,1998).
[52]　ニュージーランドの非核化については、デービッド・ロンギ（国際非核問題研究会訳）『非核・ニュージーランドの選択』（平和文化、1992年）参照。
[53]　東南アジア非核兵器地帯条約については、山地秀樹「東南アジア非核兵器地帯条約の背景と意義」外務省調査月報2001年（No.3）1頁。

を核兵器国に確約させる内容となっていることもあって、核兵器国はいまなお議定書には参加していない。なお、フイリピンでは1987年に憲法2条8節で「核兵器からの自由を政策目標とする」旨の規定が導入された。

アフリカ非核兵器地帯条約（ペリンダバ条約）には、域内の41カ国が批准済みである。サハラ砂漠でのフランスの核実験が背景にあって、核廃棄への動きが大きくなり、また南アフリカでの核兵器開発問題もその契機となった。国連も「アフリカ非核地帯化宣言履行」決議をするなどして積極的に動いた。ちなみに、南アフリカは、1993年に自国の核計画と原爆の放棄を発表した。核兵器国は、米国は議定書に署名のみであるが、その他の核兵器国は議定書を批准している。

最後に、中央アジア非核地帯条約には、カザフスタン、キルギス、タジキスタン、トルクメニスタン、ウズベキスタンの5カ国が批准している[54]。カザフスタンには旧ソ連の核実験場があったことも背景となり、またロシア、中国といった核保有国に囲まれ、イランにも近接するなどして、核の脅威があった。核保有国による消極的安全保障を受ける必要があったのである。ただし、この条約では、締約国が、外国船舶や航空機の寄港や領空通過については、各締約国の自由に委ねると共に、本条約は、本条約発効前に締結された他の条約の権利義務には影響を及ぼさないと規定したこともあって、議定書には米国は批准していないが、その他の核兵器国は批准済みである。

なお、1998年には、モンゴルが、非核化された。モンゴルは、1992年に非核地帯を単独宣言したが、モンゴルの要請に基づいて1998年には国連総会でもモンゴルに「非核兵器国の地位」が承認されたのである[55]。

3　東北アジア非核地帯条約の締結に向けて

以上、核兵器禁止条約と世界の非核地帯条約をみてきたが、両者は、いわば「車の両輪」の関係にあるといってよいと思われる[56]。核兵器禁止条約は、も

---

[54]　中央アジア非核地帯条約については、石栗勉「核兵器よさらば――中央アジア非核兵器地帯条約の意味」世界2007年6月号252頁。

[55]　A/RES/53/77D.

[56]　梅林宏道『非核兵器地帯』（岩波書店、2011年）176頁。

ちろん、一国だけの判断で加入することができるというメリットがあるが、他方で、非核地帯条約の場合は、核兵器国による消極的な安全保障を受ける場合が多いだけに、地域全体の安全保障に貢献すると思われる。したがって、日本としては、もちろん、核兵器禁止条約に加入すると共に、同時並行的に朝鮮半島と日本を含めた東北アジアの非核地帯条約の締結を目指すべきと思われる。そうすることによって、日本のみならず、東北アジアの平和の維持に貢献して、憲法9条をこの地域にも活かすことができると思われる。

　もちろん、東北アジアの非核地帯条約の締結のためには、いくつかのクリアしなければならない課題があることは明らかである。その第1は、北朝鮮にこの条約に加入させることができるかどうかという点であるし、また、第2はアメリカがこのような条約に対して消極的な安全保障を与えるかどうかである。そして、第3は、日本がアメリカの「核の傘」から離脱してこの条約に加盟する決断をすることができるかどうかである。

　これらのうち、第1と第2の問題は相互に密接不可分に関連していることはこれまでの米朝首脳会談などで明らかであろう。この二つの問題は、東北アジア非核地帯条約を締結する上で、難問中の難問であることは確かであるが、ただ、北朝鮮と米国との間にはいまだ対話の可能性は開かれているので、上記のような第1回首脳会談や南北首脳会談の趣旨を具体的に活かす方向での話し合いによって、上記の課題を克服していくように日本としても尽力することが求められているように思われる。

　また、第3の課題は、日本自身が解決しなければならない課題であり、日本が、アメリカの「核の傘」から離脱する決断を主体的にすることができるかどうかという問題である。ただ、この点に関して留意されるべきは、朝鮮半島の非核化には大賛成であるが、日本自身が「核の傘」から離脱するのはいやだということでは、北朝鮮のみならず、韓国に対しても説得力をもたないであろうということである。朝鮮半島の非核化を実現するためには、日本自身がまずもってアメリカの「核の傘」から離脱するという姿勢を明らかにすることが重要であろう。また、そうすることで、被爆者の人たちに対しても顔向けができると思われる。なお、アメリカの「核の傘」からの離脱が直ちに日米安保条約の解消につながるかどうかは、別途考慮されるべき問題であろう。私自身は、最

終的には、日米安保条約も日米平和条約へと改定することが望ましいと考えるが、ニュージーランドのような方式もありうるであろう。その点も、今後の検討課題といってよいであろう[57]。

　以上のような課題の解決とともに、さらに検討されるべきは、具体的にどのような内容の条約を作るかということである。ただ、この点に関しては、すでにいくつかの条約案が既存の非核兵器地帯条約をも参考にして提案されているので、論点は明らかになっていると言ってよいように思われる[58]。例えば、この問題に関して梅林宏道が提案している条約案は[59]、現時点でのまとまった案なので、それを踏まえて論点を示せば、つぎのような点が指摘できると思われる。

　まず第1に、条約の締結国をどうするかであるが、梅林案では、「近隣核兵器国」（中国、アメリカ、ロシア）も条約本体の締約国になっている（1条）。ただ、従来の非核地帯条約では、締結国は、その地域の非核兵器国のみとして、核兵器国は議定書への参加という形をとって、いわゆる消極的な安全保障を行うという形をとっているので、私自身は、東北アジア非核地帯条約の場合も、そのようにした方がよいと考えている。

　第2に、梅林案では、上記の点とも関連して、核兵器国の義務として、「核爆発装置によるか通常兵器によるかを問わず、北東アジア非核地帯に対して武力攻撃を加えない。また、武力攻撃の威嚇を行わない」（3条2項(a)）と規定している。単に核兵器による武力攻撃のみならず、通常兵器による武力行使についても禁止しているのは、この条約案に不戦条約としての意味合いをももたせ

57　この点については、see,M.H.Halperin,A Proposal for a Nuclear Weapons-Free Zone in Northeast Asia, Global Asia（2018.9.29）p.4.

58　長崎大学核兵器廃絶研究センター（RECNA）『提言　北東アジア非核兵器地帯設立への包括的アプローチ』（2015年）、拙稿「東北アジア非核地帯条約締結の課題」深瀬忠一ほか編『平和憲法の確保と新生』（北海道大学出版会、2008年）154頁など参照。

59　梅林・前掲注(56)資料9頁以下。なお、梅林は、「北東アジア非核兵器地帯条約（案）」としているが、外務省が「北東アジア（North East Asia）」と呼んでいることを踏まえてのことと思われる。ただ、私は、和田春樹と同じく、「東北アジア非核兵器地帯条約案」と呼ぶことにしたい。「東南アジア非核兵器地帯条約」の場合は、「東南アジア」と呼んでいて、「南東アジア」とは呼んでいないこととの整合性を保つ必要もあるからである。

るもので、理想的なものといってよいであろう。ただ、従来の非核兵器地帯条約ではそこまでは規定していないので、果たして現実にそこまで規定できるかどうかは難問と思われる。不戦条約的な側面は、別立ての条約として考えることもあり得ると思われる。

　第3に、「地帯内国家」（韓国、北朝鮮、日本）は、「北東アジア非核兵器地内の内であるか外であるかを問わず、核爆発装置の研究、開発、実験、制作、生産、受領、保有、貯蔵、配備、使用を行わない。」（3条1項(a)）とされている。この条約案の骨子であり、重要な規定であろう。

　この点とも関連して、第4に、条約案は、「自国の安全保障政策のすべての側面において、核兵器、またはその他の核爆発装置に依存することを完全に排除する」（3条1項(c)）と規定している。核抑止論への依存を禁止した規定であるが、従来の非核兵器地帯条約では、あまり見られなかった規定であるが、日本や韓国がアメリカの「核の傘」に依存していたことを踏まえたものとして、重要であろう。

　第5に、核兵器を搭載していると疑われる航空機や艦船の寄港や領海・領空の通過を認めるかどうかも、微妙な問題である。東南アジア非核地帯条約では、それを各国の判断に委ねているが、梅林案では、「北東アジア非核兵器地帯において、核爆発装置を搭載する船舶または航空機を寄港、着陸、領空通過、または無害通行権または通過通行権に含まれない方法によって地帯内国家の領海を一時通過させない」と規定している（3条2項(c)）。この点は、日本の「非核三原則」をも踏まえたものであり、賛成できる案である。

　第6に、原子力の平和利用を認めるかどうかは、むつかしい問題である。梅林案では、「本条約のいかなる規定も、締約国が原子力を平和的に利用する権利を害しない」（4条1項）と規定して、原子力の平和利用を認めている。東北アジアで非核兵器地帯を締結するには、この点は最大公約数的に認めざるをえないということかもしれないが、ただ、福島原発事故の体験を踏まえれば、原発も廃止をする方向での規定が望ましいと思われる。少なくとも将来的には、そのような方向に進むべきことが記される規定があってもよいと思われる。

　最後に、梅林案は、条約を履行するための委員会として「北東アジア非核兵器地帯委員会」の設置を規定しているが、そのメンバーには、核兵器国も入っ

ている（7条）。核兵器国が条約の締約国に入っている以上は、やむを得ない構成というべきであろうが、しかし、果たして、これで、条約違反について十分な監視ができるかどうかは、検討の余地があると思われる。この点からしても、やはり、この条約の締約国は、韓国、北朝鮮、日本の3カ国にして、「東北アジア非核兵器地帯委員会」は、基本的にこの3カ国で構成し、場合によっては、地域のNGOの代表をも参加させるようにすることが望ましいと思われる。

五　小結

　以上において、憲法9条が果たしてきた歴史的役割および今日的役割を7点ほどにわたって述べてきた。憲法9条がこのような役割をこれまで果たし、また今後とも果たしうる以上は、憲法9条を改変することは、日本にとってのみならず、アジアをはじめとして国際社会の平和にとっても有害無益なことと言ってよいであろう。

　しかも、国際社会においては現在、核兵器禁止条約に示されるように、非核化への確実な動きが見られる。朝鮮半島においても非核化への動きは続いている。そのことを踏まえれば、日本自らが、東北アジアの非核化のための努力を払っていくことは、憲法9条の理念を活かすためにも、またこの地域に平和を実現するためにもきわめて重要な課題といってよいと思われる。東北アジア非核地帯条約の締結は、そのような環境作りのためのきわめて適切な方策といってよいのである。

　もちろん、憲法9条を日本そして国際社会で活かしていくためには東北アジア非核地帯条約の締結だけで十分というわけではない。非核化だけでは通常兵器による軍事拡大をもたらす危険性を排除できないとすれば、通常兵器をも含めた軍縮の推進に日本が率先して取り組んでいくことも必要であろう。現に国際社会で進行している軍事拡大が「安全保障のジレンマ」を解消することができない以上は[60]、日本自身が国際社会の完全軍縮のために「一方的なイニシアティブ」[61]をとっていくことは、憲法9条の非軍事平和主義の理念を実践する意味合いからしても必要であろう。具体的には、世界でも上位10位に優に入る

214

ほどの強大な軍事力になっている自衛隊の組織改編である。この問題に関しては すでにいくつかの提案がなされており[62]、私も基本的にはこれらの案に賛成 である。その構想の骨子だけを記せば、自衛隊を、国土警備を主任務とする国 土警備隊、災害救助業務を行う災害救助隊、そして国際的な災害救助隊（非武 装のPKO部隊を含めて）へと組織改編することである。

　ただ、そのような自衛隊の組織改編を国民の多数の理解を得て実現していく ためにも、東北アジアの非核化を同時的に実現していくことは必要であろう。 そうすることによって、日本のみならず、アジアなど国際社会の平和の維持確 立が可能となるし、また、そのような課題に積極的に取り組んでいくことによ って、日本は国際社会において真に「名誉ある地位」（憲法前文）を占めること ができると思われるのである。

---

60 「安全保障のジレンマ」については、さしあたりブルース・ラセット（鴨武彦訳）『安全 保障のジレンマ』（有斐閣、1984年）141頁、遠藤誠治「共通の安全保障は可能か」遠藤誠 治・遠藤乾編『安全保障とは何か』（岩波書店、2014年）279頁参照。
61 　坂本義和『新版・軍縮の政治学』（岩波書店、1988年）67頁。
62 　この問題については、深瀬・前掲注⑾438頁、水島朝穂『平和の憲法政策論』（日本評論 社、2017年）17頁以下、千葉眞「『小国』平和主義のすすめ」思想2018年12月号83頁参照。

あとがき

　本書の原稿を一通り書き終えた2019年12月の時点で、本書に関連する二つの出来事が起きた。一つは、アフガニスタンで長年にわたって医療や水源確保に尽力してきた中村哲氏が12月4日に何者かによる凶弾で倒れたことであり、あと一つは、12月27日に政府が中東地域への自衛隊の派遣を閣議決定したことである。

　中村哲氏は、多くの人が知るように、2001年10月13日にテロ対策特別措置法が国会で審議されたときに参考人として呼ばれて、「自衛隊派遣は有害無益であり、飢餓状態の解消こそが最大の問題であります」と発言して注目を浴びたが、その発言は自身の体験を踏まえたものであるだけに説得力をもつものであった（この時の経緯については、中村『医者、用水路を拓く』（石風社、2007年）34頁以下参照）。中村氏は、新聞のインタビューでも、つぎのように述べていた。「アフガニスタンにいると、『軍事力があれば我が身を守れる』というのが迷信だと分かる。敵を作らず、平和な信頼関係を築くことが一番の安全保障だと肌身に感じる。単に日本人だから命拾いしたことが何度もあった。憲法9条は日本に暮らす人々が思っている以上に、リアルで大きな力で、僕たちを守ってくれているんです」（毎日新聞2013年6月6日夕刊）。中村氏のこのような思想と実践は、その死によって無意味になるものでは決してなく、むしろアフガニスタンのみならず世界各地で一層高い評価を受けるものとなっていると思われる。

　他方で、自衛隊の中東地域への派遣は、このような中村氏の思想と実践とは真逆のものであり、平和憲法の精神をないがしろにするものと思われる。政府は、今回の自衛隊派遣の根拠を組織法である防衛省設置法の「所掌事務の遂行に必要な調査及び研究を行うこと」（4条1項18号）という規定に求めているが、しかし、それは、今回の自衛隊派遣の根拠を作用法である自衛隊法や安保関連

法に見い出し得ないことによる苦肉の策、というよりはむしろ脱法的な策と言ってよいと思われる。しかも、いつ武力紛争に巻き込まれるかもしれない中東の湾岸地域に自衛隊が出動することについて国会での承認を経ることもなく、政府の独断で決めたことは、「国権の最高機関」である国会を無視して、シビリアン・コントロールを逸脱したものと言うべきであろう。防衛省設置法のこのような規定を根拠に紛争地域への自衛隊派遣を一旦認めたならば、自衛隊はほとんど無制限に国会の統制もなしに海外派兵することが可能となってくるのである。

　政府は、日本関係船舶を守る必要性が出てきた場合には、自衛隊法（82条）に基づく海上警備行動を発令することもあり得るとしているが、しかし、それでもことがすまなかった場合には、どうするのであろうか。自衛官や日本関係船舶の安全がかえって危険に晒されることになりかねないと思われる。現在の中東地域は、アメリカがイランの革命防衛隊の司令官を殺害したり、ミサイルが飛び交う中でイランの誤爆によって多数の死者を出したりするなど、まさに一触即発の状態にあるといってよいと思われる。しかも、このよう事態になったのは、イランと米英仏独中露の六カ国の間の核合意からトランプ政権が一方的に離脱して経済制裁を復活強化したことに起因している。このような状況の中で日本政府がとるべき方策は、アメリカ政府に対して核合意に復帰するように説得し、イランとアメリカが外交努力によって事態を平和的に解決するように両国に働きかけるとともに、イスラエルを含めた中東地域の非核化のために努力することであって、アメリカの要請を受けて自衛隊を中東地域に派遣することでは決してないはずである。現在の政府の対応は、国際紛争を平和的に解決することを規定した憲法9条の精神をないがしろにするものと言わざるを得ないと思われる。

　憲法9条の精神は、このように政府の行為によって形骸化されつつあるが、ただ、憲法9条が存在する限りは、憲法9条を盾にして、違憲な自衛隊派遣を批判し、それを是正させていくことは不可能ではないであろう。しかし、安倍改憲によって9条が改定された場合には、そのようなことは不可能となる公算が大きいことを、私たちは覚悟しなければならないと思われる。安倍改憲論のねらいと問題点を明らかにした本書が、このような事態に的確に対処するため

の視点をもつ上でも役立つことができれば、幸いである。

　なお、最後になったが、本書の元になった拙稿は、以下の大学紀要に掲載された ものである。①「安倍九条加憲論のねらいと問題点」獨協法学108号 （2019年4月）、②「緊急事態条項導入論をめぐる問題点」龍谷法学51巻3号 （2019年2月）、③「『合区』解消と教育条項に関する改憲論の問題点」龍谷法学 51巻4号（2019年3月）、④「『護憲的改憲論』または『立憲的改憲論』につい ての疑問」獨協法学106号（2018年8月）、⑤「憲法九条の意義と東北アジア非 核化の課題」龍谷法学52巻2号（2019年9月）。本書は、これらの拙稿をその後 の事態の推移などをも踏まえて加筆修正したものであることを、掲載誌への謝 意と共に記しておくことにする。

山内　敏弘（やまうち・としひろ）

1940年山形県生まれ。一橋大学法学部卒業、同大学院法学研究科博士課程修了（法学博士）。獨協大学教授、一橋大学教授、龍谷大学教授を経て、現在は、一橋大学名誉教授、獨協大学名誉教授。専攻は、憲法学。
主な著書に、『平和憲法の理論』（日本評論社、1992年）、『人権・主権・平和——生命権からの憲法的省察』（日本評論社、2003年）、『立憲平和主義と有事法の展開』（信山社、2008年）、『新現代憲法入門〔第2版〕』（編著、法律文化社、2009年）、『改憲問題と立憲平和主義』（敬文堂、2012年）、『「安全保障」法制と改憲を問う』（法律文化社、2015年）などがある。

あ べ かいけんろん　　　　　　　　　　もんだいてん
安倍改憲論のねらいと問題点

2020年3月10日　第1版第1刷発行

著　者——山内　敏弘
発行所——株式会社日本評論社
　　　　　〒170-8474　東京都豊島区南大塚3-12-4
　　　　　電話03-3987-8621　FAX03-3987-8590　振替00100-3-16
印　刷——精文堂印刷株式会社
製　本——井上製本所

Printed in Japan
© YAMAUCHI Toshihiro 2020
装幀／有田睦美
ISBN 978-4-535-52488-0